同時代史叢書

「戦後」と安保の六十年

植村秀樹

日本経済評論社

はしがき

平和を望むかと問われて、望まないという人はいないだろう。平和と対になるのは戦争だからだ。わたしたち日本人も、この七十年近くのあいだ、平和を求めつづけてきたといっていいだろう。

ところが、日本政治を研究しているイギリス人政治学者アーサー・ストックウィンは、こんなことをいっている。「日本の社会で、『平和』という単語が非常に好まれているのは大変に興味深いことだと、私はかねて思っている。たばこの『ピース』をはじめ、『平和』という語を用いた商品や店の名前が多いのは、日本の特色だ。英国ではこの言葉にそんなに人気はない」。

この違いをストックウィンは、「戦争体験の大きな違いが、非常に長いこと、それぞれの国民心理に影響を残している」と分析している。イギリスにとって第二次世界大戦は「英雄的な勝利の戦い」なのだという。アジア各地への侵略、広島、長崎への原爆投下、そして沖縄戦を経験した日本とは何という大きな違いだろう。あの戦争の意味がこれほど大きく異なるのだから、それぞれの国民にとってのその後の平和もまた、大きく違う。

戦後日本は「平和」に特別に強い思いを込めてきた。戦争は二度とごめんだと思うだけでなく、武力で安全を保つことは、平和とは相容れないものと思ってきたといえるかもしれない。戦争をしないどころか、武力（つまり軍隊）を持つことなく保ってこそ平和だと考える人も多かった。それはときに理想主義的にすぎるきらいがあったし、国内にもそういう批判は少なくなかった。一方、イギリスのような国では「力による平和」という考えかたを疑うことはあまりないのだろう。武力によって保たれている平穏な状態は、むしろ安全と呼ぶのがふさわしいかもしれない。つまり、イギリスをはじめとする多くの国にとって、平和と安全は、かなり近い関係にあるのではないだろうか。

国家の安全なくして国民の安全もないのだが、それでも、安全のための政策が国民の安全をおびやかすものとみられることもある。最近の例では、アメリカ海兵隊の新型輸送機MV－22「オスプレイ」の配備がそうである。国家の安全のための方策が、地元住民の不安をぬぐいさることなく強行されれば、国家の安全と国民の安全（人びとの暮らしの安全）とが衝突することになる。

自分をおびやかすものがなければ安全である。そうした状態がもっとも望ましいが、そうはいかないのが現実の世界である。日本国憲法は、第九条で戦争の放棄と戦力不保持をうたっており、「平和憲法」と呼ばれることもある。前文と第九条に掲げられた平和主義は、どのような政策となって実施されてきたのか。

平和を追求する一方で、日本が主権国家である以上、独立と安全は自力で守らなければならない。安全を確保するためには、武力すなわち軍事力を必要とするというのが、今日の世界では一般的な考えかたである。そこで日本は、平和憲法を持つ一方で、自衛のための武力装置である自衛隊を設け、さらに、アメリカとのあいだで安全保障条約をむすんできた。憲法、自衛隊、そして日米安保――これらが日本にとって安全を確保するための手段である。

平和憲法と自衛隊という一見すると矛盾するようなものを持ちつつ、武力の行使を避けてきた結果、戦後の日本は、侵略されることがなかっただけでなく、少なくとも直接には、戦争に巻き込まれることもなかった。さらに、自衛隊は、武力によってひとりも殺すことなく、また、殺されることもなく、今日まできた。それがわたしたちの「戦後」の一面でもある。

このような「戦後」と日米安保の関係は、どのようなものだったのか。そして今、どのような関係にあるのだろうか。

日本の「戦後」と日米安保、そしてアメリカ軍基地の三者のあいだには、平和と安全をめぐるただならぬ関係が、はっきりいえば大きな問題がある。戦後の日本では、平和と安全はしばしば互いに争うような関係にあったことを象徴しているのが沖縄の現実である。二〇一二年には、アメリカから返還されて四十周年を迎えたが、アメリカ軍基地がいまだに大きな負担となっている。解決の見通しの立たない海兵隊普天間飛行場の返還問題に加えて、安全性に不安の残る新型輸送機が配備され、ますます混迷の度を深めている。

二〇一二年には、日米安全保障条約が発効してから六十周年を迎えた。このことは、ほとんど注目されなかった。二年前の二〇一〇年には、日米両政府は日米安保条約五十周年を祝う声明を発表した。この五十周年とは、一九五二年四月二十八日に発効した旧条約が改定されて今の安保条約になってから五十年ということである。この年は、一九六〇年の日米安保条約の改定及び一九七二年の沖縄返還に関する密約についての調査結果が発表され、論議を呼んだ年でもある。安保条約改定と沖縄返還に際して、日米両政府は密約を交わしていたことが明らかになったのである。

この本は、「戦後」と呼ばれてきた時代の日本における平和と安全について考える本である。敗戦から今日にいたる日本の平和と安全にかかわる問題を、とくに日米安保体制を軸に、わたしなりに考えてみようと思っている。

だから、本書は、決して通史ではないし、教科書のように重要なことがらをもらさずバランスよく記述するものでもない。平和と安全に関して、そもそも何が、どう問題なのか、それらはなぜ、いつ、どのようにして生まれ、解決され、あるいは解決されないまま、今日にいたっているのかについて、わたしなりの問題意識に立って解き明かしてみようとするものである。取り上げる事項に偏りがあり、記述に濃淡があるのはそのためである。

すこし気どって先哲のことばを借りていえば、この本は「私自身の教育のために役立ったノートを、若干の人々に提示する」（ジョルジュ・ソレル）ものである。それが読者にもなにがしかの役に立つことを願っている。

目　次

はしがき　i

序　章　日本の長い「戦後」……………………………… 1

第1節　安保改定から五十年　1

第2節　沖縄返還から四十年——普天間問題が示すもの　4

㈠本土と沖縄のねじれ　㈡普天間問題　㈢鳩山政権の迷走　㈣「抑止力」への回帰

第3節　密約の闇　13

㈠外務省の密約調査　㈡深い闇

第4節　日本の長い「戦後」　19

第1章　「戦後」という時代の始まり……………………… 23

第1節　平和論の登場　23

㈠「平和」の噴出　㈡戦争体験と平和論
第2節　新憲法の制定　31
㈠占領と戦後改革　㈡日本国憲法の成立
第3節　朝鮮戦争と日本の安全――平和論への挑戦　40
㈠平和問題談話会　㈡平和論の影響と限界
第2章　講和とその代償――日米安保体制の構築　……　51
第1節　講和への道――日本の安全と沖縄　51
㈠対日政策の転換と講和　㈡日米安保条約の成立　㈢「天皇メッセージ」と沖縄
第2節　日米安保体制――密約の構造化　62
㈠安保条約の構造　㈡密約の始まり
第3節　「平和の代償」から「吉田ドクトリン」へ　72
㈠「平和の代償」論　㈡「吉田ドクトリン」論へ
第3章　五五年体制下の平和と安全　……　79
第1節　講和後の安全保障　79

㈠アメリカの対日軍事援助　㈡海上自衛隊とアメリカ海軍　㈢海兵隊の沖縄移駐　㈣「核の傘」とNCND
第2節　五五年体制と平和論　94
㈠安全の保守、平和の革新　㈡対立軸としての憲法
第3節　憲法改正論　102
㈠憲法改正論と憲法調査会　㈡内閣憲法調査会　㈢憲法問題研究会

第4章　六〇年安保——条約改定と密約……111
第1節　条約改定交渉　111
㈠「日米新時代」の演出　㈡日本に対する評価
第2節　新安保条約の意義　123
㈠見せかけの対等　㈡日米地位協定
第3節　安保闘争と平和論　135
㈠「岸を倒せ」　㈡安全保障と民主主義

第5章　揺れる「戦後」……143
第1節　転換期としての六〇年代　143

㈠六〇年安保の余波　㈡「時代は変わる」
第2節　憲法調査会と憲法論　152
㈠憲法調査会の最終報告書　㈡高柳賢三の社会学的憲法論　㈢丸山眞男の憲法論と平和論
第3節　自衛隊と三島由紀夫　165
㈠準自衛官・平岡公威　㈡治安出動　㈢自衛隊の存立基盤
第6章　「日米防衛協力」の時代へ……183
第1節　戦争体験世代　183
㈠戦争体験と「戦後」　㈡戦争体験者の平和論
第2節　沖縄の返還と復帰　191
㈠沖縄の返還と密約　㈡沖縄の復帰と反復帰
第3節　非核三原則と武器輸出三原則　199
㈠意図せざる非核三原則　㈡武器輸出原則の強化と緩和
第4節　防衛協力から同盟へ　208
㈠理念から政策へ――「現実主義」の影響力　㈡ハト派の「日米防衛協力」

第7章　日米安保の再定義……215
第1節　冷戦終結と安保再定義　215
㈠冷戦の終結　㈡五五年体制の崩壊　㈢アメリカ主導の再定義　㈣新・日米防衛協力の指針
第2節　アメリカ海兵隊の沖縄駐留　229
㈠沖縄駐留の必要性　㈡海兵隊からの撤退論
第3節　9・11と安保体制の再々定義　239
㈠安全保障の新段階へ　㈡イラク戦争　㈢同盟の再編
終　章　日本の平和と安全——終わらない「戦後」へ……251
第1節　日米安保の六十年　251
㈠有用と必要の間　㈡「抑止力」という呪文　㈢オスプレイ配備の意味　㈣神話のなかの日米同盟
第2節　憲法と自衛隊　262
第3節　終わらない「戦後」——平和の第二楽章　266

あとがき　273
主要参考文献・引用文献　279

序　章　日本の長い「戦後」

第1節　安保改定から五十年

二〇一〇年一月十九日、日米安全保障条約の調印から五十年の節目を迎えた。この日、日米両国政府は、外務・防衛担当閣僚会合である日米安全保障協議委員会（いわゆる「2プラス2」）の名で共同声明を発表した。「日米同盟が、日米両国の安全と繁栄とともに、地域の平和と安定の確保にも不可欠な役割を果たしていることを確認する」。これにつづけて、「日米安保体制は、アジア太平洋地域における繁栄を促すとともに、グローバル及び地域の幅広い諸課題に関する協力を下支えするものである」との位置づけを与えている。さらに同声明は、「グローバルな文脈における日米同盟の重要性を認識し、さまざまなグローバルな脅威に対処していく上で、緊密に協力していく決意であることを改めて確認」した。

同年六月二十七日、菅直人首相はバラク・オバマ大統領と初めての会談をおこない、「(日米同盟が)アジア太平洋地域全体の平和や安全の基礎である」との認識で一致した。菅首相は「アジア太平洋地域の平和と安定の基になったことを誇りに思う」、「日本の国民自身が日米同盟の意味をどう受け止め、将来、どのような選択をするのか、もっと議論する必要がある」と述べ、オバマ大統領は「状況が変わる中で同盟も新たな形にしていく」と応じた。

日米安保条約とはそもそも何なのか。正式名称を「日本国とアメリカ合衆国との間の相互協力及び安全保障条約」といい、一九六〇年一月十九日に調印され、同年六月二十三日に発効した条約である。本文十条からなる短いものであるが、日本の安全保障政策の柱であり、文字どおり国民と国家の命運を握るものといってもいいすぎではない。

しかし、この条約は一九六〇年に生まれたのではない。一九五一年九月八日に調印され、翌年四月二十八日に発効した「日本国とアメリカ合衆国との安全保障条約」を全面的に改定したものである。そこで、これからは旧安保条約、新安保条約と呼ぶことにする。二〇一〇年は新安保条約誕生から五十年を迎えたのであるが、新旧安保条約の違いを確認しておこう。

旧条約は本文わずか六条のさらに簡単なもので、ひとことでいえばアメリカ軍をひきつづき日本に駐留させることを定めたものである。一九四五年の敗戦からそれまで連合国に占領されていた日本は、安保条約と同じ日に調印され、同じ日に発効した講和条約（正式名称は「日本国との平和条約」）によって主権を回復することとなった。主権を回復するというのは、独立国にもどるということである。敗戦からまだ十分に復興を遂げたとはいえない当時の日本には、警察予備隊という組織はあったものの、万が一、外国から侵略をうけた場合に対抗できる軍隊を持っていなかったこともあり、引きつづきアメリカに防衛を依存することにした。そのためにむすばれたのが安保条約である。ところが、この旧安保条約には、アメリカが日本を守るという義務はない。それどころか、日本で内乱が生じた場合にはアメリカ軍が介入できるという規定がおかれていた。これでは独立国同士の対等な条約とはいえない。そのため、調印当時から日本国内には不満が強く、この条約の改定ないし廃棄は大きな課題となっていた。この条約がより対等なものに改定されたのが一九六〇年である。ただし、その改定は、すんなりといったわけではない。それどころか、改定にともなって、政治の表舞台だけでなく、裏でも重大な事態が生じていた。

ともあれ、日米両政府は、この新条約の五十周年に際してその成果と今日の強固な同盟関係を高らかにうたいあげた。では、このような政府の評価は、日本の国民とも共有できたのだろうか。二〇一〇年は、安保改定五十年よりも、むしろ安保条約と沖縄返還をめぐる日米間の密約が、さらに、沖縄の普天間飛行場の移設問題が、むしろ注目を集めた。前年九月の政権交代で登場した鳩山由紀夫・民主党政権による普天間移設をめぐる迷走は、在日アメリカ軍基地問題のむずかしさをあらためて示すものだった。また、自民党長期政権下で政府が隠しつづけ、存在を否定してきた密約がついに明らかになったことで、日米間に横たわる闇の深さを国民は垣間見ることになった。

その二年後の二〇一二年、沖縄返還から四十年という節目を迎えた五月十五日、沖縄県宜野湾市で記念式典が政府と県の共催でおこなわれ、内外から千二百人が出席した。住民を巻き込んだ凄惨《せいさん》きわまりない地上戦の末に、沖縄はアメリカ軍に占領された。「鉄の暴風」と呼ばれるはげしい艦砲射撃につづいて「ありったけの地獄を集めた」とまでいわれた地上戦で、実に住民の四人に一人が命を落とした。なかには日本軍に命を奪われたり「自決」を強いられたりした人もいた。勝者であるアメリカ兵のなかにも、あまりの戦場のむごたらしさのために、精神に変調をきたした者も多かった。

無条件降伏を経て、日本全土がアメリカをはじめとする連合国軍の占領下におかれた。やがて対日平和条約によって日本は主権を回復するが、沖縄は奄美、小笠原とともに日本から切り離されてアメリカの施政権下におかれつづけた。ようやく一九七二年に日本に復帰した沖縄は、それから四十年を経た二〇一二年、そのことを素直に喜べない状況にあったのである。

第2節　沖縄返還から四十年——普天間問題が示すもの

(一)　本土と沖縄のねじれ

沖縄返還四十年を祝う式辞のなかで野田佳彦首相は、これまでの沖縄振興策をあげて政府が沖縄の経済発展に尽くしてきたことを強調し、「抑止力を維持しつつ、沖縄の基地負担の早期軽減を具体的に目に見える形で進めていく」と述べた。これに対して沖縄県の仲井眞弘多知事は、「政府が沖縄の基地負担の軽減に取り組んでいることに対して謝意」を表するとともに、「沖縄の基地のあり方を取り決めている日米地位協定の抜本的な見直しや、普天間飛行場の県外への移設そして早期返還を県民は強く希望」しているとしたうえで、基地問題について、「沖縄県民とともに受けとめて考えていただきたい」と要望した。戦後、二十七年ものあいだアメリカの施政権下におかれ、日本に返還されてから四十年を経た今日でもなお、基地の返還は面積にしてわずか一九パーセントしかすすんでいない。同じ時期に本土では五九パーセントが返還されたのとは大きな違いである。

地元紙の『琉球新報』はこの日の社説で「県民が『復帰』に込めた『基地のない平和な沖縄』『日本国憲法の下への復帰』の理想は今なお、実現していない」として、「基地から派生する事件・事故、爆音被害によって、県民の生命や基本的人権が危険にさらされ続けている」ことは「理不尽な状況」であり、その原因は「為政者の無策」にあるとした。『沖縄タイムス』の社説もやはり「基地問題をめぐる過重負担の構図はこの四十年間、ほとんど何も変わっていない」ことを強調し、「この四十年を通して本土と沖縄の心理的な距離は、今が一番開いているのではないだろうか」と憂えた。

安保改定五十年と沖縄返還四十年のこの大きな違いは何なのか。この対照を象徴するのが、一向に進まないアメリカ海兵隊普天間飛行場の返還問題であり、さらにはそこに海兵隊の新型輸送機MV－22「オスプレイ」の配備が重なった。海兵隊とはどのような軍隊で、何のために日本に駐留しているのかをそもそも問い直さなければならないが、まずは普天間からみていこう。

(二)　普天間問題

普天間飛行場の返還問題とはいったい何なのか。そもそも、どのように始まり、どのように推移してきたのかを確認しておこう。その発端とされているのは、一九九五年におきた三人のアメリカ兵による少女暴行事件である。九月四日、三人の海兵隊員が買い物帰りの十二歳の少女を車に連れ込み、近くの海岸で集団暴行を加えた。まことに許しがたい事件である。このような事件は沖縄ではこれが初めてではないが、あまりにひどい事件に抗議の声が大きく広がり、翌月二十一日には県民総決起大会が開かれた。主催者の発表によれば、参加者は八万五千人にのぼったという。事態を重くみた当時の村山富市首相は、国と沖縄が基地問題について話し合うための「沖縄基地問題協議会」を設置し、さらに十二月には「沖縄における施設及び区域に関する特別行動委員会」（略称ＳＡＣＯ）を発足させて日米間での協議を開始した。

つづいて首相となった橋本龍太郎は、一九九六年二月にビル・クリントン米大統領と会談し、沖縄基地の整理・統合を求めた。この時、橋本首相は外務省、防衛庁（当時）の猛反対を押し切って、普天間飛行場の返還を要求した。これは大田昌秀沖縄県知事の要請を橋本が重く受け止めたからであった。そして、四月には普天間飛行場の返還でアメリカと合意し、モンデール駐日アメリカ大使とともに、「五年から七年以内に普天間飛行場を全面返還することで合意した」と発表した。普天間返還にあわてたのは日本の外務省である。そのような要求をアメリカが受け入れるはずがないと思いこんで、首相にもそのように進言していたからである。

ただし、この合意には、基地機能を低下させないために、県内に海兵隊のヘリポートを移設するという条件がついていた。返還を強く求めていたのは大田知事であったが、代替施設を県内に建設するというのは大田が望んでいないことであった。こうして、返還に向けた日米両政府の協議が始まると同時に、政府と沖縄のあいだに代替施設建設をめぐる亀裂が早くも生じはじめた。

もうひとつ、普天間問題にも深くかかわってくるのが同年四月の日米共同宣言である。クリントン大統領が日本を訪れ、橋本首相と「日米安全保障共同宣言」を発表した。「日米安全保障条約に基づく米国の抑止力は引き続き日本の安全保障の拠り所」と日米安保を位置づけるとともに、「二一世紀にむけての同盟」のあり方をうたいあげた。

十二月にはSACOの最終報告が発表され、普天間飛行場をふくめて基地を整理・統合し、一部が返還されることになった。しかし、そもそもSACOが「沖縄県民の負担を軽減し、それにより日米同盟関係を強化するため」のものであったため、普天間は単純な返還とはならず、代替施設を建設するという条件がついた。この報告では、「海上施設の建設を追求し、普天間飛行場のヘリコプター運用機能の殆どを吸収する」こととされ、全長千五百メートルの滑走路を持つ施設が返還の条件となった。ただし、この報告の時点では、不要になったら撤去することが可能な海上ヘリポートのはずだった。

普天間基地（写真提供：宜野湾市）

第二次世界大戦後の世界は、アメリカとソビエト連邦の「冷たい戦争」すなわち「冷戦」と呼ばれたはげしい対立を軸として動いてきた。その米ソ冷戦は一九八九年に終わりを告げ、アメリカをはじめ各国は冷戦後の秩序をさぐりはじめた。そのなかで、普天間の代替施設は、設置する場所や形状、建設の工法などをめぐって、二転三転した。二〇〇五年十月の日米共同文書「日米同盟：未来のための変革と再編」では、「キャンプ・シュワブの海岸線の区域とこれに近接する大浦湾の水域を結ぶL字型」とすることで合意した。L字型とは滑走路の形状であるが、その後、二本が交差するX字型への変更を経てさらにV字型へと修正され、翌年五月の「再編実施のための日米のロードマップ」での合意にいたった。合意には、海兵隊の一部が米領グアム島に移転することも盛り込まれた。そして、その費用の過半は日本が負担させられることになる。

これで決定かと思いきや、二〇〇九年九月の政権交代が新たな展開を生んだ。いや、展開とはならず、普天間問題はさらに混迷の度合いを深めることになる。

(三) 鳩山政権の迷走

総選挙を前にして民主党の鳩山由紀夫代表は、普天間問題について、「県外移設に県民の気持ちが一つならば、最低でも県外の方向で、われわれも積極的に行動を起こさなければならない」と述べた。「日米政府の合意を『何も変えてはいけない』と地元に押しつけるのは、違うと思う」ともいい、日米両政府が二〇〇六年に合意した在日米軍再編の「ロードマップ」の見直しも口にした。これは在日米軍再編の最終報告書とされた文書である。さらに八月にも「最低でも県外移設」をあらためて明言した。県外とは、沖縄以外の日本国内のどこか、あるいは、国外ということである。

選挙に勝利をおさめた民主党は、九月に国民新党、社会民主党との連立政権を発足させると、担当閣僚を集めて早速、名護市辺野古のキャンプ・シュワブ内にV字型の滑走路を建設するという自民党政権時代の日米合意案の経緯の検証に取りかかった。こうした民主党政権の動きに対して、アメリカの反応は早かった。アメリカのカート・キャンベル国務次官補（東アジア・太平洋担当）は鳩山政権の発足直後に来日し、「県内移設は日米合意」との立場を強調し、民主党政権の日米同盟の見直しに対して「同盟を破壊しかねない」と警告を発した。警告というより、脅しといったほうが近いだろう。十月に来日したロバート・ゲーツ米国防長官も、辺野古案を「唯一の道で、他に代替案はない」として、合意を早く実施に移すよう強い調子で求め、「普天間移設がなければ、（沖縄の）海兵隊のグアム移転はない。沖縄への土地返還もない」と、普天間返還と海兵隊の移転は、あくまでひとつのパッケージであるというアメリカ政府の立場をあらためて強調した。

県外移設を模索する鳩山首相に対し、早い段階から県外はむずかしいと考えていた岡田克也外相の念頭にあったのは、アメリカ空軍の嘉手納飛行場に統合する案であった。嘉手納統合案はこれ以前にも検討されたことのある案であるが、そのときは空軍の強い反発にあって断念した。軍事上の理由をあげてはいたが、実のところ、空軍と海兵隊の仲が悪いからである

アジア最大の空軍基地である嘉手納では、年間の離着陸回数は約七万回にのぼり、地元住民はこれまで長いあいだ騒音に悩まされてきており、裁判もおこしている。嘉手納町議会はこの案に強く反発し、十月二十八日に統合案の撤回を求める意見書を全会一致で可決した。十一月七日には町をあげての反対集会を開いた。さらに、県内移設に反対する県民集会が普天間飛行場のある宜野湾市で開かれ、岡田は嘉手納統合案を早々とあきらめた。

鳩山首相もグアムを候補地にあげてみたりしたものの、その後もアメリカの態度は硬かった。そう

したなか、二〇一〇年一月二十四日におこなわれた辺野古の地元の名護市長選挙で、移設反対を掲げる稲嶺進が当選した。同市では一九九七年、基地建設受け入れをめぐる住民投票では、反対が過半数だったにもかかわらず、当時の岸本建男市長は、受け入れることを表明した。その後も同市の市長選では、容認派が当選をかさねてきた。そうした土地柄であるにもかかわらず、今回の市長選で初めて建設反対派が勝利した。つづいておこなわれた市議会議員選挙でも、やはり初めて反対派が多数を占めた。名護市の民意はここにきて反対に傾いたのである。

沖縄県議会は二〇一〇年二月二十四日、普天間飛行場を「世界一危険な飛行場」であるとして、「県民の生命・財産・生活環境を守る立場から、日米両政府が普天間飛行場を早期に閉鎖・返還するとともに、県内移設を断念され、国外・県外に移設されるよう強く要請する」との意見書を自民党をふくむ全会一致で可決した。

だが、アメリカからは辺野古案の実現を強く求める声があいついだ。ジェームズ・コンウェイ海兵隊総司令官も連邦議会上院軍事委員会の公聴会で、日本政府の決定の遅れが在沖縄海兵隊のグアム移転にも影響を与えることへの懸念を示した。さらにリチャード・ローレス元国防副次官は、辺野古以外なら「普天間に居残るしかない」、さもなければ「海兵隊は撤退しなければならなくなる」として、「撤退が引き起こす連鎖反応を甘く見るべきでない」とまさに脅迫的なことばで圧力をかけてきた。

こうしたなかで、いくつかの候補地があがっては消えていった。沖縄県内では米軍施設のホワイトビーチ（うるま市）や海兵隊のキャンプ・ハンセン、伊江島や下地島、県外では長崎県の陸上自衛隊相浦駐屯地や海上自衛隊大村基地など、九州内の数カ所が候補として取り沙汰され、さらにはアメリカ空軍の横田基地（東京）や陸上自衛隊の北富士演習場（山梨）などもあがった。鳩山首相は、普天間のヘリコプター部隊の大部分を鹿児島県の徳之島へ移そうとしたが、この動きが伝わると地元では反対運動がおこり、四月十八日には参加者が一万人を超える大規模な反対集会が開かれ、住民は明確な拒否の意思をあらわした。

仲井眞知事は、県内移設を否定せず、慎重な姿勢を保ってきたが、高まる県内世論に押されて、県内移設に反対する県民集会に参加せざるをえなくなった。沖縄県読谷村運動広場で四月二十五日に開かれた集会の参加者は、主催者の発表によれば、約九万人にのぼった。これは一九九五年の少女暴行事件に対する抗議集会よりも多かったことになる。県内の各市町村長の大半が出席するなかで、あいさつに立った仲井眞知事は、「普天間飛行場の危険性を一日も早く除去せよ。沖縄県民の過剰な基地負担を大幅に削減せよ」と政府に求めた。「県外」には触れなかったものの、「公約通りの解決策、特に普天間飛行場の問題に責任ある解決策」を求めたことで、事実上、県外移設が望ましいとの姿勢を明らかにした。

㈣「抑止力」への回帰

万策尽きた鳩山首相は、二〇一〇年五月になって、「学べば学ぶにつけて、沖縄に存在している米軍全体の中での海兵隊の役割を考えたとき、それがすべて連携している、その中で抑止力が維持できるという思いに至った」として、県外移設をあきらめた。

五月二十八日、日米安全保障協議委員会が開かれ、共同声明を採択した。同日夜の臨時閣議で、日米共同声明を引用して「キャンプ・シュワブ辺野古地区及びこれに隣接する水域」への移設を明記した対処方針を決定した。ホワイトハウスはこれを歓迎した。こうして約八カ月に及んだ普天間問題に一応の決着が着いた。決着といってもあくまで政府間での決着であり、問題の解決ではない。上田清司・埼玉県知事は「迷走に次ぐ迷走で、沖縄問題が国民によく知られた」と皮肉を述べたが、たしかにそれは、成果といえないこともない。

当初はヘリポートと表現され、撤去可能な施設であったが、いつの間にか大規模な飛行場となり、さらに、当初から噂されていたとおり、ヘリコプターと固定翼機の機能をあわせもつオスプレイが二〇一二年十月に普天間に配備された。ＳＡＣＯ最終報告にある「沖縄県民の負担を軽減し、それにより日米同盟関係を強化する」との文言のうち、前半の負担軽減の部分は何もすすまず、後半の同盟強化だけが前進した。海兵隊は「焼け太り」ともいえる成果を手にした。

安保改定から五十年となる二〇一〇年は、日米安保体制の歪み、その強固さが、そして同時に、日本政府の無力さが、目についた年となった。とくに沖縄の人たちは、大きな落胆と失望を味わった。四十年前のコザ暴動を思い出した人も多かったのではないだろうか。アメリカ施政下の一九七〇年十二月、コザ市（現・沖縄市）でアメリカ兵のおこした交通事故をきっかけとして、アメリカ軍の圧政と軍人の横暴に対する不満が爆発し、軍関係者の車に火をつけるなどの反乱へと広がった。沖縄の現実は、その当時からどれだけ変わったのか。二〇一〇年は沖縄にとって、むしろコザ暴動から四十年と記憶されるべき年なのかもしれない。

第3節　密約の闇

(一)　外務省の密約調査

安保条約改定五十年のほかにもうひとつ、二〇一〇年に注目されたのが日米間の密約についての調査である。民主党政権は公約どおり、密約問題の調査に政権交代直後から動き出した。岡田克也外相は早速、「『密約』をめぐる過去の事実を徹底的に明らかにし、国民の理解と信頼に基づく外交を実現する必要がある」として、密約疑惑についての調査を外務省に命じた。これによって省内に大臣官房審議官を長とする調査チームがつくられた。調査の対象は以下の四点であった。

① 一九六〇年一月の安保条約改定時の、核持ち込みに関する「密約」
② 同じく、朝鮮半島有事の際の戦闘作戦行動に関する「密約」
③ 一九七二年の沖縄返還時の、有事の際の核持ち込みに関する「密約」
④ 同じく、原状回復補償費の肩代わりに関する「密約」

この調査では日米安保関係の二千六百九十四冊にのぼるファイルをはじめ、沖縄関係のファイル五百七十一冊、在米日本大使館にある約四百冊のファイルを対象とする調査をおこなうものとされた。

さらに十一月には、外務省の調査報告書の内容を検証し、その結果を外相に報告するために六人の外交史の専門家（いずれも大学教授）で構成される「有識者委員会」が設置された。調査が完了した翌二〇一〇年三月、「外務省内部調査報告書」（二〇一〇年三月五日）と「有識者委員会による報告書」（同九日）が発表された。

外務省はこれらを密約であると認めることに抵抗した。有識者委員会の報告書も、密約を厳格に定義することで、密約の範囲をせばめようとした。わたしからみれば、この四点はいずれも密約と呼ぶべきものである。有識者委員会が③の沖縄返還時の核持ち込みに関して、佐藤栄作首相とリチャード・ニクソン大統領が交わした文書を密約と認めないというのは、まったく理解できない。これは外務省をあざむくように佐藤個人がすすめた秘密外交によるものであるが、そうした動きを不快に思っていた外務省に有識者委員会が過剰なまでに配慮したのだろう。あるいは、そのために密約の定義を厳格にしておいたのか。

日米両国間の条約や協定などの正規の取り決めに関連して、国民のあずかり知らぬところで交わした文書でなにごとかを約束した以上は、国民からみれば秘密の約束ごと、すなわち密約である。いや、口頭であれ、密約は密約である。こうした視点から、すなわち、外務省でなく国民の目で今回の調査の対象となった四点をみれば、いずれも密約であり、それが確かに日米両政府のあいだに存在していたことが明らかになったのである。

外交に秘密はつきものである。外交には時にそうしたことが必要である。しかし、そういう一般論で済ますことのできるものなのかどうか。また、一連の密約は、日米安保体制に特有のものなのか。

それを今、どう考えればいいのか。

まず、最初の一九六〇年一月の安保条約改定時の核持ち込みの密約に関して、有識者報告書は、核兵器を搭載する艦船・航空機の寄港・領海通過を事前協議の対象外とするかどうかについて、日米のあいだに「認識の不一致」があったとしている。事前協議とは、重大なことがらについてはアメリカは事前に日本政府に協議を申し込むという、新たに導入された制度のことである。核兵器を搭載した艦船が寄港する場合もこの制度が適用されるかどうかにつき、アメリカの理解のしかたが日本と異なっていることに気づきながらも、日本側が寄港も事前協議の対象とすることを正式に要求しなかった。結局、この点はあいまいなままに残すことになり、相互に「暗黙の了解」があったという。これはのちに、六三年に池田勇人首相らの国会答弁を懸念したエドウィン・ライシャワー駐日大使が大平正芳外相に確認したことで知られている。

②は作戦行動に関するものである。朝鮮半島有事の際に在日米軍基地から出撃することに関して、事前協議を免除することを秘密裏に認めた「朝鮮議事録」は密約であるとの認識を、当時の岸政権も持っており、アメリカ側も同様であった。

一九七二年に沖縄の施政権が日本に返還されるが、そののちも有事の際には沖縄への核兵器の再持ち込みを日本側が認めるという密約を交わしたことについては、外務省に文書が存在しなかった。交渉にあたって佐藤栄作首相の密使を務めた若泉敬（京都産業大学教授）が準備した「合意議事録」があるはずなのだが、本文はおろか関連文書も外務省にはなかった。しかし、佐藤の自宅から本文が発見されたことにより、ニクソン大統領とのあいだで密約が交わされたことが明らかになった。また、沖縄返還にあたってアメリカ側が負担すべき地権者に対する土地の原状回復補償費を日本側が秘密裏に肩代わりした件についても、やはり密約があったことが確認されたといえる。この密約の存在は、当時から『毎日新聞』の西山太吉記者のスクープで知られていた。

以上のように、調査の対象となった四点すべてについて、日米間に密約が存在したと結論づけることができる。今回の調査以前に、密約を示す文書がいくつかアメリカで発見されており、また関係者の証言なども報道されてきたが、政府はそのたびかたくなに否定してきた。

(二) 深い闇

一九六三年四月に大平正芳外相が核兵器を搭載した艦船の日本への寄港・通過をアメリカに認めていたことを示す文書は、一九九五年にアメリカ国立公文書館で発見されていた。この問題はすでに一九八一年にライシャワー元大使が「日米間に口頭了解があり、実際に核を積んだまま寄港している」と発言して問題化していた。しかし、日本政府は「核積載艦船の寄港及び領海通過は事前協議の対象としないというような口頭了解は存在しない」(竹内行夫外務省北米局長)と否定していた。

二〇〇〇年と二〇〇二年には沖縄返還時の原状回復の補償費四百万ドルを肩代わりする件でも密約の存在を裏付ける文書がアメリカで発見されたが、政府は密約を否定するとともに、沖縄返還時の外務省アメリカ局長・吉野文六に密約を否定するよう依頼した。二〇〇二年の報道の後も、川口順子外相が国会の場で「密約は存在しないということを確認済み」と答弁するなど、政府は一貫して密約を否定してきた。

二〇〇六年に入ると、沖縄返還費用の一部を日本側が秘密裏に肩代わりしていたことを吉野が認めた。日本側が返還時にアメリカに支払った総額三億二千万ドルの中にこの四百万ドルを含ませていたが、吉野によれば、これは佐藤首相の判断だったという。この時も政府は、安倍晋三・内閣官房長官が「まったくそうした密約はなかった」と否定した。

当時のアメリカは、ベトナム戦争の戦費がかさんだこともあって財政事情が思わしくなかったために、日本が負担することになった。吉野は、「佐藤さん〔首相〕が『無償で返ってくる。こんないいことはない』という説明をしたことが、まず悪かったと思うんです。あまりにもきれいごとをやろうとしたことが、根本問題だと思います」と問題の核心をとらえている。

さらに、アメリカ連邦議会から、「海兵隊の若者たちが血を流して占領した沖縄をなぜ無償で返すのか」という反発が上がるなかでの返還交渉だったという。若泉敬は佐藤首相の密使として交渉にたずさわったが、その若泉とヘンリー・キッシンジャー大統領補佐官の通話記録やキッシンジャーがニクソン大統領に宛てたメモなど、若泉の証言を裏付ける資料がアメリカの公文書館で発見された。ここまで来ても外務省はなおも「核の密約は存在しない」との主張をくりかえした。

さらに、核搭載艦船の寄港・通過をめぐる密約を裏付ける資料も出てきた。一九六三年四月にはライシャワー大使が大平外相と秘密裏に会談し、寄港・通過は核兵器の持ち込みとはみなさないという日米共通の解釈を確認したが、大平外相や安川壮などの外務省幹部、さらには佐藤首相らもこの解釈は承知していた。

核艦船の日本への立ち寄りを事前協議の対象にしないとする密約については、外務省内に文書があり、それを歴代の事務次官が引き継いできたことが、二〇〇九年に複数の元次官の証言によって明らかになった。そのひとり、村田良平（一九八七年から八九年まで外務事務次官）は、「次官引き継ぎ時に『核に関しては日米間で（非公開の）了解がある』と前任者から聞いて、次の次官に引き継いでいた。これは大秘密だった。日本政府は国民にうそをついてきた」と証言しており、さらに、外相に密約の存在を伝達していたことも明らかにした。朝鮮半島有事の際にアメリカ軍が事前協議なしに在日米軍基地を使用できるとした日米間の密約についても、それを記した文書「朝鮮議事録」が米ミシガン大学の図書館で見つかっている。

このように、民主党政権による調査の前から、すでに多くの文書や証言によって、安保をめぐる密約の数々は発見され、かつ報道もされていた。問題は密約そのものの存在証明にとどまらない。条約局長をつとめた東郷和彦は、整理したファイルを一九九九年に後任の谷内正太郎に引き継いだが、谷内は部下に「しかるべく処理してくれ」といってこれを渡した。その後、これらのファイルの所在がわからなくなった。廃棄されたとみてまちがいない。

密約問題を「闇」と呼ばざるをえないのは、密約が重ねられてきたこと、その存在が明らかになっても政府が一貫して否定しつづけてきたこと、重要な文書が紛失していること、そして、その多くは外務省の手によって廃棄された可能性が高いからである。国民の目から隠したまま、外務省によって文字どおり闇から闇に葬られたというほかない。日本の官僚の公僕意識の低さや公共精神の欠如といった問題にとどまらない。これほどまでに密約の闇が深いということは、もはや外務省という役所の問題でもなければ、岸、佐藤といった特定の政権によるものでもなく、日米安保体制の根幹にかかわるものと考えなければならない。

密約の多くは、アメリカ軍の運用上の都合を最優先するためのものである。これは日米安保体制の構造そのものに密約を生む要因があるとみるべきだろう。となれば、日米安保体制の歴史をさかのぼって、密約を生み、維持してきた構造的要因を探ってみなければならない。

第4節　日本の長い「戦後」

新安保条約五十年、密約調査、そして普天間問題の混迷の三つは、戦後の日本の安全を支えてきた日米安保体制をめぐる問題の大きさとその根の深さを示すものだろう。日米安保をめぐって現在わたしたちが直面している問題を理解するために、戦後日本の平和と安全にかかわる主な問題のうちのいくつかを取り上げて、考えていくことにしたい。

ところで、ここまで「戦後の日本」と呼んできたが、「戦後」とは何を意味するのだろう。まず、ここでいう戦争とは、一九四五年八月十四日のポツダム宣言の受諾とそれを受けて同年九月二日に調印された降伏文書によって終結した、あの戦争のことである。世界的には第二次世界大戦の一部をなしているが、日本は当時、「大東亜戦争」と呼び、戦後はアメリカにならって長らく「太平洋戦争」と呼んできた。また、この敗戦は、主としてアメリカとの戦争における敗北であると同時に、一九三七年からつづいていた中国との戦争における敗北でもあり、わずか数日間という短い期間であったとはいえ、ソ連との戦争の終結でもあった。近年では、アジア地域も広く戦場となっていたことなどもあって、「アジア太平洋戦争」という呼び方が広まりつつある。この本でもそう呼ぶことにしたい。

戦後とは、その戦争が終わった後の時期ということになるが、では、いつまでが戦後なのだろうか。アメリカの日本研究者キャロル・グラック（コロンビア大学教授）は、日本の戦後を「長すぎる戦後」と呼んだ。グラックによれば、「『戦後』はほとんどの国で五〇年代で終わっている。いまだに『戦後』だと考えているのは日本ぐらい」であり、「九五年に各国が第二次世界大戦終結五〇周年の記念行事をしたとき、日本だけが『戦後五〇年』だった」。日本人にとって戦後というのは「平和や経済的繁栄からなる現状の体制を意味する」。日本人は「それを変えたくない」からいつまでも「戦後」といいつづけているのだというのである。

長すぎるかどうかはともかく、「はしがき」で紹介したストックウィンがいうように、「戦争体験の大きな違いが、非常に長いこと、それぞれの国民心理に影響を残している」ことが、ここでも意味をもってくるだろう。つらい戦争体験のために、なかなか「戦後」も終わらないのだろう。いや、簡単には終わらせたくないのだろう。それならば、沖縄などはなおさらだ。英米のように「英雄的な勝利の戦い」として記憶される国とはあまりにも違いが大きい。戦争終結からすでに七十年になろうとしているが、この差は容易には埋まらない。

一方、日本の戦後が長すぎるということはないという人もいる。原爆にまつわる詩の朗読を二十年間にわたってつづけてきた俳優の吉永小百合は、二〇〇六年六月、朗読を録音したCD『第二楽章』三部作の最後として、沖縄戦を題材とした野坂昭如の童話『ウミガメと少年』を発表した。これを紹介する新聞のインタビューで吉永は、「戦争の世紀といわれた二十世紀が終われば、平和が来ると思ったのに、今は紛争やテロでもっと混沌《こんとん》としている。世界の指導者たちは、解決策を考えているのでしょうか」と世界の現状を憂え、「今の日本が向っている方向は怖い。戦争ができる国に、なろうとしているように思えます。いつまでも世の中が〝戦後〟であり続けてほしい」と語っている。

日本にとって「戦後」とは何なのか。いつまでが「戦後」なのか。日本の「戦後」は長いのか。長いのだとしたら、なぜ、長いのか。長すぎるのだとしたら、どうすれば終わるのか。いや、そもそも終わらせる必要はなく、吉永のいうように、いつまでも「戦後」であるべきなのか。

これは単に言葉の問題ではない。また、国際比較によって答えが出るものでもないし、出すべきものでもない。吉永が『第二楽章』と名づけた意味もふくめて、この本の最後でもう一度、「戦後」の意味を考えることにしよう。

第1章　「戦後」という時代の始まり

第1節　平和論の登場

(一)　「平和」の噴出

その戦争がいつ始まり、いつ終わったのか、そしてそれはどのような性格の戦争だったのか。今なお多くの論議がつづいてはいるが、その戦争が終わることは、一九四五年八月十五日にラジオ放送で国民に告げられた。いわゆる玉音放送である。これを相手方からみれば、前日にはすでにポツダム宣言を日本が受諾すること、すなわち降伏することは伝達されていたから、国際政治のうえでは八月十四日が終戦（対日戦争勝利）の日ということになる。また、国際法のうえからは、降伏文書に署名がなされた九月二日がそれにあたるだろう。この日は日本ではあまり注目されないが、九月二日を対日戦勝記念日としている国は少なくない。

ところで、この戦争は、ハワイの真珠湾への奇襲に始まり、広島と長崎に原爆が投下されて終わった、アメリカとの戦争という印象が強いが、それだけではない。一九三七年からは中国との全面戦争が始まっていたが、こちらも泥沼化しており、勝利の見通しはまったく立っていなかった。また、あまり知られていないが、真珠湾よりわずかに早く、陸軍がマレー半島への上陸作戦を始めていた。日本軍は東南アジア各地を占領したのみならず、オーストラリアへも攻撃の手を伸ばしており、とくに北部のダーウィンには百回近くにわたる爆撃によって二百人を超す死者を出している。

長く暗い戦争の時代が終わることを知らされた日を日本人はどのように迎えたのか。いうまでもなく、ひとによりさまざまであった。戦前、猛威をふるった軍部に対して敢然とこれを批判する演説をおこなったことで知られる政治家の斎藤隆夫は「やるべからざる戦争をやって大敗を招いた」軍と政府の無能ぶりを憤った。やがて新憲法制定に深くかかわり、外相や首相を務める元外交官の芦田均は「危く泣出さむとして声を飲んだ」と日記に書いた。のちに社会党委員長となり「青年よ、銃をとるな」の名文句で名をはせることになる社会主義運動家の鈴木茂三郎は「街頭で手放しで泣いた」。芦田や鈴木とは反対に、のちに首相となるジャーナリストの石橋湛山は「日本国民の永遠に記念すべき門出の日」と主宰する『東洋経済新報』の社論「更生日本の門出——前途は実に洋々たり」を書いた。国際感覚に秀でた石橋らしく、その日を「八月十四日」と記している。広島の陸軍船舶司令部に勤務していた若き政治学者・丸山眞男は「兵隊でいながら、傍観者的というか、つまり痛切に日本の敗北を自分のこととして悲しむ気になれなかった。簡単にいえば〝やっと救われた〟という気持、ワーッと思い切りのびをしたい」気分でこれを迎え、一、二日後に会った友人とは「どうも悲しそうな顔をしなけりゃならないのは辛いね」といいあった。弟の邦男は、「その日から一週間ぐらい、自分がどうすごしていたのか、何を考えていたのか、記憶の糸が完全に切れている」と、のちに回想している。その日は母親が亡くなった日だったからかもしれない。当時は医学生で、のちに人気作家・山田風太郎となる山田誠也は、重大発表（敗戦を告げる放送）を前に、授業中に友人からまわってきた「休戦？　降伏？　宣戦布告？」の三つの選択肢が書かれた紙を受け取り、ソビエト連邦への宣戦布告と考えて、ためらうことなくそれに丸印をつけた。学生の身分であったとはいえ山田は、国民は戦争にあきあきしている一方で「無定見と薄弱なる意思」が政府をおおいつくしており、さらに、米英との休戦の仲裁をソ連に依頼していたことも知っていた。二十年あまりのちに沖縄返還のために首相の密使となる若泉敬は、十五歳でこのときを迎えた。郷里の福井で敗戦の報に接した少年は「その時受けたあまりに深刻な衝撃波を契機として、吾が志を立てた」。

終戦とはいうものの、日本の完全な敗北であり、どのような理屈をならべてもやはり無条件降伏であった。「大東亜戦争」という呼称は占領軍によって禁じられ、アメリカにならって「太平洋戦争」と名を変えさせられた。戦争のない状態を平和と呼ぶならば、降伏によって訪れたものはまぎれもなく平和であり、人びとはそれぞれにこの敗北の日を迎えたのである。そして、ほどなくそれぞれに思いをこめて平和を語り始めた。

「平和」は終戦直後の『少年倶楽部』『少国民の友』『主婦の友』など、さまざまな雑誌にあふれた。まだテレビのない時代には、雑誌は最大のメディアだった。そこにあふれた「平和」は、戦争はもうこりごり、これからは平和を望むという素朴なものも多かったが、『現代』や『改造』などのいわゆる総合雑誌では、早くも「軍備によらぬ日本」といった「非武装の道」を掲げたものが登場していた。九月四日の帝国議会の開会に際して「平和国家を確立して人類の文化に寄与せむ」とした天皇の勅語の影響も考えられようか。ジャーナリストの丸山幹治（丸山眞男の父）も「武装なき真の平和への道を直進せねばならぬ」と主張した。森戸辰男（元東京帝国大学教授）も「武装平和は軍国主義の仮面にすぎない」と早くも非武装を唱えていた。憲法学者の宮沢俊義も終戦後ほどなく、「日本を真の平和国家として再建」するには「永久に全く軍備を持たぬ国家」にする覚悟が必要だと述べた。

このように一挙に花開いた感のある「平和」であるが、これをどうとらえるかとなると、話はそう簡単ではなさそうだ。若き日の加藤周一（評論家）は、こんな経験をしている。医学生でありながら文学や音楽、美術にも通じていたある上品な知人は、戦争中は「負けたら玉砕あるのみ」といっていたのに、戦後は一転して、念仏をとなえるように、平和や民主主義を口にするようになった。加藤はその知人が手のひらをかえすように態度を変えた無節操ぶりを批判しているのではない。そこに「誠実」「上品」であるがゆえの無力さを加藤はみたのだった。「もっとも狂信的な好戦主義から平和主義に変り得る青年」が「かなりの本を読み、相当洗練された論理と感覚とを持ちながら」も、新聞に書いてあること、つまり、世間で広くいわれていることをただオウム返しに口にしていた。「しかもこの青年は決して例外ではない」というのである（福間良明『「戦争体験」の戦後史』）。「客間の装飾のために」哲学書を買いそろえていた当時の「良家の子弟」の「教養」とは何だったのかを考えさせられる話であるが、今日でも事情はあまり変わっていないのかもしれない。知性だの教養だのというと立派なもののようだが、いったい何なのか。

ともあれ、人びとは戦争が終わったことに安堵した。戦争が終われば、とりあえず平和がやってくる。問題はそれからどうするかだ。新聞や雑誌に「平和」や「平和国家」があふれていたとしても、それで平和が約束されるわけではない。

戦争の放棄と軍隊の不保持をうたい、戦後日本の平和主義の象徴となる日本国憲法が施行されるのは一九四七年五月のことだが、それに先立って、さまざまに平和が語られたのであった。平和は戦争だけでなく軍隊に対する嫌悪ともむすびつき、「反戦」ということばも登場する。戦後の平和論の原点は、あの戦争とあの軍隊に対する嫌悪にあるといえるだろう。そのために、この平和は容易に非武装とむすびついた。日本国憲法が施行されてすぐに、文部省が中学生用の教科書として出した『あたらしい憲法のはなし』は、「これからさき日本には、陸軍も海軍も空軍もない」と、憲法が非武装を規定しているとしていた。

戦後しばらくして、このように武力による防衛を否定する非武装平和主義とでも呼べる考え方が支持を集めるようになる。軍備によって自国の安全を確保しようとする伝統的な安全保障――いわゆる「力による平和」――を、認識においても実践においても超えようとするこのような考えかたが、戦後日本を彩る平和論の特徴である。あの戦争とあの軍隊だけでなく、戦争と軍隊のすべてを拒否するものである。

中国をはじめとしてアジア各地を侵略し、イギリスやアメリカなどに無謀な戦争を仕掛けた末に敗北した帝国陸海軍は、日本を占領した連合国軍の手で解体された。占領中に誕生した新憲法は平和主義を掲げて第九条で戦争放棄をうたい、軍隊も交戦権も否認した。では、国家の安全はどのようにして確保するのか。他国あるいは国際機関によって安全を確保できるのか、いずれ新たな軍備を設けるのか、それとも、軍備に頼らない国家を建設しようとするのか。

理想を語るのはたやすい。だが、平和は、国民の安全と国家の独立の問題でもある。個人の信条として平和主義を抱いていたとしても、戦争を防ぎ、安全を確保することに直ちにつながるとはかぎらない。他方で、戦争を正当化するための大義名分として「平和」が利用されることもある。

ドイツの作家のトーマス・マンは一九四八年元旦の『朝日新聞』に「日本に贈る言葉」を寄稿した。日本文化への敬意を表し、「『平和』こそ人間生活の至上の概念かつ要請」であることを知るのは、敗戦が逆説的にもたらす利点であるとし、「人類の召使として生きる時その国民の上に光栄が輝くであろう」と結んだ。しかし、マンの言葉どおりに生きるのは現実には容易なことではない。

(二) 戦争体験と平和論

多くの学者や知識人が平和を語った。伝統的な力による平和、すなわち軍隊を再建し武力によって自国の平和を守るという主張ももちろんあったが、戦後の日本で特徴的なのは、武力に頼らない平和であり、さらには軍隊を持たず、武装しないというものである。特にことわらないかぎり、この本ではそうしたものを平和論と呼ぶことにする。そのような平和論の展開で大きな影響力を持ったひとりが、「戦後民主主義」の代表的論客となる丸山眞男である。東京帝国大学法学部助教授から徴兵によって陸軍二等兵となり、終戦を広島で迎えた。丸山は自分の体験にもとづいて、次のようにいう。

本当に〔軍隊を〕経験した人ならば、いかなる形でもあれ、日本が軍隊を持つということはまっぴらだという、全人間的な反発感情があるのが、当然じゃないかと思うのです。抽象的な議論としては、〔軍隊の必要について〕いくらでも言えるけれども、ぼくはどんな場合でも軍隊は御免だという感じだナ。

これは「日本の思想における軍隊の役割」と題する座談会（一九四九年十月）での発言である。終戦から四年ほど過ぎているとはいえ、辛い体験の記憶が生々しいことがこの発言からうかがえる。別の座談会では、次のような発言もある。

軍隊の居心地がよかったというような話があったけれど、ぼくはやっぱり軍隊ほどいやなところはなかったっていうよりほかないし……。いま愛知大学にいる副島種典さんが上等兵で別の隊にいましたが、八月の十六日か十七日頃に顔を合わせて、『どうも悲しそうな顔をしなけりゃならないのは辛いね』と話し合ったのをおぼえています。事実の通り、当時の気持を語れっていわれたらそういうよりないいんですよ。

先に引用した発言はここからである。「軍隊の居心地がよかったというような話」とは、矢内原伊作（哲学者）の「軍隊というのはやっぱりいいんだな。ぼくは好きだな」という発言を受けてのことである。軍隊体験はそれぞれ個人のものであるが、個人の体験をそのまま軍隊一般にまで直結させていいのだろうか。在野の哲学研究者・長谷川宏は「軍隊ぎらいの感情が、軍隊で出会った異質のもの――丸山眞男のいう『大衆』あるいは『国民』――にたいする知的理解を封じていはしないか」と疑問を投げかけている。また、長谷川は、丸山の提示する「一般兵士の像に血が通っていない」ともいっている（長谷川『丸山眞男をどう読むか』）。

軍隊体験、戦争体験は戦後の平和論の大きな基盤となっている。それは当然のことであるが、体験をそのまま平和論に直結させるのは考えものだろう。丸山には次のような発言もある。

ミリタリズム、あるいは軍隊組織少くとも近代国家の軍隊組織というものには、やはり或る共通した特色なり、構造なりがあるのじゃないか、一度そういうものを抽出してかからないと、日本の軍隊だけの特色だと思っていたことが、案外そうでなくて、軍隊という一つの明確な目的を持った団体組織の機能から必然的に生れてくるところの特徴なのだということもありうるのじゃないか。

こう考えるのは当然のことだ。ならば、逆の可能性もあるだろう。当時の日本の軍隊に特有のものであって、軍隊一般にまで拡大すべきでないこともあるかもしれない。自分が軍隊あるいは戦争で辛い体験をしたからといって、それをもとにただちに軍隊全般を否定することは、「あつものに懲りてなますを吹く」ことにもなりかねない。次の発言はどうだろうか。

日本は独立国家である以上軍備を持つべきだということを物のわかっているインテリでも言うの

ですが、そういうことを言う人は、第一、現代戦争を昔の戦争のカテゴリーで考えている人だし、第二に、そういう人はおそらく日本の軍隊に入って悲惨な体験をしなかった人じゃないかと疑うんです。

独立国ならば軍隊を持つのが当然だというのは丸山の師、南原繁が貴族院議員として憲法改正を審議する帝国議会で述べた意見である。また、「昔の戦争のカテゴリー」とは、核兵器が登場するより前の戦争を指している。丸山は、核兵器の登場によって、戦争の様相も性格も大きく変わってしまい、これからの戦争は、もはやかつてのような戦争ではありえないと考えた。その当否はさておき、そのすぐあとで、体験をそのまま認識に直結させてしまっている。ここでは結論を急がないが、丸山はこののち大きな影響力を持つだけに、注目しておきたい。

第2節　新憲法の制定

㈠　占領と戦後改革

戦争に負けるということは、国家としての主権を失うということである。敗戦後の日本も主権を失い、連合国によって占領された。アメリカ、イギリスをはじめ、ソ連、中国（当時は中華民国）、カナダやオーストラリアなどの国々であるが、その連合国軍の最高司令官となったダグラス・マッカーサー（米陸軍元帥）が率いる連合国軍総司令部（以下、ＧＨＱ）が占領政策の中心となったため、実質的にはほぼアメリカによる占領に近かったが、イギリス軍やオーストラリア軍なども日本各地で実際に占領にあたった。

マッカーサーとＧＨＱは日本の武装解除をすすめるとともに、さまざまな改革を打ち出した。ところで、天皇にかわって絶大なる権力をふるうことになったマーカーサーのもとには、国民から続々と手紙が寄せられた。その数は、実に四十万通から五十万通にのぼるという。送ったのは、老若男女をとわず、旧軍人から共産党員まで、内容も、個人の窮状をうったえるものから政策提案まで、さまざまなものだった（袖井林二郎『拝啓マッカーサー元帥様』）。国士気どりの右翼、児玉誉士夫までもが「あなたのしもべ」などと書いて手紙を出していたのである。

初期の占領政策は、非軍事化と民主化が二つの柱であった。天皇の軍隊であった帝国陸海軍は完全に解体され、職業軍人は戦争に責任のある政治家などとともに公職から追放された。その数は二十万人を超えた。そのほか、農地解放や財閥解体などの経済の民主化、教育改革、労働組合の結成促進や女性の地位向上など、多くの改革がおこなわれた。ただし、これらの政策がすべて占領軍の手になるものというわけではない。日本の近代化を妨げてきた地主制度の解体などは、敗戦と占領がなくてもいずれおこなわれたであろうが、敗戦によって促進ないし徹底されたもの、占領がなければおこなわれなかったと思われるものもある。総じていえば、日本政府と占領軍との「混合型」が多かったといえるだろう（雨宮昭一『占領と改革』、五百旗頭真編『戦後日本外交史』）。

このように戦後改革はかなり急速かつ広範なものだったが、アメリカは早くも第二次世界大戦中の一九四三年ごろから、戦争後をにらんで対日政策の検討に取り組んでいた。また、日本の再軍備についてもすでに研究を始めていた。帝国陸海軍を解体したのちに新たな軍隊を日本に設けることを考えていたのである。一九四七年半ばという戦争終結後の早い段階で、アメリカ軍の日本駐留を柱とする日米条約、日本の再軍備、そしてアメリカによる沖縄の戦略的支配の三点が政策の柱として浮上しはじめていた。日本の外務省にあたる国務省のなかには、沖縄は日本に帰属させるべしとの意見もあったが、軍部の猛反発にあって退けられた（R・エルドリッヂ『沖縄問題の起源』）。

再軍備についていえば、アメリカ軍部内では早くも一九四六年三月にはその検討がおこなわれたが、それは対ソ戦に日本の旧軍人を利用しようという構想であった（柴山太『日本再軍備への道』）。東アジアでも米ソの勢力争いが激化し、核兵器のみでソ連を打ち破ることは困難であるとの認識が、日本再軍備という選択肢へとつながっていった。もちろん、そのためにはアメリカが日本を完全にコントロールしていなければならない。占領による日本の改革は、そのためにも必要なことであった。

マッカーサーは核兵器に絶大な信頼を寄せていたこともあってか、沖縄さえ確保しておけば日本の本土は非武装のままでよいと考えており、これが日本再軍備への反対につながっていた。アメリカ本国の陸軍首脳部は日本の工業力を評価し、対ソ戦がおこった際には日本は同盟国にしうるとみていた。ソ連への対処は沖縄からの核攻撃で足りると考えていたマッカーサーとの違いである。このように、アメリカは早い段階から、ソ連を相手として、外交・安全保障政策を考えていた。日本ではまだ、安全保障までは考えが及ばなかった。そんな余裕はなかった。国民は日々の暮らしをしのぐのに精いっぱいであり、政府も目の前の問題への対応に追われていた。

戦後改革のなかでもっとも重要な成果は憲法の改正である。マッカーサーは憲法の改正を日本政府に指示した。これを受けた日本政府は、国務大臣の松本烝治を委員長とする憲法問題調査委員会を設置したものの、実際には改正する気はなく、文言の手直し程度で乗り切れると考えていた。天皇の戦争責任を問う声が連合国のあいだで強かったことを懸念したマッカーサーは、米ソ冷戦が日本におよぶ前に憲法を改正してしまう必要があると考えた。第二次世界大戦でドイツや日本を相手にともに戦ったアメリカとソ連は、大戦終結後まもなく対立を深め、それがやがてヨーロッパを東西に分断し、さらにはアジアにまで波及する。日本占領を管理するための政策決定機関として、十一カ国からなる極東委員会が設置されることになっていたが、そのなかにはソ連と中国もふくまれていた。そうした国々が日本占領にかかわることになる前に憲法を改正してしまいたいと考え、マッカーサーは急いでいた。

日本政府の態度に業を煮やしたマッカーサーは、GHQ民政局に憲法草案の作成を命じた。短期間でつくりあげたものだったが、できあがった草案は天皇を「象徴」とするなど、日本政府を仰天させるものだった。だが、その内容は、国民主権、基本的人権の尊重、三権分立の統治機構など、近代国家の憲法としてはおおむね当たり前のことが規定されたものである。象徴天皇制にしても、「君臨すれども統治せず」という立憲君主制だととらえれば、世界の流れに沿うものである。世界を見渡せば、天皇ヒロヒトこそ侵略戦争の張本人だという見方が多かった。世界の標準からはずれるのは、戦争を放棄し軍隊の保持を認めないとする条項（当初は第八条におかれていた）である。真に仰天すべきはここであった。外務大臣として、大きな驚きをもってこの草案を受けとった吉田茂は、このあと、総理大臣として憲法改正、すなわち新憲法制定にのぞむことになる。この草案をもとに日本政府案が作成され、いよいよ改正手続きにはいる。

(二) 日本国憲法の成立

戦争放棄と軍隊の不保持をうたった第九条はどのようにして成立したのか。その発端となったのは「マッカーサー・ノート」と呼ばれるものである。憲法改正を急いだマッカーサーが改正のポイントをメモしたものであり、新憲法を起草するにあたっての三原則であった。第一項は天皇を憲法と国民の意思に従った「国家首長の座」におくというものである。これは昭和天皇と天皇制を救うためのものであり、第三項もこれと関連して、封建制の廃止をうたった。そのあいだにおかれた第二項に、「日本は紛争を解決する手段としてのみならず、自らの安全を保持する手段としても、戦争を放棄する」旨が記されていた。

この三原則を受けて、GHQ民政局長コートニー・ホイットニーのもとに設置された委員会が起草にあたった。弁護士資格を持つ三人の将校を中心に、昼夜を分かたず精力的にすすめられた作業によって完成した草案は、一九四六年二月に日本政府に渡された。松本らは自分たちのサボタージュが成功すると高をくくっていたが、そう楽観していたのは松本だけではなかった。外相吉田茂も、そして天皇もそうであった。しかし、憲法を抜本的に改正するというマッカーサーの意思は固かった。そうしなければ昭和天皇を軍事裁判にかけずにすませることはできず、天皇を利用できなければ日本占領政策もスムーズにいかないとマッカーサーは考えていた。GHQの草案は政府内での若干の修正を経て政府原案となり、帝国議会にかけられた。六月にはじまった議会では、憲法改正小委員会を設けて慎重に審議し、時間をかけていくつかの重要な修正を加えた。そのため、政府の予定より三カ月ほど遅れて、十一月三日に日本国憲法として公布された。

第九条を担当したのは弁護士の経歴をもつチャールズ・ケーディス大佐である。連合国が求めていたのは軍国主義が復活しないようにすることである。マッカーサーが徹底した平和主義の憲法にしようとしたのは、すでに述べたように、昭和天皇を守るためでもあった。オーストラリアやカナダをはじめ、連合国のなかには、天皇の戦争責任を問うために軍事裁判にかけるべきだと主張する声は多かった。しかし、自衛のための武力まで禁じるのは行き過ぎと考えたケーディスは、マッカーサーの原則を若干修正し、自衛のための武力は保持できると解釈できるような表現にした。それがさらに帝国議会で修正されて、次のような条項となった。

第九条　①　日本国民は、正義と秩序を基調とする国際平和を誠実に希求し、国権の発動たる戦争と、武力による威嚇又は武力の行使は、国際紛争を解決する手段としては、永久にこれを放棄する。
②　前項の目的を達するため、陸海空軍その他の戦力はこれを保持しない。交戦権は、これを認めない。

よく知られた条文であるが、委員長の芦田均の名前から「芦田小委員会」とも呼ばれた憲法改正小委員会は、一カ月ほどのあいだに合計十三回開かれ、修正案を作成した。その結果としてできあがったのがこの条文である。修正によって、自衛のための軍隊ならば持つことができると読める文言となった。主に第二項のはじめにおかれた「前項の目的を達するため」を入れることを提案したのが芦田だったことから「芦田修正」と呼ばれるようになるが、小委員会もふくめて議会での公的な発言からは、自衛軍を持てるようにするという意図でそれをおこなったとは読みとれない。第九条の成立過程を詳細に研究した憲法学者の佐々木高雄は、芦田の内心の意図はともかくとして、「客観的・合理的に確認でき、法的評価を受けうる意思」でなければ、解釈に影響をおよぼす「立法者意思」とはいえないが、この芦田修正はそのようなものではないという（佐々木『戦争放棄条項の成立経緯』）。

帝国議会での審議のなかで、戦争放棄は侵略戦争にかぎるべきだとする共産党に対して、このときには首相になっていた吉田茂は、正当防衛（自衛）の名目で侵略戦争をおこなうことが多いので、第九条は自衛権も放棄していると答弁した。数年ののちにこの解釈を撤回することになるのだが、このときははっきりとそう述べた。第九条のほか、第一章の天皇についても長い時間がついやされた。また、第二十五条の生存権規定は、社会党の主張によって新たにつけ加えられた。

さて、第九条であるが、戦前から軍部に対しても遠慮のない批判をしてきた石橋湛山は、この条文を読んで「痛快極まりなく感じた」という。石橋ものちに再軍備を認めるようになるが、憲法制定当時は、このような受けとめ方は決してめずらしいものではなかった。一九四六年十一月三日に公布された新憲法が半年後の四七年五月三日にいよいよ施行されると、新聞はこぞって、第九条もふくめて新憲法を歓迎した。先に紹介したように、文部省の『あたらしい憲法のはなし』は、この年の八月に発行されている。風向きが大きく変わるのは三年後に朝鮮戦争が始まってからである。とはいえ、第九条への反対論もあったことは忘れるべきでない。共産党の野坂参三は、自衛権を放棄することは危険だと主張し、政治学者の南原繁も国家が自衛権を持つことの正当性を訴えて、これに反対した。吉田の本音もこれらの意見に近かったのだろうが、占領軍の意向に逆らうことはできなかった。

占領の初期においては非軍事化と民主化がすすめられ、新憲法も制定されたが、大戦終結後ほどなくヨーロッパで始まった米ソ冷戦は激化し、東アジアにまで波及した。そして、日本をとりまく環境に大きな変化をもたらした。また、共産勢力は日本国内でも活動をひろげていたこともあって、アメリカは対日政策を転換することになった。非軍事化と民主化を柱としていた占領政策は、日本の復興と再軍備を次の課題とするものとなる。再軍備にはいぜんとして慎重であったが、一九五〇年六月二十五日に勃発した朝鮮戦争が事態を大きく動かした。

マッカーサーから出された指示によって、のちに陸上自衛隊へと発展する警察予備隊が創設され、九月にはアメリカでハリー・トルーマン大統領が日本との講和に向けた動きを開始するとの声明を発表した。

占領下におかれてきた日本は、戦勝国との講和をむすぶことによって、一日も早い主権の回復を目指していた。アメリカの国務省には早期講和が望ましいとの考えがあったが、軍部はこれには反対していた。できるだけ長く日本を軍事基地として自由に使いたいというのが軍部の方針だったからである。占領はすでに五年目を迎えていたが、講和への道はなかなか開けなかった。結果的に冷戦の激化を待つことになり、朝鮮戦争が講和を後押しする。

こうした情勢のなか、講和交渉をになうことになったのが吉田茂である。吉田は元外交官であるが、戦時中は親英米派として軍部ににらまれていた。一九四五年四月には憲兵隊に逮捕されて四十日あまり拘束され、きびしい取り調べを受けた経験がある。結局は不起訴となったが、この経験が軍部と軍人に対する嫌悪感を一層強めていた。そんな吉田が戦後の再軍備に道筋をつけ、戦勝国とのあいだの講和条約とともに、日米安保条約をとりむすぶことになる。

戦争によって日本経済は壊滅しており、再軍備などをする財政的な余裕はなかった。しかも、日本に侵略されたアジアの国々をはじめ、オーストラリアなども日本の再軍備をそう簡単に認めるはずがない。では、講和後の日本の安全はどうやって確保するのか。吉田は矛盾した言動をとる。一九五〇年五月にアメリカに派遣した大蔵大臣の池田勇人は、講和後も軍の駐留を継続させるよう日本側から提案してもいいという吉田の意向をアメリカ側に伝えた。その一方で、吉田は、国内ではこれとは正反対のことをいっていた。七月に開かれた参議院外務委員会で社会党議員の質問に対して、「軍事基地は貸したくない」と基地の提供をはっきりと否定した。これは吉田の心変わりなのか、国内向けの方便なのか、アメリカとの交渉のための煙幕なのか、それとも別の理由があったのかは定かではない。しかし、講和を実現するためには、なんとかしてアメリカ軍部を納得させることが必要だった。朝鮮戦争は講和を早め、講和後も軍の駐留を継続するための日米安保条約の締結を促進する役目をはたした。そして平和論をも揺るがす。

第3節　朝鮮戦争と日本の安全――平和論への挑戦

(一)　平和問題談話会

一九五〇年六月二十五日、北朝鮮軍が突如、朝鮮半島を南北に分けていた北緯三八度線を破って南に進撃を開始した。朝鮮半島では、大韓帝国が一九一〇年の「日韓併合」によって消滅し、日本の支配下におかれていたが、日本の敗戦によって独立を回復するや、すぐに南北に分断された。北はソ連の支援を受けた金日成をリーダーとする朝鮮労働党が朝鮮民主主義人民共和国の成立を宣言し、対する南はアメリカの支援を受けて李承晩が大韓民国を統治していた。朝鮮戦争とは北が武力で統一を図ったという意味では内戦といえるが、北はソ連が支援したほか中国軍が部隊を送り、南は国連軍という名目でアメリカを中心とする国々の後押しを受けていた。日本に駐留していたアメリカ軍もすぐさま朝鮮半島に出動した。ヨーロッパで始まり、緊迫の度を強めていた冷戦は、東アジアの地では一気に「熱戦」となったのである。マッカーサーは中国に対する原爆の使用を進言し、トルーマン大統領に解任された。激しい戦闘をくりひろげ一進一退をくりかえしたのちに、ふたたび三八度線付近で膠《こう》着《ちゃく》状態におちいり、決着がつかないまま、一九五三年七月の休戦協定を迎える。

朝鮮戦争の勃発は、日本の安全を揺るがすとともに、平和論にも大きな衝撃を与えた。戦後平和論を論ずるうえで欠かせないのが「平和問題談話会」である。朝鮮戦争が始まる前、国連機関のひとつであるユネスコ（国連教育科学文化機関）を通じて発表された声明を機に日本の知識人も動き出した。雑誌『世界』の一九四九年三月号に掲載された「戦争と平和に関する日本の科学者の声明」（以下「第一声明」とする）は、冷戦という現実を認めながらも平和共存の道を探り、「戦争の防止と平和の確立」をめざすというものであった。翌年一月の「講和問題についての平和問題談話会声明」（第二声明）では、「講和問題について、われわれ日本人が希望を述べるとすれば、全面講和以外にない」と結論づけた。全面講和とは、ソ連や中国もふくめた対象となるすべての国とのあいだで講和をむすぶことである。戦争は降伏文書に署名しただけでは終わらない。講和条約をむすんではじめて、法的に戦争状態が終了する。全面講和に対して、単独講和と呼ばれたのが、アメリカなど西側陣営（自由主義諸国）との講和からはじめるというものである。当時の情勢では全面講和の可能性が高かったとはいえないし、国民のあいだでも単独講和やむなしの声が多数派であった。文字どおり「希望を述べるとすれば」という以上のものではなかっただろう。声明には全面講和のほか中立、軍事基地反対を合わせて、いわゆる平和三原則が掲げられた。しかし、冷戦が深刻になり、朝鮮戦争がはじまって、平和をめぐる状況は急速に厳しさを増していく。声明を出す前年十二月に開かれた談話会（当初の名称は平和問題討議会）の席で、英文学者で平和運動においても活躍する中野好夫は次のように述べた。

現在ではまだ私たちは、平和への意思を表明したり、平和を語ることが非常に楽であります。いや、楽なばかりでなく、ある意味では平和を語ることがむしろ人気のあることかもしれません。

翌一九四九年六月号の『中央公論』は、「日本は平和の大義のために国の滅亡を賭すだけの覚悟を持たねばならぬであろう」とする巻頭言を掲げた。安全を犠牲にしても平和主義を守れということであろうか。まだ、こういう時代だった。

しかし、「楽」な時代は、朝鮮戦争によって終わりを告げる。中野と同じく談話会で活発に活動したひとりである社会学者の清水幾太郎は、中野のことばを受けて、「六月二十五日以前のわれわれは温室の中にあった」、「平和への意思は、実に六月二十五日以後のためのものでなければならない」、「われわれが世界に向って叫んで来た言葉が真実のものか、虚偽のものか、世界の人々は、今、われわれを試そうとしている」と訴え、朝鮮戦争が日本に与えた衝撃の大きさを受け止めようとした。

朝鮮戦争は平和を論じていた知識人だけでなく、日米両政府にも大きな衝撃を与え、これを機に政策も大きく舵を切る。対日講和への動きを加速させ、同時に日米安保条約の締結、さらには再軍備へと一気に動きだす。きびしい現実に直面した平和論は、どのように対応するのか。

開戦からほどなく、平和問題談話会は「三たび平和について」と題する研究報告を発表した（以下、「第三声明」とする）。第一声明の「もはや戦争は完全に時代に取り残された方法と化している」を引きついで「戦争が本来手段でありながら、手段としてとどまりえなくなった」としている。ここに談話会の戦争観があらわれている。それは「将来の戦争は必然的に原子力戦であり細菌戦である」ため、「いまや戦争はまぎれもなく、地上における最大の悪となった」というものである。これに対して、「平和を最大の価値」とする理念を対置し、平和を維持することなしには「他のいかなる価値も実現されないような、第一義的な目標になった」と位置づけた。ここでは核兵器の脅威を前面に押し出している。米ソ両国の核兵器の開発競争がはげしさを増していた当時の認識としては当然のものともいえるが、一方で、通常戦争である朝鮮戦争がすでに始まっていた。核戦争と平和のあいだに通常戦争がある。そういう事態への対処が求められていた。この第三声明は、憲法については、「一切の戦争が放棄されているものと解釈」し、「自衛戦争、制裁戦争を含めて、一切の戦争をする権利を放棄した」としている。敗戦直後にあらわれた「平和」は、当時の人びとの率直な気持ちをあらわしたものだった。新憲法の平和主義の規定を経て、平和は気分から理念に高められた。それがここに、戦争を悪とし平和を「最大の価値」とするというかたちで定式化されたといえるだろう。

この第三声明の第一、二章を執筆した丸山眞男は、これに前後して書いた政治的イデオロギーに関するエッセイのなかで、「現実政治に対する根本態度の決定とそれに基く戦略戦術を自覚しなければならない」、「少くとも政治的判断の世界においては高度のプラグマティストでありたい」と述べている。第三声明もこのような思いをこめて執筆したに違いない。核兵器の出現が戦争のあり方を根本的に変えたとする見方、平和の維持を他のすべての価値に優先させるという思想の現実世界における意義が、文字どおり現実によってこれから問われようとしていた。

ところが、この平和問題談話会の活動は、この第三声明を頂点として低下していく。丸山によれば、終戦直後、戦争を防げなかったという悔いを抱いていた知識人たちの思いが談話会の活動のエネルギーにもなっていた。これを丸山は「悔恨共同体」と呼んだ。それが敗戦から五年あまりで、いよいよ重要な局面を迎えたというときに早くも風化しはじめたとすれば、あまりにも早過ぎるといわなければならないだろう。知識人たちの悔いとは、その程度のものだったのだろうか。

(二) 平和論の影響と限界

平和問題談話会の活動は、現実の政治にも影響を与えた。戦前の社会主義政党が合同して結成した日本社会党は内部論争が絶えず、やがて分裂したが、全面講和を主張していた左派は、談話会が掲げた平和三原則を党の方針として採択した。談話会の会員のひとりである久野収（哲学者）は、一九四九年から五一年にかけて「左派社会党と『総評』の全面講和運動に全力投球」し、その結果、左派社会党は平和問題談話会の声明に呼応するように、全面講和、非同盟中立、軍事基地反対の平和三原則（のち「再軍備反対」をくわえて平和四原則となる）を打ち出した。終戦直後に知識人の期待を集めた日本共産党は、一九五〇年以降、コミンフォルム（共産主義政党の国際組織）の批判を受けて武装闘争路線に転換しており、国民の支持を失っていた。そのためもあって、平和を求める人びとの期待は次第に社会党、それも左派に集まっていった。平和四原則を採択した五一年一月の第七回党大会で委員長に選ばれた鈴木茂三郎の就任演説から「青年よ、銃をとるな」というスローガンが生まれ、そのあと長く社会党の平和主義の象徴となっていく。これに対して右派は、日本の独立のためには自衛力が必要で、社会党も具体的な自衛政策を立てなければならないと主張する（原彬久『戦後史のなかの日本社会党』）。

社会党で非武装平和主義を明確に掲げる左派が優位になっていったことは、アメリカからの再軍備の要求に抵抗していた吉田茂にとって、追い風として利用できるものであった。吉田は国内の平和論の高まりや社会党の勢力伸長を巧みに利用してアメリカの再軍備要求に抵抗し、経済の復興を優先する政策をすすめていく。吉田は、経済が復興したあとで、本格的な再軍備や憲法改正に乗り出すつもりでいたのである。

非武装国家を建設するのか、それとも憲法を改正してふたたび軍隊を持つのか。その選択は、日本国民の手にあった。軍隊によって自国を守るのがいわば常識であるが、それとは異なる国家づくりをする用意はあったのか。この当時、日本が再軍備するとなれば、近隣諸国の不安をかきたてたことはまちがいない。軍国主義の復活につながり、ふたたび侵略戦争をするような再軍備なのか、平和国家に生まれ変わった日本の独立国として正当な防衛力なのか、軍は民主的にコントロールされるのか。軍隊を持つといっても、どのような軍を持つのかで、その意味は決定的に違うものになる。清水幾太郎の言葉を借りれば、「兵隊は各国の文化及び思想のインデックスである」。

社会党が平和四原則を採択した直後、談話会の会員でもある憲法学者の田畑忍は、「日本国憲法は、日本国が完全に国防放棄国家たるべきことを、きわめてはっきりと定めている」と解釈し、「ただ一つの完全なる平和主義の憲法」であると明言した。大学生のあいだでも再軍備に反対する意見が多数を占めていた。

それでも一九五二年の十月には警察予備隊が保安隊へと組織が改変され、警備隊と名称をあらためた海上警備隊とともに保安庁のもとにおかれた。同年八月に保安庁が発足するにあたって吉田茂は、「保安庁新設の目的は新国軍の建設である」と訓示した。警察予備隊は憲法に違反しないとみてこれを肯定していた者も、こうなるといよいよ再軍備と認めざるをえなくなる。朝鮮戦争の影響もあって一九五一年には再軍備賛成論が増えていたが、それに影響を与えたのが当時流行したいわゆる「真空論」である。日本を無防備状態、すなわち真空においておけば、そこに共産主義勢力が侵入するという理屈であり、トルーマン大統領から対日講和交渉の特使に任命されて来日したジョン・フォスター・ダレスが盛んに説いていた。真空論は常識的な国防論とともに、再軍備賛成論を構成する重要な根拠となった。このように朝鮮戦争は、米ソ共存を訴える平和論に対する重大な挑戦となった。米ソ対立を背景に持ち、アメリカ軍を中心とする国連軍のほか、ソ連のあと押しを受けて中国共産党義勇軍（実質的には正規の人民解放軍）も参戦した朝鮮戦争は、単なる内戦ではなかった。

当時は総合雑誌と呼ばれる月刊誌が、現在にくらべてはるかに大きな影響力を持っていた。講和問題は当然ながら論争を呼ぶ大きなテーマであり、大ざっぱにいえば、保守系（右派）の論客はアメリカをはじめとする西側諸国との講和を優先すべきであると主張したのに対し、革新系（左派）の人びとは、ソ連など社会主義諸国もふくめた講和（全面講和）であるべきだとした。講和とならんで、再軍備問題もそうした雑誌でしばしば取り上げられた。

そうしたもののなかで、一九五二年に対日講和条約と日米安保条約が発足した直後のものであるが、本書のテーマとの関連で、わたしの興味をひいたものをひとつ紹介しておきたい。作家の石川達三は「誰のために再軍備するのか」と問い、「国を守るという考えであって、人民を守るという考えではない。国家が国家を守ろうとしているのであって、人民が人民を守ろうとしているのではない」といい切った。そして先の問いに自らこう答えた。「政府は、アメリカの御機嫌をとるために、再軍備の要望に応じているらしい。アメリカの御機嫌はとるけれども、日本の人民の御機嫌はとらない。人民がいくらいやがっても、アメリカが造れというから軍備を造る」結果として、「アメリカの力を借りてソ連の侵入を防ぐ」といいながら、「結局はアメリカの手先に使われ、タマヨケに使われる」。再軍備はただ日本だけの問題ですむものではなく、日米安保との組み合わせで考えるべき問題だという認識は早くからあったのだろう。

平和論といってもその中身にはいろいろ違いがある。ひとつは、憲法の平和理念に殉じようという文字どおりの平和主義である。田畑忍は憲法第九条の解釈を根拠として、それが侵略戦争であるか自衛戦争であるかを問わず、一切の武力行使を放棄しているとみる。憲法改正を審議した帝国議会における吉田の答弁は、これとほとんど同じといっていいだろう。こうした平和主義とはややニュアンスの異なるものに、キリスト教の立場に立つ矢内原忠雄（経済学者）のように「私自身の平和論の立場は宗教的であって、いわゆる絶対平和主義者として分類される」というものがある。いずれにしても、戦争放棄を厳格に考え、いかなる名目であれ再軍備を認めないとする立場である。久野収は「理想の実現か、破滅の招来かの選択を迫られている」という現状認識に立ち、平和の論理により戦争の論理を克服する道を探るという。理念そのものを押し出すというよりも、むしろ情勢判断から再軍備反対あるいは非武装を訴えているようにみえるが、根底にあるのは平和と戦争を対置させて二者択一を迫るという論理である。憲法学者の宮沢俊義は、憲法が戦力保持を禁じていると解釈するのみならず、暴走して侵略戦争に突入した過去の軍隊をかえりみて、「今の日本でふたたび軍隊を設けること」は、旧軍のような「非合理主義的な考え方の復活」につながることも再軍備反対の理由にあげた。「軍備を設けることによって、民主主義そのものが殺されてしまうようなことがあったら、それこそなんにもならない」からである。これは軍そのものの性格を問題にしている。戦争と軍隊の記憶がまだ生々しい時代であるが、それを主な根拠として、「今の日本で」という条件のもとで築かれる平和は、いつまでつづくのか。未来永劫とはいかないだろう。単純に時間の問題ではないのならば、どうなればいいのか。どうすべきだというのか。そこまでは述べられていない。当時の平和論がしばしば「現実的な実行可能性に対する詰めを欠いたものであるという批判」を受けたのは、こうした点にあったのだろう。

丸山は、新憲法についての平和問題談話会での討論の席で、「軍備のない国家はない」（磯田進）、「国家である以上は、完全非武装というのはありえない」（大内兵衛）という意見に対して、「国家観念自体を革命する以外にない」と考え、「憲法第九条というものが契機になって一つの新しい国家概念、つまり軍事的国防力というものを持たない国家ができた、ということも考え得る」とした。国家観念の革命は、知識人の頭のなかでおこなうのはたやすいが、現実の世界では容易なことではない。

日本自身が軍備を持つのかという問題は、憲法の平和主義との関係では理念の問題であった。しかし、朝鮮戦争というかたちで現実に国の安全が問われたときに、理念だけでは解決できないと考えるのは自然なことだろう。自前の軍備を持たないならば、どこかの軍隊に守ってもらうのか。戦後直後には国際連合への期待が高まったが、米ソ対立はその期待を急速にしぼませてしまった。朝鮮戦争では、国連の平和維持機能を担当する安全保障理事会が事実上機能せず、アメリカ軍を中心とする軍隊を国連軍と認定した。そのような状況におちいったなかで、日本の安全のために外国の軍隊を受け入れるのか。これがもうひとつの問題である。具体的にいえば、占領軍としてのアメリカ軍が講和後、引きあげるのか、駐留をつづけるのかということである。

終戦直後にまさに噴き出すように登場した「平和」は、戦争はもうこりごりだという素朴な思いと軍部、軍人に対する不信を主な基盤としていた。それは切実な思いではあったが、それほど根のしっかりしたものではないともいえるだろう。敗戦処理が終わり、主権を回復すれば、ふたたび軍隊を持つのは独立国家として当たり前と考えていた国民も多かった。平和も国家としての常識も、朝鮮戦争によって揺さぶられ、試されることになったのである。

第2章　講和とその代償——日米安保体制の構築

第1節　講和への道——日本の安全と沖縄

㈠　対日政策の転換と講和

冷戦体制をフランスの社会思想家レイモン・アロンは「平和は不可能であるのに、戦争も起こりえない」と分析してみせたが、占領下におかれていた日本にもその影は早くから忍び寄っていた。一九四八年のはじめには、アメリカの陸軍長官、ケネス・ロイヤルは、それまで日本占領の主たる目的は「日本からわれわれ自身を守ること」であったが、これからは、「全体主義戦争の脅威」に対抗するために、強い日本を建設し、共産主義に対する防壁にするとの方針を明らかにし、陸軍省計画作戦局に日本再軍備計画の検討を命じた。占領政策の眼目は「民主化」から「復興」へと移るとともに、「非軍事化」から「再軍備」へと舵を切ることを示すものであった。

国務省でも冷戦に対応した対日政策の転換をめざした検討がすすめられ、一九四八年十月の政策文書（NSC13／2）につながっていく。この新たな対日政策では、日本国内の治安のために警察力の強化をうたったが、再軍備は講和後の課題として先送りした。この政策を検討する過程でアメリカ海軍は、沖縄で軍事基地の建設をすすめるとともに、横須賀港の確保を求めた。これは核兵器を使用する態勢を整えるためである。軍の首脳はあくまでソ連との戦争に日本人部隊を利用しようと考えていた。日本再軍備に反対していたマッカーサーは、本国が日本の再軍備という選択肢を捨てていないことに不満をいだき、命じられた警察力の強化にも取り組まなかった。その一方で、十万人ないし十五万人の警察軍（コンスタビュラリー）の創設に向けた構想が極東軍のなかで練られていった。

一九四九年秋にはアメリカとイギリスは対日講和をすすめることで合意していたが、アメリカ軍部はこれに反対していた。トルーマン大統領は、弁護士で上院議員をつとめたこともあるダレスを国務省の顧問に任命して、日本との講和交渉にあたらせた。そんな折に朝鮮で戦争がはじまり、ダレスはこれを講和を促進させる機会ととらえた。問題はやはり軍部であった。軍部が望むだけの部隊を、望む場所に、望むだけの期間にわたって維持できるような協定を日米間で結ぶことで、軍部を納得させた。それが対日講和に同意する条件だった。朝鮮戦争は日本の安全にかかわる問題を焦点として浮上させたが、講和への道にたちふさがったのは、日本自身の再軍備よりもむしろアメリカ軍の駐留であった。軍部と国務省のあいだにようやく折り合いがついて、対日講和の方針が固まり、大統領の承認が得られる文書（NSC60／1）にまとまった。講和は、日本が求めていただけでなく、アメリカにとっても必要だったのである。いつ、どのような条件で実現するのかは、交渉次第であり、外交というかけひきの場で決まるものである。

日本の外務省も本格的に講和交渉に向けて準備にとりかかった。講和後の安全保障をどうするかは、そのなかでもとくに重要な課題であった。首相の吉田茂の指示をうけて、外務省ではさまざまな角度から検討作業をおこなった。国際連合に日本の安全保障をゆだねることや、北太平洋六カ国平和条約を締結することも検討したが、最終的には、反共主義を鮮明にし、アメリカとの関係を最重要視する路線を吉田は選択した。

(二) 日米安保条約の成立

こうして講和条約、そして日米安保条約へ向かう動きは一気に加速した。交渉の重要な節目となったのが、一九五一年一月から翌二月にかけて東京でおこなわれた通称「吉田・ダレス会談」である。対日講和の特使であるダレスとの交渉にあたって、吉田は占領政策の行き過ぎを批判するなど、遠慮のない態度でのぞんだが、中立主義を交渉のカードとして利用するようなことをせず、はやばやとアメリカに安全保障を依存する姿勢を示した。対するダレスもきびしい姿勢を崩すことなく、講和後も日本の領域内に軍の駐留させることを日本側が要請し、これにアメリカが同意するという内容の日米協定構想を示してきた。日本が頭を下げて軍の駐留継続を求め、アメリカがそれに応じるという構図にしようというのである。そのうえ、有事の際には、日本の軍隊は、アメリカが指名する司令官による統一指揮のもとにおかれることまで明記されていた。こうした内容の案を目にした外務省の西村熊雄条約局長もさすがに、「駐屯軍の特権的権能があらわに表示されているため、一読不快の念を禁じえない」と受けとめた。アメリカはいかなる義務も負うことのないままに、軍隊をひきつづき日本に駐留させ、それを自由に運用できる態勢を日本が認めるのであれば、占領そのものが継続するようなものである。ダレスがこのような態度でのぞんできたのは、先に述べたように、軍部が望むだけの駐留を確保することが、この交渉の目的だったからである。

日本が安全保障のためにアメリカの協力を必要としているのはたしかだが、アメリカにとっても、東アジアにおけるアメリカの国益を守る足がかりとして、軍をひきつづき日本に駐留させることは望むところのはずである。そうであれば、力の差は歴然としているとはいえ、両者の関係においてはおおむね対等といえるのではないのか。少なくとも、日本側にも取引の材料はある。したがってアメリカ軍の駐留は、両者の合意にもとづいて継続させるべきものであって、日本が一方的に要請し、それに対してアメリカが「恩恵」として駐留を継続させるという関係ではないはずだ。これが日本側の言い分であり、それが「一読不快」につながったわけである。

また、外務省は、国際連合とのむすびつきをこの日米協定に入れようと苦心していた。単に日米二国間のものではなく、国連憲章にも沿うものであるとしたかった。四日後、アメリカ側があらためて提出してきた「集団的自衛のための日米協定」案もやはり、日本が軍の駐留を要請しアメリカが応じるというものであった。結局、これがこの年九月に締結される日米安保条約につながっていく。日本が再軍備に対して消極的だったことも、交渉においては不利にはたらいた。吉田は経済復興を優先し、財政的な余裕ができてから本格的な再軍備に踏み出そうと考えていたからである。ただし、この時点では、アメリカ軍の駐留継続に比べれば、優先度の低い議題であった。自国を防衛する軍備を持たなかったため、交渉において不利な立場にあった日本側は、アメリカの求めに対して、しかるべく再軍備をすすめる旨の発言をしてその場をしのいだ。

アメリカがあくまで基地は「恩恵」であるとの姿勢でのぞんだのは、自力で防衛しようとしない国とは互恵的な協定はむすばない、という方針があったためである。これがのちのちまで、「ただ乗りは許さない」といういわゆる「安保ただ乗り論」として長く日米安保体制に影を落とすことになる。外務省は、「旧来の軍事同盟」「あからさまな日米同盟」をアメリカが押しつけてきたと不満をつのらせた。

講和交渉をおこなう吉田とダレス（写真提供：共同通信社）

アメリカが軍の駐留を継続するための条約本体とは別に、軍が日本において有することになる地位（特権）、経費などの条件を定める協定をむすぶ必要がある。条約本体をできるだけ簡素なものにして、日米安保体制の実質的な内容は、こちらに規定されることになる。これがのちに「日米行政協定」となるが、具体的なことがらをこの協定に盛り込むようにしたのは、議会の承認を得なくてもすむようにするためである。これは日本側がアメリカに要請したものである。アメリカとしては実質を取ればいいのであって、必要なことがどこかに盛られていれば見かけはどうでもよかった。日本の国内政治の都合に合わせても、失うものはない。だが、この行政協定の締結交渉もかなり難航することになる。

さて、日米交渉は二月で終わったわけではなく、さらにつづいた。日本側が求めたのは「日本に対する武力攻撃が太平洋地域ならびに合衆国の平和および安全に影響する」ことをアメリカが認める表現を条約本文に盛りこむことだったが、アメリカはそのように「相互性」を示す文言を入れることはあくまで拒んだ。アメリカ軍部は日本に対して一切の義務を負うことはなく、基地はあくまで日本の要請に基づいてアメリカが与える「恩恵」という姿勢であった。このように四月以降の交渉の焦点も、やはりアメリカ軍の行動の自由をめぐるものであった。日本側はなんとか国連憲章にいう自衛権との関連をはっきりさせようとしたが、アメリカはこれも受け入れようとしなかった。

この交渉の過程でアメリカが要求してきたのが「極東条項」の追加である。朝鮮戦争のような事態が今後も極東地域で発生する可能性があるとアメリカはみていた。そのような場合に日本に駐留する軍を自由に動かせるように、との軍の意向から出たものであり、それを日本周辺や朝鮮半島などと地域を限定せずにまさに基地を自由使用するための条項を入れようとした。これを入れれば、日本の独立後も基地を朝鮮戦争に利用できるだけでなく、その後、この地域で何が起きても、軍は自由に基地を利用できることになる。軍部が求めていたのは、中国本土、台湾、さらにはソ連などもふくむ広大な「極東」地域を想定し、そのうえ、朝鮮戦争のように国連決議に基づく場合にかぎらない、まったく自由な「一方的行動」であった。

その後も、条約案の文言の解釈をめぐって、外務省はなんとか日本の防衛を確かなものにしようとこころみたが、アメリカはこれを受け入れることなく、条約の重心は、アメリカ軍の自由行動を確保し、その範囲を広げるものとなった。かわりにアメリカは寛大な講和条約案を示すようになった。その半面、講和会議をひと月あまりのちに控えた七月末になって、「極東における国際の平和と安全の維持」のために駐留軍を使用できるという「極東条項」を入れてきたのであった。このようにして、ますます軍部の望むとおりの駐留が確保されることになった。吉田にとっては、講和のためには代償として受け入れざるをえなかった。

しかし、問題はまだ残っている。さきに述べた軍の駐留の条件を定める日米行政協定である。交渉の焦点は、裁判管轄権と統一指揮権の問題であった。前者は、アメリカ兵が日本で罪を犯しても、日本の裁判にかけないですむようにするものである。軍にとっては重要な課題であり、国務省のなかには、軍は日本を野蛮な法律と監獄をもった未開の国とみなしている、との批判的な意見もあったが、ここでも軍部の意向が通る。この交渉は、対日平和条約と日米安保条約が締結される一九五一年九月を越えて翌年二月までかかり、交渉担当者の西村条約局長がのちに「おもしろくない交渉」だったと回顧するようなものだった。統一指揮権は、はじめのアメリカ案では条約本体に入っていたものが、日本側の反対によって行政協定に入れてきたものであるが、日本側としては、国内で大きな反発の予想されるこの条項を行政協定といえども入れるわけにはいかず、ここでも抵抗した。

日本は講和による主権の回復を何より優先し、かつ安全をアメリカに頼ろうとしていたため、交渉においては弱い立場にあった。だからこれ以上はどうしようもなかったのか、ほかに何かやりようがあったのか。今日でも吉田外交の評価の分かれるところである。ともかく、アメリカ側の論理をのまざるをえず、その結果として、基地はかなり高いものについた。講和と安保をめぐる吉田の交渉が稚拙であったという批判のほかに、吉田の背後に天皇の意向があったことが影響したのではないかとする見方もある（豊下楢彦『安保条約の成立』）。この見方を実証する直接的な証拠はないため、仮説の域を出ないが、この当時、昭和天皇が政治的な動きを見せていたことは事実である。また、吉田は熱烈なる皇室崇拝者であり、もし、天皇が何らかの意向を示したとすれば、吉田がそれにこたえようとしたのはまちがいないだろう。

(三)「天皇メッセージ」と沖縄

アメリカにとって沖縄戦は硫黄島とならんで、日本との戦争においてもっともはげしい戦闘であり、犠牲も大きかった。そのためもあって、戦後もアメリカの軍部は沖縄を容易に手放そうとしなかった。もちろん、沖縄を軍事基地として利用したいという目的があり、対ソ戦やアジア戦略のうえで好都合な位置にあったこともたしかである。早くも一九四五年のうちに統合参謀本部は沖縄を「最重要基地」と位置づけており、「排他的な戦略的統治」のもとにおいておきたかった。

その沖縄の運命を決めるうえで重要な役割を果たしたのが、いわゆる「天皇メッセージ」である。一九四七年五月六日、マッカーサーとの四回目の会見で昭和天皇は、「日本の安全保障を図る為には、アングロサクソンの代表者である米国がそのイニシアティブをとることを要するのでありまして、その為元帥の御支援を期待しております」と述べた。このほか、天皇は国連や憲法第九条に対する不安も口にした。日本の安全をアメリカに依存しようと考えていたのである（豊下楢彦『昭和天皇・マッカーサー会見』)。

この発言は、わずか三日とはいえ、日本国憲法の施行後である。憲法に規定されているように天皇が「象徴」ならば、政治には関与できないはずだが、そのような自制はまだ働いていない。同年七月に天皇は、芦田均外相に対しても、日本は「アメリカと同調すべき」であり、ソ連との協調はむずかしいと述べている（『芦田均日記』第二巻）。憲法論はともかく、天皇は対米協調を第一に考え、機会をとらえてそうした意見を政治家にも伝えていた。同じ年の九月には、外務省の寺崎英成を通じてアメリカにメッセージを送っている。それは「二十五年ないし五十年、あるいはそれ以上にわたって」アメリカが沖縄を支配下におくことを認める内容のものである（進藤栄一『分割された領土』）。

このあと実際に、一九七二年に返還されるまで、二十五年にわたって沖縄はアメリカに支配されることになるが、天皇はこれが日本の安全を確保し、講和を実現するために必要なことだと考えていたのであろう。あるいは、共産主義勢力の日本国内への浸透という治安問題も念頭にあったのかもしれない。天皇がアメリカ軍の駐留継続を望んでいたことはまちがいなく、その天皇の意向が吉田を通じて外交になんらかの影響を与えていた可能性は否定できないように思う。

天皇が外交・安全保障問題について発言したのはこの時ばかりではなく、また、沖縄の帰属をめぐる問題だけではなかった。朝鮮戦争勃発後の一九五〇年八月にも天皇は、対日講和問題を担当していたダレスに文書でメッセージを送った。そこでは「基地問題をめぐる最近の誤った論争も、日本側からの自発的なオファによって避ける」ことができると、講和後もアメリカ軍の駐留を認める、すなわち日米安保条約につながる旨のことが提案されていた。前月の参議院で吉田は、講和後は外国軍の基地は不要であり提供するつもりはない、と答弁していたが、「基地問題をめぐる最近の誤った論争」とはこのことを指しているのだろう。

朝鮮戦争はアメリカ以外の連合国の対日講和に対する態度にも変化をもたらしていた。アメリカの説得に応じたイギリスのほか、はじめは日本に対してきわめてきびしい態度であったオーストラリアなども講和に応じるようになった。ヨーロッパにおける冷戦と東アジアにおける熱戦が、日本との講和を後押しした。ただし、東南アジアの国々にとっても同様であるが、オーストラリア、ニュージーランドには日本に対する不信感が根強く残っており、日本の再軍備を恐れていた。当時の日本はまだ脅威だったのである。そのため、一九五一年九月の対日平和条約と同時に、オーストラリアとニュージーランドはアメリカと三カ国で安全保障条約（ANZUS条約）をむすんだ。

そのような日本は、アメリカにとってはきわめて利用価値の高いものであった。アメリカがそのことを再認識したのも朝鮮戦争であった。そのためであろうか、昭和天皇とは反対に、アメリカのなかから、それも軍のなかから、沖縄返還論が出てくる。一九五一年四月に朝鮮戦争への対応をめぐってトルーマン大統領と対立したマッカーサーが解任され、後任に指名されたマシュー・リッジウェイ（陸軍大将）である。

アメリカ軍部は、朝鮮戦争がアメリカの望むようなかたちで終結する前に日本と講和をむすぶことにも、沖縄や小笠原を日本に返還することにも、きわめて慎重な姿勢をくずさなかった。講和交渉開始の決定後、中国軍が参戦したことによって急速に悪化した朝鮮半島情勢を前に軍部は、日本の治安部隊は外部からの侵攻に無力であり、この状態で講和交渉にのぞむことはアメリカにとって不利になると考えた。朝鮮戦争の解決前に日本を独立させることは、講和によって基地としての日本を失いかねないと懸念したからである。基地としての日本を確保することはアメリカ軍部にとって、それほど重要であったし、別の面からいえば、必ずしもアメリカの思うようになるとはかぎらなかった。つまり、日本にとって交渉のカードになりうる可能性はあったと考えられる。敗戦国であり不利な立場にあったとはいえ、これは交渉ごとである。手の中のカードを使ってもさしつかえなかった。

さて、沖縄であるが、新しい司令官のもと、日本に駐留していたアメリカ極東軍司令部では、沖縄について長期的政策を検討した結果、講和後に沖縄を日本に返還すべきだとの結論に達した。その理由として、沖縄を長期的に支配することは、アメリカが長年にわたって主張してきた民族自決の原則に反するうえ、日本との友好関係を損なうおそれがあることをあげている。これに対して、アメリカが率先して沖縄返還に動けば、極東における日米安全保障体制はより一層確かなものとなるうえ、ソ連の千島列島支配に対する牽制《けんせい》としても有効だとしていた。ただし、沖縄の軍事基地の確保はこれらの前提となっていた。このような提案が軍のなかから出てきたことは注目していいだろう。結局、この提言は、本国での検討の結果、南西諸島、南方諸島などの戦略的管理はアメリカの安全保障上の利益からみて欠かすことはできないとの理由で、返還に反対するとの結論にいたり、日の目をみることはなかった。この後は、軍部内から沖縄返還論が出ることはなかった。返還にはさらに二十年近い歳月を待たなければならない。

対日平和条約が発効した一九五二年四月二十八日は、本土では「主権回復の日」となったが、この日をもって日本から切り離された沖縄、奄美、小笠原では「屈辱の日」となる。

第2節　日米安保体制——密約の構造化

(一)　安保条約の構造

一九五一年九月四日からサンフランシスコのオペラハウスにおいて対日講和会議が開かれ、八日に「日本に対する平和条約」への署名がおこなわれた。条約は、日本の主権を認め、軍備の制限や禁止を定めることはせず、賠償は大きく緩和されるなど、それまでの講和条約に比べれば、また、関係国の対日感情からすれば、かなり寛大なものだった。そして、日本は極東国際軍事裁判（東京裁判）をふくむ戦争犯罪に対する裁判の結果を受け入れた。ソ連など社会主義国のなかには条約の内容に不満を表明して署名しない国もあったが、日本をふくむ四十九カ国が署名した。一部の国々からは、この対日平和条約は日本に対して寛大にすぎるとみられていた。それでも署名したのは、アメリカの説得に応じたからであった。中国では内戦の末、一九四九年十月に中華人民共和国が成立していたが、中華民国を支持するアメリカの意向で講和会議に呼ばれず、韓国は戦勝国ではないとする日本の意向でやはり参加することができなかった。

講和会議のあと、市内のはずれにある陸軍の駐屯地の下士官クラブにおいて、別の条約に吉田茂首相が署名した。重要な条約であるにもかかわらず、前夜遅くになってようやく、この場所でこの時間に調印式がおこなわれることが日本側に知らされた（三浦陽一『吉田茂とサンフランシスコ講和』）。

野党議員もふくむ六人の全権団が署名した平和条約とは違い、署名したのは吉田ひとりであった。条約の内容も吉田以外にはくわしく知らされていなかった。礼砲も国歌吹奏もなく、まさにひっそりとおこなわれたのは、「日本国とアメリカ合衆国との間の安全保障条約」つまり（旧）日米安保条約への署名であった。

平和条約と安保条約は、日本国内で大きな論争を呼んだ。西側（自由主義諸国）とだけの講和でなく、東側（社会主義諸国）とも講和すべきであるとする、いわゆる「全面講和」論者からこの講和は「単独講和」と呼ばれ、日米安保条約は占領を継続するものとみられた。安保条約は独立国にふさわしいものではないとして、保守系の政治家のなかにも批准に反対した者がいた。アメリカ軍部の要求のほとんどを受け入れた安保条約が国内で不人気なのはわかっていた。だからこそ吉田は、交渉中であるとの理由で、国会でもほとんど取り合わないようにしてきた。

平和条約第三条の規定によって、沖縄は奄美諸島や小笠原諸島などとともに、ひきつづきアメリカの施政権のもとにおかれることになった。その一方で日本に沖縄などに対する「潜在主権」を認めることとなった。日本の「潜在主権」を認めるという考えは、アメリカ軍部と日本の双方を納得させるために考え出されたものである。日本の「潜在主権」を認めることで返還の可能性を残しつつ、アメリカは欲しいものをすべて手に入れたこの方式は「法的怪物」といわれた。講和後、安保条約が改定される一九六〇年までのあいだに、本土の基地は四分の一にまで縮小され、とくに地上軍の撤退によって、アメリカ兵の姿は日本人の前からほとんど消えていくが、反対に沖縄では「銃剣とブルドーザー」によって基地は一気に拡大する。完全にアメリカ領になっていたならば、沖縄の住民はアメリカ国民になっていたのであり、かえってこのようなことはできなかった。それを可能にした方式は、なるほど「怪物」の名にふさわしい。

日米安保条約は、締結までの経緯からもわかるように、日本からみれば多くの問題をかかえた条約であった。先に述べた「極東条項」が第一条におかれていることからも、この条約の性格が理解できる。この条項を認めることを吉田に進言したことについて、交渉担当者であった西村熊雄は「汗顔の至り」と述懐している。さらに第一条の後半では、日本国内で外国の関与によって内乱が生じた場合には、それを鎮圧するために「日本国政府の明示の要請に応じて与えられる援助を含めて、外部からの武力攻撃に対する日本国の安全に寄与するために使用することができる」となっている。共産主義勢力が日本に浸透するのをアメリカがいかに恐れていたかがわかるが、どうみてもこれらの規定は主権国家同士の対等な条約ではない。そして、日本がアメリカ以外の国に基地を提供することは第二条で禁じられており、アメリカが独占的に日本を基地として利用できるわけである。このように日本を利用し、内政に関する問題にまで介入できるにもかかわらず、アメリカには日本を防衛する義務はなく、そのうえ、条約の期限さえ定めていなかった。

このような内容の条約であったため、国内から大きな反発の声があがったのである。条約は日本がアメリカに基地を提供するだけの片務的なもの、いわゆる不平等条約の一種だとの批判は、調印直後から社会党のみならず、中曽根康弘（衆議院議員、のちの首相）をはじめ保守政治家のあいだにもあった。ナショナリストならずとも反発をおぼえる条約である。たしかに条約は、日本がアメリカに軍事基地を提供するという規定を除くと、実質的にはほかには何もさだめていない。日本の安全はアメリカにとっても不可欠の問題であり、死活的な国益でもあった。にもかかわらず、極東の平和と安全のために「恩恵」によって日本に駐留するという内容の条約にしてしまったため、のちの「安保ただ乗り論」への布石となってしまった。

ただし、国家安全保障会議や軍の統合参謀本部などのアメリカの公文書にも記されているように、アメリカにとって日本は戦略的に重要な存在であり、朝鮮戦争が始まってからは、ますますその重要性は高まっていた。したがって、アメリカとしても、日本が外国軍によって侵略され、破壊されるのを許すわけにはいかず、やすやすと敵の手に渡すはずはなかった。実際には、万が一、日本が侵略を受けた場合には、アメリカは日本を（アメリカのために）防衛するつもりであったし、そのことについて、日本側とも協議をおこない、秘密のうちに文書までも交わしていた。

安保の問題は条約そのものの内容にとどまらない。条約に付随する行政協定にも問題があった。行政協定はアメリカ軍の駐留に関する具体的な条件などを取り決めたものであり、きわめて重要なものである。しかし、条約とちがって国会による承認を必要としないということで、具体的な規定は国民の目に届きにくいこちらに入れておいた。さらに、行政協定にさえ入れたくないものは、交換公文で補完した。そのうえ、政府間の秘密の了解、すなわち密約もあった。つまり、日米安保体制とは安保条約、行政協定、密約という三層構造から成り立っているということである。

まずは行政協定をみておこう。対日平和条約から遅れること五カ月あまり、一九五二年二月末にようやくまとまったこの協定の正式名称は「日本国とアメリカ合衆国との間の安全保障条約第三条に基く行政協定」という。アメリカ軍の日本への出入りや軍人・軍属などに対する裁判権など、駐留の条件を規定するものであるが、その最大の特徴は、「全土基地方式」が採用されたことである。軍事基地を外国に使用させる協定をむすぶ場合は、その範囲を限定するのが通例であるが、日米間ではそのような限定をしておらず、日本全土をアメリカ軍の作戦のために基地として設定しうることになる。ダレスが軍部に約束したとおり、望むところに、望むだけの期間にわたって、望むだけの基地と軍の駐留を確保することになった（明田川融『日米行政協定の政治史』）。

協定後に設けられた日米合同委員会は、たとえば、神奈川県のキャンプ座間、横須賀海軍基地、厚木飛行場など、占領時代に連合国軍が使用していた基地をそのままアメリカが「無期限使用」することを認めた。その後、いくつかの施設が返還されたものの、厚木飛行場は航空機のジェット化に対応して滑走路を延長するなど、基地機能は強化されて今日にいたっている。今日では、神奈川県は、首都圏にありながらも、施設の数では沖縄、北海道に次いで第三位、アメリカ軍専用の面積でも沖縄、青森に次いで第三位となっている。神奈川県では、毎年のようにアメリカ軍の航空機事故がおきており、平和条約発効（一九五二年四月）から二〇〇七末年までに二百十四件にのぼるという。そのうち一九七七年の横浜市での墜落事故は二人が死亡、三人が重傷（うち一人はのちに死亡）、四人が軽傷という大惨事であった（栗田尚哉編『米軍基地と神奈川』）。

アメリカは市街地にある施設は返還するという方針ではあったものの、日本各地で軍の都合にあわせた基地の使用がつづけられるようになった。また、兵士が基地外で罪を犯しても、裁判をおこなう権利が事実上日本になかった。つまり、アメリカ軍に治外法権が認められていた。基地の区域特定も裁判管轄権も、たとえば同時期にフィリピンとのあいだでアメリカがむすんだ米比基地協定では、フィリピンに認められていた。フィリピンはアメリカの植民地から独立したばかりであったが対等の独立国とされたのに対し、日本はなお敗戦国として扱われたということだろうか。かつて明治政府は、江戸時代に欧米諸国とのあいだにむすばれた不平等条約の改正に苦労したが、ここでもまた、不平等条約をむすんでしまった。あるいは、むすばざるをえなかった。

(二)　密約の始まり

日米安保体制における密約ははじめから組み込まれていた。今のところわかっているかぎりでは、そのひとつは、日米統一司令部の設置に関する合意である。「攻撃を受けるか、あるいは攻撃が切迫した際に、地方警察を除いて、防衛力を統合司令部の下に置く」というものであり、安保条約へとつながる交渉においてアメリカ軍部が執拗《しつよう》にこだわった問題である。「日本政府との協議を経て、アメリカが司令官を指名する」という構想であった。さらに、日本の防衛力が増強され、自国の防衛により大きな責任を持てるようになるにしたがって、これは修正されるというふくみもあった。安保条約本体に入れようとしたが日本側が固く拒んだため見送られたこの条項は、行政協定に盛り込もうとしたものの、これも抵抗にあって断念したが、アメリカは統一司令部の設置そのものを諦めたわけではなかった。

講和条約が発効する直前の一九五二年四月、極東軍司令官から陸軍省に宛てた電報のなかでこの問題に触れている。すなわち、「極東軍司令官の計画では、日本の防衛のために単一で均衡のとれた米日合同地上軍を今後二年間、暫定的に使用することを要求している」。さらにこれにつづけて、「このような統合された一つの軍が二つの指揮のもとで効果的に機能し得ないことは明白である」。この「未解決の指揮問題」は、講和後の極東軍司令官にとってもっとも懸念すべきものとされた。だからこそ、講和条約発効後にこの問題は持ち越された。そしてついに七月二十三日の非公式会合で、有事の際には日米間に単一の司令部を設置し、司令官はアメリカが任命することを吉田首相が口頭で了承した。マーク・クラーク極東軍司令官の宿舎でおこなわれたこの会合には、ロバート・マーフィー駐日米大使や岡崎勝男外相が同席していた。吉田はアメリカ側が示したこの構想に賛同したものの、日本国民への衝撃を恐れて、それを秘密にしておくことを求めた。アメリカ軍部も日本の政治事情からみて、これについては口頭の了解で十分だと考えた。さらに吉田は、この任務のための計画や訓練に警察予備隊が可能な限り参加することに同意し、それらが合同でおこなわれることを望んだ。さっそく岡崎と極東軍司令部の間でそれに向けた話し合いが始まった。さらに五四年二月にも、吉田はジョン・アリソン大使とジョン・ハル極東軍司令官に対して、「在日米軍の使用を含む有事の際に、最高司令官はアメリカ軍人がなるであろうということには全く問題はない」旨を述べた。

口頭とはいえ日本政府の同意を取りつけたことにより、非公式ながら日米両政府間の合意が成立したと受けとめられ、NSCに提出された対日政策文書（NSC125／3）にも盛り込まれた。つまり大統領に報告されたのである。このNSC125シリーズの文書は数回にわたって改定されたが、トルーマン政権時代に一貫して講和後の対日政策の柱となっていたのみならず、次のドワイト・アイゼンハワー政権にもその路線は踏襲された。そして、このNSC125／3には、単に統一司令部の設置に合意したことだけでなく、日米合同防衛計画委員会が設置され、保安隊をアメリカ軍と合同で戦術的行動が取れる部隊にすることが検討にのぼっていると記されている。

もうひとつは、日本防衛のための日米合同計画に関するものである。これについては、日本に駐留するアメリカ極東軍の参謀長と日本の統合幕僚会議議長のあいだで書簡が交わされている。一九五五年一月六日に「合同有事計画」の策定に合意した。ただし、当然のことながら、これは日本の法律を超えるものなので、国内には極秘にしていた。

同年十二月にも極東軍参謀長と統合幕僚会議議長が書簡を交わした。そのなかでも自衛隊の制服組のトップである統合幕僚会議議長の林敬三は、「今の法律ではコミットできない規定」をふくむものであることを認めている。新たな合同防衛計画は「今後十二カ月の間に起こる攻撃からの日本防衛のための合同計画」とあり、一九五六年一月一日に発効するとされていた。さらに翌五七年一月にも前年と同様に新たな計画についての合意がなされている。こうしたところから、この合同防衛計画は毎年見直され、更新されていったようである。

さらにこれに関して注目すべきは、これが日本からの要請によるものではなく、アメリカが早い段階からそのつもりでいたことである。アメリカの統合参謀本部ではすでに一九四九年十二月に、「必要ならば世界規模の戦争が発生した場合、日本のために戦う計画を立てる」ことが検討されていた。それはいうまでもなく、ソ連との冷戦が進行しているなかで、日本を西側陣営にとどめておくためであった。

以上の二つの秘密合意の内容を条約に明記された基地提供義務と合わせて考えるならば、日米安保体制は、発足当初から密約を伴うものだったということである。さらにいえば、密約は安保体制を成り立たせる不可欠の要素であった。アメリカにとって、極東有事の際に日本をどう使えるかが対日関係における最大の関心事だったからである。基地を自由に使用し、いざというときには日本の「軍隊」を指揮下におさめることができる。これがアメリカの軍部が強く望んだことであり、それを満足させることが日米交渉の中心となっていた。日本の外務省が望んだ国連憲章との関連づけはきわめて弱くなり、外務省内でも議論になったように「旧来の軍事同盟の様式」にかぎりなく近いものに終わってしまった。

このような結果を招いた交渉について、首相としての吉田の指揮と交渉に問題があったとする見方もある一方、この時点ではこれ以上はむずかしく、むしろ吉田は困難な条件のもとで最大限の努力をしたとして、結果についてもおおむね肯定的に評価する見方に分かれている。この判断は容易ではないが、わたしはむしろ、問題は吉田の後にあると思う。吉田の残したものをどのように受け継ぎ、負の遺産について修正を試みてきたかを問いたい。

ところで、実質的にはアメリカ軍の日本駐留を規定しただけの条約のもとで、アメリカの安全保障に死活的な重要性を持つ日本を防衛し、日本の軍事力を増強させることを政策の重要な柱としてきたことは、アメリカが日本を同盟国にしようとしてきたことを示している。しかし、秘密のうちに築き上げられた同盟関係というのでは、民主国家間の関係としては不健全であるし、潜在的敵国に対しても、抑止効果は小さなものにとどまるだろう。やはり旧条約下の日米関係を同盟と呼ぶのは不適切だと思う。

日米安保条約はアメリカから与えられた恩恵なのだろうか。そうではない。アメリカ側の言い分がたのもある。ほとんど通り、特に軍部は欲しいものをすべて手に入れた。他方で、日本が手に入れたものもある。日本は西側陣営に入ったことで、表向きには確約はないものの、とりあえずアメリカは日本を防衛するだろう。軍部が望むとおりの条約と行政協定、そして密約をむすんだことで、日本は寛大な講和を手に入れた。安保体制は講和の代償ということになる。主権を回復して独立国家に復帰するには戦勝国との講和が不可欠であり、戦勝国の中心であるアメリカとの講和を急ぐには、その軍部の納得が得られなければならない。ほかでもなく、それはアメリカ軍の駐留継続を認めるしかなかった。それほどまでにアメリカは軍部の発言力が強い国なのである。また、冷戦下で日本の安全保障を考えれば、アメリカに守ってもらうのはもっとも確実な方法である。いずれは憲法を改正し、独立国にふさわしい軍隊を持つつもりでいたとしても、当時の吉田が安全と経済復興を優先して、まずは講和を実現し、真の独立にふさわしい体制を築くことをあとまわしにしたとしても、それがまちがいであったとはいえないだろう。

あとまわしといえば、軍人の刑事裁判権も忘れてはならない。一九五三年十月、アメリカ兵が犯罪をおこしても日本は「裁判権を行使しない」という秘密合意を交わしている（豊田祐基子『「共犯」の同盟史』）。行政協定は一九六〇年の安保条約の改定に際して日米地位協定に改められ、今日にいたっている。旧安保条約下の密約が事実上今日まで生きていることは、沖縄をはじめ基地のあるところに暮らす人びとは、よく知っている。わたしが吉田外交よりもむしろ、その後のほうが重要だといったのは、こういった問題があるからである。

第3節 「平和の代償」から「吉田ドクトリン」へ

㈠ 「平和の代償」論

国民の悲願であった講和が成立し、日本は主権国家としての独立を回復した。これをなしとげた吉田の人気は一時的に高まったものの、その後は政界再編の動きなどが活発になるなかで急速に国民の支持を失い、一九五四年末には政権を投げ出した。しかし、一九六〇年代半ばから吉田の評価は反転し、今日にいたるまで、むしろ高まる一方といってもいい状況がつづいている。その背景には、講和につづいて、高度経済成長をなしとげた戦後の日本の基盤を築いたのが吉田であり、また、防衛費を相対的に低く抑えてきたことが経済発展に大きく貢献したとされ、そのような軽軍備・経済優先こそ吉田が心血を注いできた路線であるとの理解がある。このように吉田の評価を一変させる大きなきっかけとなったのが若き国際政治学者の高坂正堯であった。「現実主義者の平和論」（『中央公論』一九六三年一月）で颯爽《さっそう》と論壇に登場した高坂は、さらに「宰相吉田茂論」（同誌一九六四年二月）で吉田評価の逆転の画期をなす。今日の研究水準からみれば、事実関係においても不正確な部分があるが、吉田再評価のきっかけとなったばかりか、それによって戦後日本そのもののイメージづくりに与えた影響の大きさは計り知れない。

また、高坂のほかにも、一九六〇年代の半ばごろから「現実主義」（リアリズム）と呼ばれる議論が台頭し、注目を集めるようになる。一九五〇年代まで影響力を持っていた平和論は理想主義的にすぎるとして批判を受けることになった。その代表格のひとりが国際政治学者の永井陽之助である。永井も高坂と同じく『中央公論』に発表した数々の論文が注目を集めた。

ここでは時計の針を先にすすめて、一九六〇年代の議論をみておくことにする。このころ永井や高坂が主張したことが、やがて学界や論壇の主流になっていくからである。永井は「日本外交における拘束と選択」で次のように論じた。

「政治は可能性の技術（アート）である」という、十九世紀ドイツの宰相、オットー・フォン・ビスマルクの言葉を引いて、政治や外交は限定された可能性のなかにおける選択であるとする。「日本外交の可能性を拘束している諸々の要因を認識し、何が可能で、何が不可能かについての冷静な判断」をしたうえで、選択しうる幅をよく考えなければならない。日本が米ソ対立のなかにおかれてきたのは、選択によってではなく、運命であったという。そうであれば、外交の幅もおのずと狭いものにならざるをえない。しかし、その一方で弱小国には「弱者の恐喝」という「対米外交の有力武器」があるともいっている。大国となることで、むしろこの武器は効き目を失うのである。

拘束のなかでの日本の選択の余地は大きくない、という認識が永井にはあった。いや、そもそも外交というのは、「いかなる政府が担当しようが、やりうることに限界のある」ものだという。そのため、平和や安全を求めるとしても、それなりの「代償」を覚悟しなければならない。永井がこれを書いた一九六六年は、中国の核実験が大きな問題となっており、また、一方ではベトナム戦争が泥沼化への道をあゆみ始めていた。中国の核問題を考えるとき、日本は運命を認識し、平和の代償を払わなければならない。永井はそう主張した。

永井は、アメリカとの安全保障関係、すなわち日米安保体制も、冷戦下の日本にとって選択するというより、そうなることを運命づけられているとしている。運命づけられているその「拘束」を認識するところから、逆説的に日本の外交の自由が生まれるという。一九六〇年代半ばの時点で、「日本は、軍事的には、米国の核のカサに、選択ではなく、運命によって、はいらざるをえない」というのだが、さかのぼれば、講和もやはりアメリカを優先してすすめるべきだということになり、そのアメリカが軍事基地を求めている以上、それに従わざるをえないということにもなろう。

となれば、不平等な安保条約、アメリカに大幅に特権を認める行政協定、そしていくつかの密約もふくめて、これらはすべて運命だったということだろうか。だとしても、それは永続的な平和の代償ではなく、一九五〇年代前半という特定の時期において、アメリカ軍部に対日講和を受け入れさせるための代償であったはずだ。この代償ははたして妥当な大きさだったのか。

念のためにくりかえすが、これは一九六六年に書かれたものである。つまり、安保条約も行政協定も改定されたあとである。日米安保体制に反対を唱える平和論に対して、永井は次のようにいう。「日米安保体制の現状から離脱し、自主中立のみちをあゆむとすれば、なんらかの代償が必要とならざるをえない」。「代償の要求なき平和論や中立論も、大衆を欺瞞《ぎまん》する以外のなにものでもない」。

現実世界では、なにかを手に入れようとすれば、その代償を覚悟しなければならない。こうした考え方は、さかのぼって講和当時の日本に当てはめて考えてみてもいいのではないだろうか。手に入れるべきもののためには、代償として受け入れるべきものがある。旧安保条約の片務性は、当時としては、寛大な講和の代償として受け入れざるをえないものだったのか。大きな成果に見合った代償なのか。その代償はいつまでも払いつづけなければならないものなのか。もし、大きすぎる代償であったとしたら、それを取りもどす努力をすべきだろう。いたしかたのない代償であったとしても、その後、条件や情勢が変化したならば、それに合わせた修正をすべきだろう。それを考え、行動することが、その後の外交の課題となる。

(二)「吉田ドクトリン」論へ

永井はこうも述べた。「戦後日本は、いっさいの殖民地を失い、軍事力も最小限にとどめ、大国としてのプライドも威信も、きれいさっぱり放棄し、ひたすら、『弱者の恐喝』と、一種の商人的な『こうかつさ』に徹しきったところに、戦後日本の驚異的な経済復興の秘密があった」。これはのちの「吉田ドクトリン」論につながる認識である。

たしかに吉田ははげしく旧軍を非難し、旧軍人を信用していなかった。そのため、ごく一部の信頼できる旧軍将校を選んで相談相手とし、慎重に再軍備をすすめてきた。経済復興を優先することと、旧軍の復活にならないように慎重に再軍備をすすめることとは、うまく波長の合うものだった。その一方で、日米安保条約に対する姿勢は、やや甘かったのではないか。吉田はしばしば駐留アメリカ軍を「番犬」にたとえていた。そして、「しかも費用はむこう持ちだ」といっていた。はたして、そんなにうまい話だったか。序章で述べたような日米安保体制の現状——緊密な協力関係がつづいてきた一方で、多額の駐留費用を日本が負担し、しかも沖縄のように基地の負担に苦しむ人びとが少なからずいる——をどう理解したらいいのか。安全を維持するための避けられないコストなのか、大きすぎる代償なのか。避けられないものならば、負担の公平化を図らなければならないし、もし、そうでないのなら、負担を適正なものにしなければならない。このどちらかが必要になる。

永井は米ソ冷戦に否応なく投げ込まれた日本の運命という大きな構図から日本外交の拘束と選択の可能性を論じたが、一九六〇年代にはわからなかった講和・安保をめぐる日米交渉の内情が次第に明らかになってみると、日本は永井のいう「弱者の恐喝」をもっと利用できたのではないかという思いもわいてくる。それができなかったのは吉田の外交手腕の限界だったのか、それとも他の要因が働いていたためだったのか。日本が弱い立場にあり、アメリカ軍部は講和に消極的で占領を継続したがっていたことは確かである。しかし、国務省は講和すべき時期に来ていると判断していたし、米ソ対立の状況からしても、アメリカは急いで日本を自らの陣営に引き入れなければならず、そのためには日本国民を離反させてはならないと考えていたこともまちがいのないところである。しかし、これ以上は、いってもしかたのないことだろう。

いわゆる単独講和（実質的には多数講和であるが）に踏み切り、アメリカを中心とする西側陣営に入ることは、少なくとも当時の状況下では、おそらく避けがたい運命だったのであり、それにうまく適応しようとしたことは、賢明な選択であったとわたしも思う。その点では永井の考えに同意する。しかし、もう少し細部までみてみると、こうした大づかみの議論だけではすまされないと考えざるをえないのである。講和後の日本の平和と安全を考えるうえで、永井の提起した「拘束と選択」という問題設定は、たいへんに重要だと思う。現実の政治や外交では、望むことをすべて手に入れるなどということはありえない。しかし、日米安保体制によって安全を保障するということは、アメリカ軍のすべてを肯定することではない。まして言いなりになることではない。誤解してはならないが、永井はなにも対米追随を認めていたわけでもなければ、軍事力を前面に押し出した力の外交を唱えたのでもない。永井は、力の均衡によって安全保障を確保して防衛費を抑え、それを人間的で民主的な社会の創造にふりむけることを日本外交のビジョンとして提案していた。

一九八〇年代に永井は「現代と戦略」を『文藝春秋』に連載し、ふたたび注目を集める。ここで永井は、防衛費を抑えて経済復興を優先した吉田をあらためて評価し、「吉田ドクトリン」という言葉をはやらせることに成功する。わたしの見るところ、永井の「吉田ドクトリン」論は、歴史研究の成果というよりも、当時勢いを増していた軍事力増強論に対する歯止めとして唱えられたものである。一九八三年当時、中曽根康弘首相はアメリカのロナルド・レーガン政権と足並みをそろえて軍備拡張に乗り出していた。それを抑えるために永井は「吉田」を利用したのである。しかし、「吉田ドクトリン」による成功という物語が、戦後史における主流をなす解釈となって今日にいたっている。成功物語は心地よいだけでなく、自尊心も満足させてくれる。そのうえ、「吉田ドクトリン」論は、左右両極への歯止めともなり、最近では、成功ではあったけれど、そろそろ脱すべきときに来ているといったかたちで、ソフトな移行も可能にしてくれる、魔法のような「論」である。高坂の吉田論を下敷きにした永井の「吉田ドクトリン」論は、みごとな成功をおさめ、その鮮やかな成功ゆえに、永井の意図を超えてひとり歩きを始めているようにみえる。

第3章　五五年体制下の平和と安全

第1節　講和後の安全保障

㈠　アメリカの対日軍事援助

講和から二年を経た一九五四年七月、陸上自衛隊、海上自衛隊に加え、新たに設立された航空自衛隊をあわせた三自衛隊がそろって発足し、自力で自国の安全を確保しようというあゆみが本格的に始まった。しかし、このころはまだ経済復興が十分とはいえず、財政的にも防衛に多額の予算をまわす余裕はなかった。あるいは、経済をさしおいてまで、限られた資源を安全につぎ込まなければならないほど、危機が差し迫っていたわけではなかった。そして何より、なおも政権の座にいた吉田茂が安全保障をアメリカに依存し、経済発展を優先すべきだとする政策をすすめていた。そんななかで、自衛隊の発展に寄与したのがアメリカによる援助である。警察予備隊の創設以来、武器などの装備品はほとんどアメリカから提供され、部隊の訓練もアメリカ式が大きく取り入れられた。吉田の旧軍人嫌いからくるものでもあったが、それで自衛隊は戦前の軍国主義と縁を切れたかというと、そう一筋縄ではいくものではない。

ここではアメリカの対日政策の基本方針と軍事援助をみておこう。アメリカでは一九五三年からドワイト・アイゼンハワー政権が発足していた。基本的にはその前のトルーマン政権の対日政策を引き継いでおり、軍事力でソ連を封じ込めるという冷戦戦略に日本も組み込むというものである。「極東の安全および安定に寄与する能力を有し、アメリカに友好的な自立した国家になるよう支援する」という対日政策の基本方針にもとづいて「適切な軍事力に成長するよう援助する」のが対日軍事援助である。軍事援助を円滑におこなうために、在日軍事援助顧問団が設置された。アメリカの援助に頼ったという点では、航空自衛隊も同じである。アメリカの立てた「日本空軍建設支援計画」に沿ってパイロット養成がすすめられ、アメリカ留学なども援助の一環として制度化されていった。

陸海空の三自衛隊ともにアメリカの援助を受けたが、とくに海上自衛隊はアメリカ海軍と非常に密接な関係を持ち、今日にいたっている。それを象徴するものとして、ヘリコプター空母（ＣＶＨ）と呼ばれる軽空母の海上自衛隊への導入問題に注目したい。

旧海軍関係者は戦後も比較的まとまっていたが、それは近い将来に海軍を再建したいという思いからである。そのためにアメリカ海軍とは終戦直後から緊密な関係を築いていた。朝鮮戦争時には、アメリカ海軍の要請を受けて、機雷除去のための掃海艇を極秘のうちに朝鮮海域に派遣した。そのうち一隻は機雷に触れて死者も出している。このとき総指揮官をつとめた元海軍大佐の田村久三は、「いままでずいぶん苦労してきたが、あと一年ぐらい辛抱すれば海軍再建が具体化するはずである。われわれは何とかこの掃海隊を再建海軍の引き継ぎ役にしたい」といっている。戦後は公職から追放され、旧軍人同士が連絡をとることさえ禁止されていたが、それも講和によって解禁された。海軍再建を夢見て真っ先に海上自衛隊の前身である海上警備隊に入隊した中村悌次（旧海軍士官、のちの海上幕僚長）は、退職後に当時をふりかえって、「遠からず憲法が改正され、国防軍になると、その頃みんな考えていた」と回想している（中村『生涯海軍士官』）。

そもそも海上自衛隊の第一歩は、アメリカから供与された十八隻の哨戒フリゲート艦と五十隻の大型揚陸艇であった。アジア太平洋戦争中の硫黄島上陸作戦につかわれたこの揚陸艇から海上自衛隊が始まったとは何とも皮肉な話である。その後もアメリカの防衛援助計画によって艦艇が供与された。

他方、日本では保安庁時代から防衛力整備計画案を作成してきたが、それもかなりの援助を前提としていた。たとえば、一九五八年度までの五カ年計画で総額一兆四千ないし五千億円のうち、四割以上をアメリカの援助に頼るというのである。その後は、アメリカの軍事援助予算の削減を反映して、援助の割合はやや下がる。日本の計画はこのように軍事援助を前提としていたが、具体的に援助を要請することもあった。海上自衛隊に限っていうと、一九五四年五月には「日米艦艇貸与協定」がむすばれたが、それ以前に駆逐艦や護衛艦など計十七隻（総計二万七千トン余）の貸与をアメリカに要望していた。

当時のアメリカ政府は日本をどうみていたのか。日本の防衛力整備計画が掲げる兵力目標は不十分なものとみられた。しかし、一九五五年四月に決定した対日政策では、「日本の政治的、経済的安定を侵害してまで軍事力を増強するよう圧力をかけることは避ける」ことになっていた。一九五四年三月に太平洋上でアメリカの水爆実験で漁船が被爆するという「ビキニ事件」がおこり、対米感情が悪化していた。また、政界では選挙のたびに社会党が議席を増やしていたため、日本に対して高圧的な態度で接することに慎重になっていたのである。その後、保守政党の合同によって「五五年体制」ができ、政権は安定したものの、世論の平和主義と国会での社会党は、依然としてアメリカにとっては懸念材料であった。

一九五七年二月に岸信介政権が誕生し、第一次防衛力整備計画を閣議決定する。五三年九月に保安庁内にもうけられた制度調査委員会で検討を開始して以来の防衛庁の念願がかない、正式に政府計画となった。訪米にあたって岸はこれを手土産としたかったが、内容からいってアメリカを満足させるものではなかった。岸訪米後の一九五七年九月の報告書でも、日本を「太平洋地域における信頼できる同盟国」にするというアメリカの対日政策の目標からみて前進があった、と岸の訪米を好意的に受け止めているものの、防衛力の増強に関しては相変わらずの消極姿勢にきびしい評価をくだしている。さらに、日中関係への懸念がある。国際社会における日本の地位向上に伴って日中関係が進展すれば、日米間に摩擦を生じるおそれがあるというのである。アイゼンハワー政権は西側陣営のなかでも特異なほどに中国を敵視し、対ソ関係が好転したのとは対照的に、きわめてきびしい姿勢でのぞんでいた。当然、日本と中国の接近には過剰なまでの警戒心を抱いていた。

予算の縮小というアメリカの国内事情によって、軍事援助は日本側の期待に沿うものとはならなかったが、それは同時に、アメリカ軍部にとっても望ましいかたちで日本の防衛力増強がすすまないことであった。日本への軍事援助は、日本を強化するのみならず、中ソの脅威に対処し、極東における西側陣営の防衛のためにも重要なものというのが軍部の位置づけであった。

(二)　海上自衛隊とアメリカ海軍

日米安保体制を通じて戦後日本の安全を支えてきたアメリカ軍のなかでも、とりわけ日本の自衛隊と深いつながりをもっているのが海軍であることはすでに述べたとおりである。ここでその一面を具体的にみてみよう。アメリカから艦艇の提供を受けて基礎を築いてきた海上自衛隊の中核は、海軍再建を夢見る旧海軍将校たちであったが、彼らは海上自衛隊をただ領土や領海を守るだけの部隊にとどめるのではなく、昔のようないわゆる外洋海軍（ブルー・ウォーター・ネービー）にしたいと考えていた。そのために軽空母（護衛空母）を導入しようと早くから計画していた。軽空母とは、正規空母と呼ばれる大型の航空母艦でなく小型のものをいうが、それがやがてヘリコプターの運用を中心とするヘリ空母と呼ばれる軽空母の計画となって一九五九年に浮上する。同年七月、防衛庁長官に就任した赤城宗徳は、第一次防衛力整備計画につづく防衛計画の構想を発表した。「赤城構想」と呼ばれたこの計画案のなかで海上自衛隊は、「均衡のとれた自主的海上防衛力の整備に努め、重大事態に際しても戦略持久を策しうることを目途とする」ことを基本方針に掲げ、計画年度内の一九六五年度までにヘリ空母二隻からなる一群を導入し、その後、さらに一群（二隻）増やすものとなっている。

制服組の主導により作成された構想であり、いわゆる「自主防衛」を看板とするものであったが、ヘリ空母導入はアメリカ海軍との事前の打ち合わせがあってのことである。海上自衛隊は、防衛庁内でヘリ空母導入に合意を取りつける前からアメリカ海軍に働きかけ、実現への道をさぐっていた。翌六〇年七月には軍事援助顧問団の海軍部に海上自衛隊側の計画の詳細を伝え、その支援を求めた。「費用の分担によるヘリ空母一隻と二十七機のヘリコプターからなる対潜水艦部隊の建造」が海上自衛隊の計画であった。また、アメリカには、ヘリ空母の建造費の二〇パーセント、それに搭載するヘリコプターの五〇パーセントの費用分担を求めた。防衛庁では、アメリカから財政的援助を得るか、そうでなければ、少なくともヘリ空母が日本にとって戦略的に望ましいとする強い示唆を必要としていた。「外圧」を求めたのである。それなしには、国内で承認を得られないと考えていたのだろう。

アメリカの軍事援助顧問団は日本のヘリ空母建造への支援を承認し、これを受け入れるよう、在日米軍の上位組織である太平洋軍の司令官に提案した。このように海上自衛隊は、アメリカ海軍と連携してヘリ空母導入計画をすすめてきたが、国内からは反対論が続出した。防衛庁内からも強くこれに反対する意見があり、大蔵省も認めようとはしなかった。アメリカの軍事援助予算が少なくなっていたこともあるが、日本の防衛予算も思うようには伸びなかった。結局、第二次防衛力整備計画にはヘリ空母は入れられなかった。こうした経緯をみると、海上自衛隊のヘリ空母構想は、防衛庁内での議論に先立ってアメリカ海軍との緊密な連絡があったことがわかる。戦前の旧軍では、陸軍と海軍が戦争中にもはげしく反目しあっていた。この反省から吉田は、幹部自衛官を養成するための防衛大学校を陸海空を統合したものにした。にもかかわらず、やはり各自衛隊の独立性は強く、官僚的な縄張り意識は避けがたいものである。ヘリ空母のような多額の予算を必要とする計画にあたっては、たしかにアメリカの援助なしには実現がむずかしいとはいえ、庁内での検討に先立ってアメリカ海軍との調整を優先してすすめたのは、いかにも海上自衛隊らしい。

一九五〇年代はまだこの程度であるが、一九八〇年代からは、空自、陸自もそれぞれアメリカの空軍、陸軍との関係が緊密になっていく。それでも、今日にいたるも海上自衛隊と米海軍の関係は、陸空とは比べものにならないほど緊密である。

(三)　海兵隊の沖縄移駐

アメリカからの援助を得て再軍備がすすむ一方で、講和後は国内からアメリカ兵の姿は次第に減っていく。条約の発効によって日本が独立した以上、いつまでも占領が続いているような印象を持たれるようなことをしておくわけにはいかない。アメリカ兵の姿を日本国内ではできるだけ目立たないようにしたいというわけである。一九五七年六月の岸首相の訪米によってアイゼンハワー大統領とのあいだでこの点について合意し、共同声明にも盛り込んだ。岸が掲げた「日米新時代」の演出でもあったが、これによって、アメリカ軍の撤退と基地の返還がすすんだ。また、財政の均衡を重視するアイゼンハワー政権は、国防予算の削減に力を入れていた。政権発足の半年後の一九五三年七月には朝鮮戦争の休戦協定が成立し、東アジア地域から兵力削減をすすめる条件がととのった。一九五〇年代の終わりまでには地上軍の大半が日本の本土から引きあげ、とりあえずアメリカ兵の姿は日本人の目にはあまり目立たなくなっていった。

アメリカ地上軍という場合、陸軍のほかに海兵隊もある。今なお解決のめどさえ立たない普天間飛行場は海兵隊の基地のひとつであり、一九九五年の少女暴行事件をはじめ、沖縄でおこるアメリカ兵の事件・事故も海兵隊員によるものがもっとも多い。その海兵隊は、終戦直後から沖縄に駐留していたわけではない。主に山梨県と岐阜県に駐留していたが、一九五〇年代半ばに沖縄に移ったのである。それはどのような経緯と理由によるものなのか。いやその前に、そもそも海兵隊とはどういう部隊なのか。ここから話を始めよう。

たいていどこの国でも陸軍と海軍は別々の軍隊として発展し、第二次世界大戦後になると、陸軍の航空隊が独立し空軍が誕生した。一方、海兵隊と称する組織を持つ国は多くはない。アメリカの海兵隊は、海軍の船に乗って出動し、主に陸上で戦闘する部隊である。陸海空軍から独立しながらも、行政的には海軍省に属している。その歴史は次のようなものである。

海兵隊の誕生はアメリカ独立宣言の前年の一七七五年にさかのぼる。以来、その長い歴史は存続のための戦いの歴史だったといってもいい。海兵隊廃止論はくりかえしあらわれ、海兵隊とその支持者は絶えずそれと戦いつづけてきた。二十世紀の半ば、その「内戦」の勝利を約束する日が訪れた。アジア太平洋戦争末期の一九四五年二月、硫黄島をめぐるはげしい攻防の末、五人の海兵隊員と一人の海軍兵がパイプにくくりつけたアメリカの国旗を摺鉢《すりばち》山の頂上に立てた。それをみた兵士たちは歓喜の雄叫びをあげ、洋上の艦艇は一斉に鐘や汽笛を鳴らして喜びをあらわした。ひるがえる星条旗を海岸でみたジェームズ・フォレスタル海軍長官（のちの国防長官）は、「あの旗は、海兵隊の今後五百年を約束するものだ」といったと伝えられている。それを傍らで聞いたある将軍も、「海兵隊百六十八年の歴史のなかでもっとも厳しい戦闘だった」と述べている。この輝かしい瞬間はフィルムに収められ、切手となり、アーリントン国立墓地の記念碑となり、そして映画にもなった。海兵隊は第二次世界大戦での戦闘を通じて上陸作戦を磨きあげた。六千八百人もの戦死者を出した末の硫黄島の勝利は、その金字塔なのである。

しかし、海兵隊存続の道は、その後もフォレスタルのことばほど平坦なものではなかった。大戦が終わると、動員解除とともに軍の再編論議がはじまり、そのなかで海兵隊はまたしても存続が危ぶまれるようになった。トルーマン大統領自身が海兵隊を廃止し、陸軍省に統合する案を支持した。あわてた海兵隊は、何人もの幹部が制服を脱いで（退役して）海兵隊存続のための政治活動に取り組むなど、あらゆる手段をつかってはげしく抵抗した。業を煮やしたトルーマンは、「私が大統領であるかぎり海兵隊は海軍の警察部隊である。それが存続の道だ」と述べ、さらには「海兵隊はスターリンにも匹敵するプロパガンダ機関を持っている」とまでいった。しかし、戦争における活躍を背に猛然とロビー活動を展開した海兵隊は、ついに勝利を収め、一九四七年国家安全保障法に海兵隊は水陸両用部隊として規定された。そして、朝鮮戦争のさなかの一九五二年六月、国家安全保障法改正によって、海兵隊は少なくとも三個師団と三個航空団を持つことが法律に書き込まれた。このとき海兵隊存続のために活躍したひとりが、のちに駐日アメリカ大使となるマイケル・マンスフィールド下院議員である。もっとも親日的といわれた大使が、日本でもっとも多くの問題をおこす海兵隊の存続に一役買っていたとは、なんともいえぬ歴史の皮肉だ。

次に大統領となったアイゼンハワーは元・陸軍参謀総長であり、海兵隊に関する考えはトルーマンにきわめて近かった。やはりアイゼンハワーも陸軍への吸収による海兵隊の解体を主張していたのである。存続のための戦いは終わったとはいえそうになかった。

　こうした存続のための戦いの歴史は、今日でも事あるごとにくりかえされている。絶えずつづく存続の危機を通じて、海兵隊員は現役・退役を問わず強い絆でむすばれるようになり、「ひとたび海兵隊員になった者は、死ぬまで海兵隊員」という合言葉にまでになっている。沖縄の海兵隊キャンプの名づけ方にも海兵隊の家族的ともいえる絆をみいだすことができる。キャンプ・ハンセン、キャンプ・シュワブ、キャンプ・マクトリアス、キャンプ・コートニーなどは、それぞれ戦争末期の沖縄戦で活躍し、栄誉賞を得た将兵の名を冠している。コートニーこそ少佐だが、ハンセンとマクトリアスは二等兵、シュワブは上等兵である。沖縄戦も硫黄島につづくはげしい戦闘と輝かしい勝利として海兵隊に記憶されている。

　朝鮮休戦後、海軍と海兵隊は、沖縄に海兵師団をおくよう主張した。五四年八月にチャールズ・ウィルソン国防長官は、海兵師団と航空団を沖縄に移すことを承認した。海兵隊に与えられる任務は、朝鮮半島や東南アジアでの紛争に備えることであったが、いずれも支援任務であった。紛争がおこっても直ちに投入されるのではなく、予備兵力と想定されていた（林博史『米軍基地の歴史』）。

　一九五五年五月、岐阜や山梨に駐留していた海兵隊が沖縄に移駐することが発表された。これに対して、同年春に沖縄に赴任したジョン・スティーブス総領事は、海兵隊の沖縄への移転計画をなんとか変更する試みをおこなうべきだという考えを東京のジョン・アリソン大使に伝えた。スティーブスは、「海兵隊が沖縄に駐留することになれば、深刻な自体に陥っている土地問題は、解決できなくなるだろう」と考えた。今日にいたる沖縄の基地問題をみれば、スティーブスは的を射ていたことがわかる。また、重要なのは、陸軍上層部がこの計画に強い疑念を持っていたことである。このスティーブスの提案に対してアリソン大使は、軍部の中で見解の統一ができていない「軍内部の食い違い」と、土地問題という政治的課題を区別したうえで、後者について、「もっと詳細な情報が提供できるなら、政治問題としてこれを本省に報告することを考慮する」と述べ、「計画を変更するためには説得力のあるデータが必要」であるとスティーブスに伝え、国防長官が決定した計画を変更させることが容易でないことを指摘した。スティーブスがアリソンに宛てた書簡には、「国防長官がなぜ海兵隊の沖縄駐留を決断したのか、誰にもわからない」とあるところから、この計画の決定には国防長官自身が深くかかわっていることが推察される。経済界出身のウィルソン長官（元ゼネラル・モーターズ社長）がどのような経緯でこれを決定したのかは、今のところくわしいことはわかっていない。しかし、少なくとも、軍部内でさえ意見が一致していなかった。

防衛問題を論じるとき、専門家はしばしば、軍はその合理性にしたがって合理的な行動をとるものだという前提に立って、「軍事的合理性」なることばを持ち出すことがある。素人を煙に巻くには便利なことばであるが、そう簡単に受け入れてはならない。「陸軍省をはじめ、軍関係者が、全員例外なく海兵隊の沖縄移駐に強い疑問を抱いている」というのはどういうわけか。この計画が軍事的に合理的なものならば、長官の決定に「陸軍や国防省内の誰にも反対できないでしょう」などと総領事が書くはずはないだろう。今日では海兵隊の沖縄駐留を当然のことのように論じる人が多いが、そもそもの始まりがこのようなものだったことは知っておくべきである。ではその後になって、駐留は必要不可欠なものとなったのか。これはあらためて論ずることにして、まずは、この当時のことをもう少しみておこう。

代理公使のジョージ・モーガンは国務省に「土地問題が深刻化すれば国内で反発が強まり、沖縄返還の要求が高まって日米関係に緊張が生まれる」として、「この件に対する最善の対処の仕方として、少なくとも計画実施の延期をとりつけ、さらに検討する方向に持って行くことは可能かもしれない」と何らかの行動をおこす可能性をさぐるよう要望した。しかし、こうした努力も空しく、海兵隊は沖縄に移り、今日にいたっている。

平良好利の研究によれば、兵力の削減と配置の見直しを検討する過程で海兵隊の沖縄への移駐を提案したのはウィルソン国防長官であった。もともとは本国に撤退させる計画であったが、それを沖縄に移すよう計画の修正を求めたのである。この提案は各軍の検討にかける間もなく、提案からわずか二日後に国家安全保障会議で大統領の承認を得ている。これにはジェームズ・ヴァン・フリート元陸軍大将の進言が長官の判断に大きく影響を与えたようである（平良好利『戦後沖縄と米軍基地』）。

陸軍士官学校でアイゼンハワーと同期であったヴァン・フリートは、第二次世界大戦に従軍したのみならず、朝鮮戦争では司令官もつとめている。一九五三年三月に退役し、翌年、大統領の特使として東アジアを歴訪し、報告書をまとめた。ヴァン・フリートは日本の本土から地上兵力を撤退させることは「日本人のプライドと責任感を強化する」と考えて賛成していた。日本人は「第二次世界大戦中に受けた強烈な苦難からくる戦争への嫌悪、軍閥の力が復活することへの恐れ」などから防衛力増強に反対し、中立主義的な傾向さえ持っているが、アメリカ軍の撤退は日本の防衛力強化につながるとみていた。そして、「今日、西太平洋において最も重要なアメリカの基地であり、大きな潜在力を有している」沖縄は、陸海空軍いずれにとっても大きな利用価値がある、というのがヴァン・フリートの判断であった。この進言が国防長官の決定にどれだけ影響をおよぼしたのかは不明であるが、ともあれ、それから間もなく決定がくだされた。

ただちに反対の声をあげたのは、日本に駐留していた極東軍司令部であった。ただし、司令官のジョン・ハル陸軍大将の反対は、海兵隊でなく陸軍師団を沖縄に移転すべきであるという、陸軍の立場からのものであり、国務省のスティーブスとは異なる観点からの意見である。これに対し、ラミュエル・シェパード海兵隊総司令官は、陸軍でなく海兵隊こそ沖縄に移すべき部隊であると主張している。その後、さらに二転、三転した結果、ヴァン・フリートとシェパードの意見が取り入れられたわけである。はっきりしていることは、海兵隊が沖縄に必要だという軍事上の判断がなされ、軍部全体の合意を得たわけではなかったということである。

「平時の軍隊は官僚組織である。このことを忘れるな」。元海軍士官の池田清（当時は青山学院大学教授）から、軍事史を研究するうえでの注意点として、わたしはこのような指導を受けた。平時どころか戦時においてさえ、縄張り争いに明け暮れ、体面を気にして理屈に合わない作戦をすすめ、国を破滅させたのが旧日本軍である。陸軍だけでなく海軍においてもそれは同じである（池田清『海軍と日本』、NHK『日本海軍四〇〇時間の証言』）。それに比べればアメリカ軍は合理的なのだろうが、軍が官僚組織であることに変わりはない。軍事の問題だからといって、単に軍部の観点だけからみてはならない。ましてや「軍事的合理性」などという得体のしれない概念を前提に政策を解釈してはならないということである。

㈣「核の傘」とNCND

主権の回復と同時に日米安全保障体制に入った日本は、アメリカの軍事戦略の一環に組み込まれたわけである。アメリカにとって日本は重要な軍事拠点であり、政治や経済の点からも日本は重要な国と位置づけられていた。自国にとって重要な国を守るのは、他国への恩恵ではなく、自国の利益すなわち国益に沿った行為である。アメリカにとって日本はかんたんに捨てられる国ではない。そういう日本に軍事援助を与えることで防衛力の増強をうながすとともに、ひきつづき基地をおいて軍事戦略の拠点とした。その軍事戦略には、アメリカが力を入れていた核戦略も当然にふくまれていた。

ソ連を軍事的に封じ込める政策をとったアメリカは、一九五〇年代に冷戦の主戦場であるヨーロッパに核兵器を配備してソ連との戦争に備えていたが、それとともに日本にも核兵器を配備しようとした。軍部とダレス国務長官は日本への核配備にとくに執着していたものの、一九五四年三月に太平洋上のビキニ環礁でおきた日本の漁船、第五福竜丸の被爆事件が与えた衝撃は大きく、日本に核兵器を配備することはとうていできなかった。日本本土には配備できなかったが、アメリカの施政権下にある沖縄に配備することには何の問題もなかった。ベトナム戦争中の一九六七年にはおよそ千二百発が沖縄に配備されていたといわれている。この沖縄の核兵器をどうするかは、沖縄返還交渉で大きな焦点となり、ここでも密約を生むことになる。

核兵器の配備は、日本のみならず東アジア全体の防衛を視野に入れたものである。核兵器によって日本を守る、その一方で、世界戦略の一環としても核兵器を配備するということである。一九五三年十月には、空母「オリスカニ」は核兵器を搭載したまま神奈川県の横須賀海軍基地に入港していた。現在わかっているかぎりでは、これが最初の核兵器持ち込みである。もちろん公表されることはなく、最近になるまでわかっていなかった（太田昌克『日米「核密約」の全貌』）。

「核の傘」ということばがある。傘が雨にぬれることから身を守るように、核兵器によって攻撃する態勢をとることで、敵に攻撃を思いとどまらせる（抑止）、攻撃された場合には反撃して相手を破壊する（防衛）というふたつの役目を核兵器に持たせる。アメリカはこれによって自国を守っているわけだが、核兵器を友好関係にある他国の防衛にまで使う場合、人に傘を差し出すことにたとえて「核の傘」と呼んでいる。

この傘はたしかに存在するのか。具体的にはどこにどのようなかたちで存在するのか。どの艦艇や航空機が核兵器を運んでいるのか。アメリカは核兵器を積んでいるかどうかを問われても、搭載の有無を「肯定もしないし、否定もしない」(neither confirm nor deny) ことにした。その頭文字をとってＮＣＮＤ政策と呼ぶ。これが政策として確立されたのは一九五八年のことであるが、核兵器の存否をあきらかにしないという方針は、そもそも日本のきびしい反核感情や核兵器を配備した西ヨーロッパにおける懸念を意識してのことである。そして、くしくも日米安保条約の改定交渉が始まる時期と一致する。日米安保体制の意味を考えれば、日本は事実上アメリカの「核の傘」に入ったも同然といえるだろう。だが、この時点ではその確証があるわけではなかった。

さて、核兵器をふくむアメリカの軍事戦略は何のためなのか。日本のために日本を守る、アメリカのために日本を守る、アメリカのために日本を利用する――この三つのいずれでもあるといえるだろう。つまり、これらの要素を同時に満たしているのが日米安保体制である。日本各地におかれたアメリカ軍基地は、もとはといえば講和の代償であったが、今や安全の代償となっている。くりかえすが、決してアメリカが日本に与えている恩恵ではない。日本（沖縄）に核兵器を配備したり寄港したりするということは、日本にとっては、安全のほかに、危険も引き寄せることになる。ソ連やのちに核保有国となる中国からすれば、攻撃の対象ともなるからである。安保はギブ・アンド・テイク、つまり妥協の産物であり、その意味では互恵関係にある。それが政治というものだ。

第2節　五五年体制と平和論

㈠　安全の保守、平和の革新

戦後日本の新たな国のかたちは、敗戦から十年を経てほぼできあがった。一九五五年十月には、講和条約の批准などをめぐって左右に分裂していた社会党が再度統一をはたし、翌月には、自由党と民主党が合同して自由民主党が結成された。こうして政界に保守と革新のふたつの大政党が対立する構造となり、のちに「五五年体制」と呼ばれるようになる。二〇一二年十二月の総選挙で社会民主党は大敗し、党存続の危機に立っているが、その前身である社会党は、戦後長いあいだにわたって自民党に次ぐ勢力を誇り、戦後政治の重要な一角を担ってきた。

五五年体制とはどのような体制なのか。まず、政党に注目すれば、自民、社会の二大政党制のようにみえる。ところが、成立した当時から両党の国会における議席数は自民党に対して社会党はほぼ半分であった。二大政党制と呼ぶにはやや変則的であったため、「一ヶ二分の一政党制」だとか「一党優位体制」だのと呼ばれるようになる。

国会の議席数をみれば二対一であったが、そのイデオロギーの違いに注目すれば、保守対革新ということになる。前者の自民党は、天皇を中心とする明治体制への復古を願う者も少なくなかったが、多くはより近代的な自由主義に立ち、経済的には資本主義を擁護し、企業経営者や地主の利益を代弁した。これに対して社会党には、西欧的な穏健な社会民主主義からマルクス主義まで、さまざまな社会主義の潮流が流れ込んでおり、労働組合に組織された労働者や公務員の立場に立つものであった。

このように、擬似二大政党制にして保守対革新という構図が五五年体制の特徴である。これは平和と安全の問題にも反映し、図式的にいえば自民党は安全を、社会党は平和をより重視する。前者は日米安保条約も再軍備も肯定し、日本国憲法第九条の改正を党是とした。後者は日米安保にも再軍備にも批判的であり、憲法第九条の擁護を旗印とした。先に述べた国会の議席数が二対一であったというのは、この点できわめて重要である。なぜならば、衆参両議院で三分の二以上の議席を確保しないかぎり、憲法改正の発議ができないからである。改正に反対する政党がはじめて衆議院で三分の一を超えたのは一九五五年二月の総選挙であった。

ついでながら、こと再軍備問題に注目して五五年体制をみると、単にふたつの勢力が対立していたのとはやや異なる構図がみえてくる。自民党のなかに、憲法改正による本格的な再軍備に必ずしも積極的でない人たちも少なからずいたからである。消極派ないし漸進派は自民党のなかでかなりの勢力を持っており、憲法改正や再軍備に反対する社会党とのあいだで、暗黙のゆるやかな連係さえみられることもあった。大きく整理すれば、再軍備をめぐって、積極派、消極派、反対派の三つ巴構造になっていたのである。これが再軍備問題に注目した場合の五五年体制の特徴である。日米安保をめぐっては、賛成と反対のふたつであった。これは端的にいって、外交政策をめぐる自民党と社会党の違いとなる。後者は中立を掲げながらも、ソ連や共産化した中国（中華人民共和国）など社会主義諸国との関係を重視するようになる。このように五五年体制とは多面的な性格を持っている。これから一九九三年に非自民連立政権が誕生するまで、長きにわたって日本の政治の基本構造となる。二大政党制というより自民党の一党優位体制として、冷戦終結後までつづくのである。

平和と安全をめぐる議論は、この五五年体制のもとではどのようにくりひろげられたのか。保守の自民党では、伝統的な安全保障政策、つまり軍事力を用いた、いわゆる力による平和を重視する。対する革新を代表する社会党は、理念としての平和を掲げた。政策としては、憲法第九条を厳格に守る非武装と、米ソ対立からの中立政策をとる。社会党の看板となる非武装中立である。こうしたかたちでの対立軸ができあがったわけだが、実際にはこのようにきれいに二つに分かれたわけではない。保守・革新それぞれの内部での議論に注目しておきたいものがある。まずは、平和主義陣営内での再軍備をめぐる議論からみていこう。

(二) 対立軸としての憲法

戦後初期に登場した平和論や平和運動を支えていたもののひとつは、丸山のいう「悔恨共同体」だといわれた。しかし、朝鮮戦争が始まったことで、平和運動家の中野好夫のいう「平和を語ることが人気のある」「楽な時代」はすでに終わりを告げており、同時に、「悔恨共同体」も力が衰えはじめた。また、一九五〇年代の半ばあたりになると、早くも「戦争体験の風化」がいわれはじめる。それだけ復興がすすみ、戦争の傷跡よりも未来へ人びとの目が向きはじめたのだろう。そもそも体験とは個人のものであり、社会的にみれば、いずれ風化する運命にある。「戦争を語り継ぐ」とよく耳にするが、語り継ぐことには限界がある。記録を残し、そこから学習して次の時代に生かすことはできるし、そうして共同体の知恵として世代をまたいで蓄積していくことは可能だろう。だが、体験とは文字どおり体に染み込んでいるものであり、時の流れとともに薄れていくのは防ぎようがない。戦争体験に依拠した平和論の限界というものを考えなければならない時が来ているとみるべきだろう。

戦後平和論の登場について述べたなかで、丸山眞男のことばを紹介した。一兵卒としてつらい体験をしながらも、いや、理不尽な目にあったからこそ、戦争と軍隊を冷めた目でながめていた丸山にとって、敗戦は文字どおりの解放であった。一九五九年に丸山は、「兵隊でいながら、傍観者的というか、つまり痛切に日本の敗北を自分のことととして悲しむ気になれなかった」と終戦時をふりかえっている。戦争中の丸山は「べつに何の抵抗をしたわけじゃないし、それどころか、一種の二重人格みたいな生活をしていたんですから、今思い出しても自分の姿はみじめなもの」であったという。丸山自身は自分の体験をあまり書き残していないが、思想家の吉本隆明は、単なる政治学者にとどまらない丸山について、「学者以外の何ものかたらしめたのは、戦争体験であった」と論じている。戦争体験は戦後の丸山にそれほど大きな影を落とした。戦争の悲惨さも軍隊の不条理も自ら体験し、しかも「傍観者的」にみていたことは、また、そのようにみることのできる余裕のある立場にいられたことは、戦争体験を思想化し平和を論じるうえで、丸山はもっとも適した立場にあるのではなかろうか。しかし、わたしには、丸山の書き残したものや座談会での発言の記録などからは、丸山が戦争体験を十分に消化し、思想化したようには読みとれなかった。日本政治思想史を専門とする丸山にとって、戦後に展開した平和論などは学者としての「本業」とは遠いものであり、当人のことばを借りていえば「夜店」を出したにすぎなかった。その分を割り引いてみなければいけないし、丸山の関心が天皇制や民主主義の問題に集中していたこともあるのだろう。それはともかく、一九五〇年前後の活躍のあと、五〇年代の半ばあたりに丸山は「スランプ」におちいっていたという。ちょうど平和問題談話会の活動も衰退し、平和論全体がやや沈滞気味になっていたころと重なる。

朝鮮戦争によって安全がおびやかされるように感じ、戦争体験は風化しはじめ、憲法改正をめざす動きが活発化するのが一九五〇年代の半ばという時期である。その一方で、五四年のビキニ事件（第五福竜丸の被爆）をきっかけとして、原水爆禁止運動は高まった。同時に、これと矛盾するような動きもはじまった。日米原子力協定がむすばれて、日本が原子力の利用にのりだした。ビキニ事件と原子力発電というかたちでの核開発はむすびついていた（山崎正勝『日本の核開発』）。

そんな時期の平和論のなかで、山川均に注目したい。戦後の平和論の主要な舞台であった雑誌『世界』では一九五〇年以降、山川の論文がしばしば巻頭を飾るようになっていた。戦前からの社会主義運動の活動家にして理論家でもある山川は、労農派マルクス主義と呼ばれたグループの重鎮であった。このころの山川は、社会党の左派に労働者の利益と社会主義への道を期待するようになっていた。『世界』に頻繁に登場するようになったこととあわせ、山川の動向は、思想と行動の両面において鍵を握っていたといっていいだろう。

山川は一貫して再軍備に反対する議論を展開したが、その主な理由は、「大国からの脅威」に対しては「原子力兵器にたいして自衛できるていどの武装」が必要であり、結局のところ独力による自衛は不可能だと考えたところにある。現在の再軍備は「どこかの国の傭兵《ようへい》」とならざるをえず、その結果として「ソ連との戦争に巻きこまれ」、「自動的に、第三次世界戦争に巻きこまれることになる」という。日本が侵略を受けるのは「米ソの対立が爆発して全面戦争となる場合であって、それ以外の場合を考えることはできない」というのが山川の情勢認識であった。山川は「今日のソ連共産主義の世界革命の構想が侵略主義的性質をもつことは争うことができない」とみる一方で、「ソ連の侵略とみなされているすべての場合、その侵略は、その国またはその民族の内戦の形をとっている。朝鮮もその例外ではない」と、ソ連の対外行動を冷静に観察する目も持っていた。

山川の再軍備反対論は、このような現状分析にもとづくものであって、戦争体験や憲法による原理主義的なものではない。憲法改正には反対していたが、それは平和非武装憲法を守ることをもっとも重要な戦略と位置づけて、すすみつつある再軍備にたいして、護憲勢力を結集する統一戦線を、当時の情勢からいわば戦術として採用した。それがやがて当面の目標だけが強調され、理想主義的な平和論とほとんど同じ地点に向かっていったようにみえる。対日平和条約が「単独講和」であることに反発した左派と講和を認める右派に分裂していた社会党は、その後は左派が順調に議席を伸ばしていたが、一九五五年の再統一にあたって、現実的な政策をめざす右派に配慮をみせた。「現在の再軍備に反対する」「当面自衛隊の拡大阻止と漸減をはかる」といった文言をもちいた文書を党大会では採択した。左派は、軍事基地反対、再軍備反対をふくむ平和四原則に忠実な姿勢を見せており、社会党は戦後の理想主義的平和主義を国会の場で体現している政党と思われがちだが、必ずしもそうとばかりはいえないようだ。

再統一よりも前のことであるが、左派の中心人物で委員長もつとめた鈴木茂三郎は、社会党政権のもとで再軍備をおこなう旨の発言をしていた。外国人記者の取材に答えて、鈴木は「私は左派社会党の再軍備反対の立場を再検討するつもりであり、共産主義と戦う用意がある。日本の再軍備は日本が社会党政権の下で安定した場合初めて可能となる」と述べ、アジア社会党会議でも同様の発言をしたという。また鈴木は、「ソ連軍の直接侵略は、米ソ戦が起ったときか、その直前以外にはありえない」と考えて、「日本の真の平和と安全のために、われわれは現状における再軍備には反対せざるをえない」とし、くどいほどに「現在おこなわれている再軍備」との表現をくりかえしている。

自民党総裁に選ばれ、超党派外交を目指して鈴木と会談した石橋湛山は、鈴木についての印象をこう述べている。「鈴木君の態度、話し方、話す内容は、社会党の大会その他公開の場における同君の言動とはかなりちがうものだという印象を強く受けた」。そして鈴木に「少なからず期待をいだくことができた」。石橋は、「鈴木君が私との会談で述べたような意見を、社会党の大会などで堂々と述べさせるような環境をつくり出してやったら、社会党は国民の信頼をえて、もっと大きく成長していたであろう」というのである。

しかしながら、再統一後の社会党をみると、左派が優位になっていたこともあって、しだいに平和主義を強めていく。「非武装中立」が党の看板になるのは、一九五〇年代の後半から国政選挙で議席数が伸び悩み、政権を取る可能性が遠のいたためであろうか。憲法第九条の規定を厳格に守り、米ソ対立から中立の立場に立ち、日米安保に反対するというものである。当面の戦術的対応であったはずのものが、そのまま党の基本方針のようになってしまう。そうなると、実現可能な具体的な安全保障政策の立案はおろそかになり、スローガンをくりかえすだけのいわゆる「抵抗政党」への道を踏み出すことになる。しかし、マルクス主義の影響の強い左派にとっては、資本主義経済体制を前提としている日本国憲法は、社会主義的な憲法にいずれは改正されるべきものだろう。その意味では本来は改憲派となるべき政党である。あくまで当面の課題としての戦術的対応のはずの護憲が、党の旗印となるのは、自民党の改憲を阻止するという地点から一歩も先にすすめなかったからにほかならない。

「習い、性となる」ということわざがある。習慣がやがてその人の生まれつきの性質のようになるという意味だが、まさに社会党にふさわしい。同じことは、日本外交のアメリカ追随にもいえるだろう。吉田茂も「アメリカ軍は番犬だ」といっており、憲法も改正して国軍をつくるつもりでいた。鳩山一郎や岸信介などの反吉田派の保守政治家は、吉田の対米追随をつねに批判していた。しかし、鳩山らのそうした批判も、あくまで対米協調の枠内での対米対等をめざすものである。ところが、そうはいっても対等にはなれず、アメリカに従うほかに当面の道はない。そうしているうちに、とくに外務省はアメリカにつき従うことがそれこそ生まれつきの性質のようになってしまう。五五年体制とは保守・革新の両方にそうした結果をもたらすものであった。だれもそうなることを望んだわけではない。社会党再統一と保守政党の合同がもたらした「意図せざる結果」にほかならない。

ところで、戦後日本の平和論と安全保障に大きな影響をあたえた朝鮮戦争は、米ソの代理戦争という一面をもってはいたが、世界大戦に拡大することなく局地戦争に終わり、核戦争にもつながらなかった。これは何を意味するだろうか。

国家間に対立があり、しばしば戦争がおこるという、それまでと同じ世界がそこにあるということである。ならば、自衛のために武装することは、当たり前のことではないのか。そういう常識からの挑戦を受けた平和論は、それを打ち破るだけの論理を提供できただろうか。わたしには疑問である。丸山眞男は「国家観念の革命」によって、武装しない国家を生み出そうと考えたが、侵略に対抗するための自衛力さえ保持しないという選択をあえてするのなら、武力にかわる実現可能な安全保障の方法を提案し、それを国民に納得させなければならない。しかし、いかに悲惨な戦争を体験したとはいえ、観念上の革命によって近代国民国家の常識にかわる道をみいだすのは容易なことではない。国民の多数が「国家観念の革命」を受け入れなければ、どうなるのか。戦争体験をよすがとする改憲反対では、体験が風化したあとには力とはなりえないだろう。

第3節　憲法改正論

(一)　憲法改正論と憲法調査会

平和論が護憲論というかたちに収斂《しゅうれん》していく一方、安全を重視する保守派は憲法改正を実現しようとしていた。憲法改正、とりわけ第九条の改正は、戦後政治において最大の争点であったし、今もそうである。そのため「憲法調査会」との名称を持つ組織がしばしばつくられ、「調査」にあたった。調査といってもその目的とするところは改正にあり、改正に反対する側からは常に警戒と批判の的となってきた。とくに第九条をめぐって早くからさまざまな議論がなされ、その改正も論じられており、自由党、改進党といった保守政党にも憲法調査会が設けられた。その後、保守合同によって憲法改正を掲げた自由民主党が誕生すると、鳩山内閣は一九五六年六月十一日に憲法調査会法を成立させた。七年後の一九六四年七月三日に報告書を提出してこの調査会は解散するが、明確な改正論を打ち出すわけではない。その後は長い間、憲法改正の機運は盛り上がらなかったが、二〇〇〇年一月二十日に国会に憲法調査会が設置された。二〇〇七年八月にはその後継組織として両議院に憲法審査会がこれにかわった。

憲法調査会はいずれも改正をめざす国会議員の働きかけによって設置されたという共通点がある。改正にまではなかなかたどり着かないが、常に改正が話題にのぼること自体、この憲法は、第九条もふくめて国民に定着しているようでいて、実は定着していないことの証左ではないのか。この争いには、改正を主張する論理とそれに抵抗する論理のいずれに分があるかというだけでない、複雑な政治力学が働いているが、護憲派と改憲派の争いという二項対立的に分ける見方では、十分にその論議を捉えられないのではないだろうか。内閣憲法調査会の内部における議論とこの調査会を批判するいわゆる護憲派の議論の内部の微妙な、しかし、重要な違いに目を向けてみたい。

内閣憲法調査会に先だって、一九五四年に自由党と改進党が党内にそれぞれ憲法調査会を設けた。

自由党の憲法調査会では、憲法改正には熱心でなかった吉田茂にかわって、岸信介が憲法調査会長についた。発足に際して、岸は「国軍の基礎をつくり、これをもって建設に向うことができる」、「第九条が改正されれば、これをもって国民精神復興に役立つ」ことを調査会の目的にあげていた。他方、改進党は同年一月に「新日本国民憲法創定に関する決議」で積極的な憲法改正論を打ち出し、いわゆる「押し付け憲法」論に立って全面改正を図ろうとした。党内には、改憲に熱心な議員がいる半面、三木武夫らこれに慎重な議員も抱えているのが改進党の特徴であった。もっとも、こうした事情は自由党にも当てはまることであるが。改進党急進派が提出した原案は、改憲慎重派の抵抗によっていくぶん穏健なものに修正された。改進党は同年四月に清瀬一郎を会長とする憲法調査会を発足させた。

自由・改進両党がやがて自由党と民主党とに再編され、一九五五年十一月には両党の合併により自由民主党が誕生した。これによって、改憲を志向する大政党が誕生した。結成時に定められた「政綱」では「平和主義、民主主義および基本的人権尊重の原則を堅持しつつ、現行憲法の自主的改正をはかる」としていた。また、「占領下に制定された現行憲法を、国民の自由意思により、国情に即するよう自主的に改正するため、法律による憲法調査会を設置して、改正案を準備する」ことも決定していた。結党から一カ月後の一九五五年十二月に憲法調査会（会長は山崎巌）が設置され、改正に向けて動きを開始していた。

その前年の五四年一月には、「憲法擁護国民連合」（護憲連合）が結成されていた。護憲連合はその要綱で「平和憲法を守ろうとする広範な国民世論を喚起、結集」することに運動の目標をおいた。一九五五年から五六年にかけておこなわれた国政選挙では、憲法改正が最大の争点になった。護憲か改憲かという争点で二者択一を迫る選挙戦術でのぞんだ護憲派は議席数のうえで三分の一を確保して、憲法改正の発議を阻止することに成功した。五五年体制を憲法の観点からみれば、保守勢力のヘゲモニーと、そのもとでの革新勢力の拒否権（国会における三分の一の議席）の確立であった。

当時の政治状況からくるものとはいえ、憲法改正阻止を最大の目標に据えたかのような社会党の選挙戦略は、改憲阻止そのものが目的化してしまったように見受けられる。本来、平和に暮らすための手段として戦争を放棄し、非武装平和国家を建設することを憲法に定めたはずである。しかし、憲法に定めたからといって、それで解決する問題ではない。国民の安全の確保は、いうまでもなく国民から政府に課せられた最優先の課題である。護憲派勢力は、きびしい国際情勢のなかでどうやって非武装で国の安全を確保するのかという問いに正面から取り組むよりも、目の前の改憲を阻止することに精一杯であった。しかし、同時に憲法第九条は国民のあいだに支持を広げていき、九条改正反対が賛成を上回るようになっていた。

(二)　内閣憲法調査会

一九五五年十二月の所信表明演説および翌五六年一月の施政方針演説において、鳩山首相は、憲法改正のための憲法調査会を内閣に設置する意向をあらわした。そもそも国会で三分の二の議席を得ることができなかったために調査会を国会に設置することは困難とみて、政府に設置するよう鳩山内閣は方針を転換していた。鳩山の演説を受けて、岸信介をはじめとする議員の発議による憲法調査会法案が一九五六年二月十一日に国会に提出された。提案理由の説明は自民党憲法調査会長の山崎がおこない、社会党の強い反発にあいながらも、同年五月十六日に成立した（六月十一日公布）。副会長となった政治学者の矢部貞治も「そもそも憲法調査会が、保守政権の憲法改正の主張を背景にして、成立したことは、まぎれもない事実で、政治的背景からいえば、改憲のための調査会と見られたとしても決して無理はなかった。社会党などが参加を拒んだのも、その意味では理解できた」としている。

同法の成立によって内閣に設置された憲法調査会は、「日本国憲法に検討を加え、関係諸問題を調査審議し、その結果を内閣及び内閣を通じて国会に報告する」（同法第二条）ものとされた。翌五七年七月に委員が任命され、翌月に第一回総会を開いて以来、七年にわたる調査および審議をすることになるこの会は、国会議員三十人、学識経験者二十人で構成されることになっていた。国会議員は所属政党の議席数に応じて委員の数が割り当てられるはずであったが、社会党は参加しない方針を固めていた。そのため発足が当初の予定より大幅に遅れ、第一回総会が開かれたときには、設置法の公布・施行からすでに一年あまりが経過し、内閣は鳩山から石橋湛山を経て、岸内閣になっていた。発足後も社会党に対して参加を要請したが、社会党の態度は固く、最後まで参加しなかった。そのため、社会党に割り当てられるべき委員を空席にしたまま計三十九人の委員で発足させざるをえなかった。また、社会党を離党した右派議員らによって一九五九年に結成された民主社会党も参加を見送る。

途中での交代をふくめ、のべ七十三人が委員として参加したが、交代したのは大半が国会議員で、学識経験者の顔ぶれはほとんど変わらなかった。有力な護憲派の法律学者が参加を拒否したこともあり、学識経験者も多くは改憲賛成派から任命されている。これは岸にとっても誤算であった。そこで岸は、旧知の我妻栄（民法学者）に参加するようたのんだが、これも断られてしまった。

政府は改正を目的とするものではないと表明したが、言葉どおりには受け取られなかった。社会党と関係の深い護憲連合は、憲法擁護の義務を負う政府（憲法第九十六条）が調査会を発足させたことを非難する抗議文と声明を発表した。護憲連合は代表が憲法調査会に出席して意見を述べることも拒否した。

日本国憲法を「マッカーサー憲法」「押しつけ憲法」と批判し、これを廃して根本的に改正した「自主憲法」を制定したいというのが自民党改憲派とその周辺の学識経験者の考えであった。しかし、少なくとも建て前のうえでは、この調査会は改正をめざすものではなかった。会長に選ばれた英米法学者の高柳賢三は、そもそも憲法改正には慎重だったこともあり、この原則に忠実に従って会の運営をすすめようとした。そのため、改正をめざす委員からは不満の声も聞かれた。社会党が不参加という事情もあって、委員の圧倒的多数は改憲論者で占められており、多数決によって決定するならば、はじめから結論は見えている。そのため非改憲論者らは多数決による結論のとりまとめに反対し、議事規則において、「憲法調査会は、調査審議の結果をそのまま内閣及び内閣を通じて国会に報告する場合には、調査審議を終結するに当たって明らかにされた各委員の意見を公正に表示する」と定め、多数決による決定を避けた。

同調査会は、委員同士の意見交換や討論以外にも、参考人の意見陳述や都道府県別の公聴会を開催したほか、アメリカをはじめ、東南アジアやヨーロッパ、中南米にいたる海外調査など、多彩な活動をおこなった。制定過程の詳細を明らかにするために「憲法制定過程に関する小委員会」（細川隆元委員長）を設け、調査に四年近くを費やし、「小委員会報告書」をまとめた。これと並行して、憲法の運用に関する調査にも二年ほどかけている。もっとも、会の成立事情から容易に想像できるように、参考人の選定には偏りも指摘されていた。

(三) 憲法問題研究会

憲法調査会に批判的な学者らが集まって発足させたのが「憲法問題研究会」である。宮沢俊義、清宮四郎、恒藤恭、我妻栄ら憲法学者をふくむ法学者のほか、矢内原忠雄、大内兵衛らの社会科学者に加え、物理学者の湯川秀樹も加えた八人が発起人となって、次のような「勧誘状」(一九五八年五月二十八日付)を出し、参加を呼びかけた。

〔憲法調査会の〕発足の事情、ならびに、これに参加している委員の選択をみると、この調査会が、現在の憲法問題に対する広範な民意と正しい良識とを必ずしも代表していないかのようであります。調査会にあらわれているすべての意見に反対するわけではありませんが、一国の運命に強い影響を及ぼす憲法問題が、特定の立場からのみ解釈され検討されていることは、まことに遺憾というほかはありません。

このように、憲法改正の動きを警戒し、内閣憲法調査会批判の意図を明確に示していた。「憲法の基本原理とその条章の意味をできるだけ正確に研究し、この問題に関心を抱く国民各層の参考に供したい」という目的を掲げたこの勧誘状が出されると、今度は政府がこれを批判する談話を発表した。

ともあれ、翌六月に五十人を超える会員を集めて発足した。戒能通孝、野村平爾、峯村光郎ら法学者のほか、丸山眞男、家永三郎、都留重人らが加わり、関西部会にも、末川博、田畑忍ら関西地方の代表的な法学者のほか、猪木正道、桑原武夫、島恭彦、松田道雄、河野健二ら人文・社会科学の各分野から参加者が集まった。憲法問題研究会ができたとき、憲法調査会長の高柳は、「われわれの調査の足らぬところをそこでも研究をしてもらうことは非常にけっこうなこと」といっている。

憲法問題研究会は、定例研究会を毎月開くなど、活発な活動をみせた。研究会のほか、毎年の憲法記念日には一般向けの講演会をひらいたが、二千人の定員が毎年埋まるほどだった。また、岸が新日米安保条約に調印した一九六〇年の憲法記念日には、「われわれの会は、本来、研究を第一義的な使命としている」としながらも、「世論が十分なっとくするまで、慎重に審議を尽すべきである。いやしくも国論の方向が定まらないうちに批准をおこなうごときことは、厳に慎むべきである」とする声明書を発表した。

内閣憲法調査会に対抗する意図をはっきりと打ち出したこの会は、平和問題談話会を継承するものでもあった。平和問題談話会と憲法問題研究会は、中心となって参加している顔ぶれがかなり重なっているが、それはいうまでもなく、活動の趣旨が近いということを意味している。戦争をふたたびおこさない、新憲法の平和主義を高く評価し、平和を守ることを第一とする、などである。憲法を守ることが平和を守ることであった。憲法の平和主義とは、戦前の軍国主義との決別をうたったものであり、つまるところ、戦後の平和主義とは、過去の戦争や軍隊と戦うことであった。

このようにして、憲法改正があたかも五五年体制の対立軸のような様相を見せたが、憲法改正が対立の中心だったわけではない。外交から経済政策までさまざまな要素がからみあっていた。鳩山も、岸も、憲法改正が容易でないことは十分に承知していた。だからこそ、岸は、憲法改正に取り組む前に日米安保条約の改定に乗り出すわけである。不平等なこの条約を改定して平等なものにするには、憲法を改正して自衛隊を正式な軍隊にし、アメリカ軍とともに海外に派兵できるようにしなければならない、というのがそれまで前提のように思われてきた。アメリカ側はそういってきた。しかし、実際にはそのように考えていたわけではなかった。近いうちに安保条約を改定しなければならなくなる日が来ることは、すでに織り込み済みだった。安定した日米関係は、アメリカにとっても必要不可欠である。だから、日本が憲法を改正しなくても、安保条約の改定にアメリカは応じるのである。改憲を目指した鳩山・岸政権の登場によって、平和と安全の問題の焦点が憲法問題に収斂《しゅうれん》したかのようにもみえるが、はたして、それでよかったのか。

第4章　六〇年安保――条約改定と密約

第1節　条約改定交渉

(一)「日米新時代」の演出

日米安保条約は、一九六〇年一月十九日にワシントンでそれまでの条約にかわる新条約への調印がおこなわれ、六月二十三日に発効した。この新安保条約を旧条約と比べると、占領の継続を思わせるような条項がなくなり、日本にとっては旧条約より対等な条約といえる。だが、条約の改定とその批准にいたる道では、長い時間と多大な労力がついやされ、決して順調なものではなかった。その第一歩は、日米間の交渉が正式にはじまった一九五八年十月四日ではなく、三年ほどさかのぼらなければならない。

一九五五年八月、鳩山一郎内閣で外相をつとめた重光葵はアメリカを訪問した。安保条約の改定の可能性をさぐるためである。旧安保条約の不平等性に対する国内の不満は、左右を問わないものであった。とくに左翼勢力が反米感情をあおっているとして、条約を相互性のあるものに替えるべく、重光は、西太平洋を条約の区域とする相互防衛条約案まで用意して、ダレス国務長官との会談にのぞんだ。この年には、東京のアメリカ軍立川飛行場の拡張に反対する運動が盛り上がり、核弾頭を搭載することができるロケット砲「オネスト・ジョン」の日本への配備という問題もあって、国民の反米感情に政府は神経をとがらせていた。核問題といえば、前年に太平洋のビキニ環礁でアメリカ軍がおこなった水爆実験で日本の漁船が被爆する事件がおこったばかりであった。これを契機に一気に広がった原水爆禁止運動の高まりと、そうした動きを追い風として勢力を伸ばしてきた社会党も鳩山政権にとって頭痛の種であった。

日米関係をより安定的なものにする必要を感じていながらも、安保条約改定の提案に対するダレスの反応はきびしいものだった。対等な条約にしたいというが、相互的な条約にするような力が日本にあるのか、というのがダレスの言い分であった。自衛隊は前年にできたばかりで、増強のめども立っておらず、鳩山のめざす憲法改正も容易ではない状況では、ダレスに反論する材料は乏しかった。そのうえ重光の提案は、条約に補助的な取り決めを加えて、地上軍を六年以内に、それからさらに六年以内には海空軍も日本から撤退させる、つまり十二年以内にアメリカ軍を完全に日本から撤退させるというものであった。このような内容は、アメリカ軍部には簡単にはのめるものではない。また、重光は訪米直前に天皇から、日米が反共産主義で協力する必要があり「駐屯軍の撤退は不可なり」とくぎをさされている（『続・重光葵手記』）。いかに昭和天皇が日本の安全をアメリカに頼ろうとしていたかを示すものだが、新憲法施行直後に沖縄の長期保有をマッカーサーに申し出た天皇は、ここでも重要な政策的課題について踏み込んだ発言をしている。これまでもさまざまなかたちで天皇との接触をもっていたダレスは「将来の日本と、良好な二国間関係において、天皇の影響力は重要である」ことをよく知っていた（吉次公介『日米同盟はいかに作られたか』）。

重光の提案をきびしくはねのけたダレスであったが、アメリカ政府は安保条約についてどう考えていたのだろうか。ダレスの態度がすなわちアメリカ政府の対日政策だったのかといえば、そうではなかった。事情は少々複雑であった。

重光訪米の四カ月ほど前の同年四月、国家安全保障会議（NSC）は新しい対日政策について協議した。そこに提出された政策文書の原案には、日米安保条約の改定に関する文言が入っていた。しかし、それは会議の結果、削除されることになった。日米安保条約はやがて改定が必要になると考えていた国務省は、この年のはじめ以来、対日政策文書の草案にもそのことを入れていた。当然、長官のダレスの目や耳にもそれは届いていたはずである。「双方の都合のいい時期に」としながらも、原案にそれが盛り込まれていたのは、おそらくは国防省とのあいだでも調整がおこなわれており、軍部もそれを認めていたからだろう。しかし、会議の席上、ダレスは、「日本側から改定の圧力が強まるまでは」条約改定の意思を示すことに強く反対した。アイゼンハワー大統領もこれには驚いたが、軍部にとってはダレスの発言は好都合だった。出席していた国防省の担当者は、相互的な防衛条約を新たにむすぶことで「われわれが得るものは何もない」というダレスの意見に賛同し、大統領もこの項目を削除することを承認した。政策文書から削除されたとはいえ、このような経緯からすると、安保条約の不平等性を遠からず解消しなければならない日が来ることは、アメリカ政府もすでに織り込み済みだったのである。軍部にとっては、一日でもその日が遅いほうが都合がいい。そのため「日本側から改定の圧力が強まるまで」待つことにしていたのだが、早くも四カ月後にやってきた日本側の申し出は、ダレスの一喝で引き下がる程度のものであり、アメリカを動かすほど十分に「強い」ものではなかった。

この重光の訪米には岸信介も同行していた。対英米戦争を始めた東条英機内閣の官僚であった岸は戦後、一度は戦争犯罪の容疑者（A級戦犯）として逮捕されながらも、冷戦の激化によって裁判にかけられることなく釈放されたという経歴の持ち主である。その後、政界に復帰した岸は、吉田の外交姿勢をアメリカに追随するものとして批判していた。その一方で、ひそかにアメリカ大使館と接触して、自分をアメリカに売り込んでおり、大きな期待を寄せられるようになる。首相の座についてからの岸は、重光訪米時の経験を踏まえて慎重に条約改定の可能性をさぐりはじめる。ダレスの強硬なポーズは、改定を日本側に高く売りつけることにつながった。重光に対するダレスの態度がアメリカ政府のすべてではなかったことを日本側は知らなかった。

鳩山が退陣したあと首相の座についたのは石橋湛山であったが、病に倒れたために内閣は短命に終わった。石橋のあとを襲って首相となった岸信介は、さっそく改定に向けて布石を打ちだした。一九五七年六月に訪米した岸はアイゼンハワーと会談し、「日米新時代」を演出した。岸は訪米の直前に「国防の基本方針」と第一次防衛力整備計画を閣議決定していた。実質的にはそれまでの政策を継続しただけのもので、兵力の増強を促進するものではなく、政治的なポーズという色彩の強いものにすぎなかった。それでも、保守合同によって自民党が誕生し、保守政権は安泰となっており、政治基盤が安定していることは岸の立場を強めるものだった。また、経済面をみても、すでに高度成長期に入っており、岸にはさまざまな条件がそろっていたといえる。このとき岸が重視したことのひとつが駐留軍の削減である。とくに国民の目につきやすく、占領の継続とみられやすい地上軍の撤退は重要な課題であった。この後、本土からはアメリカ兵の姿は消えていくが、沖縄ではこの時期、本土とは逆に基地を拡張しており、日米安保体制は沖縄に依存するものとなる。

(二)　日本に対する評価

岸は東京のアメリカ大使館との接触を通じて慎重にアメリカ側の意向をさぐり、安保条約改定の準備をすすめた。大使館は、防衛問題をめぐる日本の政治的雰囲気は改善しつつあると本国に報告していたが、それでも、「日本はいまだ言葉の十全な意味での同盟国になっていない」、「日本の防衛努力と防衛力の増強は、アメリカが望ましいと考える水準を下回ったままである」というのが安全保障問題についてのアメリカ政府の認識であり、日本に対する評価はほとんど上がっていない。つまり、アメリカからみれば、日本は太平洋地域における西側陣営の防衛に対する応分の負担を引きうける意思と能力を欠いているということである。日本の防衛政策に満足できないのは軍部も同じであった。それでも、アメリカ政府は、ダグラス・マッカーサー二世大使（占領軍を率いていたマッカーサー司令官の甥《おい》）の働きかけもあって、憲法と自衛隊の地位はそのままにして安保条約を改定することを受け入れた。その条件となるのが、日本にある基地とその特権をひきつづき確保することである。アメリカ軍部にとっては、基地こそは欠くことのできないものであった。海軍は、佐世保、横須賀といった日本の基地が使用できなければ、西太平洋地域で現在と同じように活動するには約二・五倍の艦艇が必要になるとしていた。この数字の信頼性はともかく、アメリカにとって日本の基地がどれほど重要であるかを示している。海軍の海外への展開は、アメリカの戦略に不可欠であり、逆にいえば、日本の基地さえ確保できるのであれば、ほかのことは妥協の余地があるともいえる。日米安保を改定するのであれば、条約本文という外交上の表の顔を変えるかわりに、基地の自由使用という軍事上の裏の顔を変えないでおくことを保証する何かを軍部は求めた。

一九五八年六月に東京のアメリカ大使館から本国に送られた報告には、安保条約の改定が「日米関係の潜在的危機の根を断つ」ことになると記されている。アメリカが安保改定に踏み切った最大の理由がここにある。軍部もこれを受け入れた。アメリカ軍部にとって、安保条約の改定とは、対等な「日米新時代」に入ることではなく、あくまで占領時代から得ていた既得権益を守ることである。重光訪米の際に、日本に海外派兵を求めたダレスであったが、それができるようになるためには憲法を改正しなければならない。憲法改正も海外派兵もできないままに条約改定を呑むのは、自衛隊に新たな軍事的役割を期待しないということを意味する。

一九五〇年代の半ばから、日米関係に影響をおよぼしかねない事件が続発していた。東京のアメリカ軍立川基地の拡張計画がもちあがると、これに反対する運動がおこり、しだいにはげしさを増していった。農民やデモ隊が警察と衝突するようになり、五七年七月には逮捕者まで出る事件に発展した（砂川事件）。また、この年の一月には、群馬県でアメリカ兵が日本人の主婦を射殺するという事件もおきており、日本人の対米感情の悪化が心配された（ジラード事件）。安保条約そのものも問題をかかえていたが、それだけでなく、「潜在的危機の根を断つ」べき理由はこのあたりにもあった。

岸の意欲とは反対に、外務省は改定に消極的だった。アメリカが改定に応じるはずがない、応じるとしても部分改定にとどまる、というのが外務省の見方だった。外務省はこのあともつねにアメリカに対しては遠慮がち、ないしは消極的な姿勢をとる。沖縄返還、日中国交正常化、普天間飛行場の返還などの重要な案件では、いつもアメリカの意向を最優先するのである。また、対人地雷禁止条約やクラスター爆弾禁止条約への署名などでも、「アメリカは喜ばない」という理由で外務省は反対した。外務省はともかく、岸は自分が民間から外相に据えた藤山愛一郎にさえも改定について相談することなく、完全に個人プレーで改定をさぐっていた。そのためもあるのだろうか、ゲームの開始前に勝負はついていたに等しい。

正式な改定交渉に入る前に、アメリカ側はすでに新条約草案を用意しており、交渉はマッカーサー大使の思惑どおりアメリカのペースですすんだ。大使は、軍部の要求を満たすためにも、交渉の主導権をにぎろうとしたのである。新条約の条文そのものは五八年のうちにほぼ固まるが、その後、日本の国内事情などにより調印は遅れる。岸は与党の自民党さえまとめることができず、当初は翌五九年夏までには批准を終えようとしていた岸の計算は大きく狂う。自民党内の反岸勢力に押されて、安保条約に付随していた行政協定の改定にも乗り出さなければならなくなったが、これこそアメリカが、とくに軍部が、もっとも嫌がるものである。なぜなら、この行政協定こそ、アメリカが旧条約のもとで確保したさまざまな特権を保証するものだったからである。国務省がすすめていた日本との講和を受け入れる条件として、軍部が獲得したものであり、何としても手放したくはなかった。

さらに、大きな混乱が岸を待ち受けていた。戦後最大の政治闘争といわれる「六〇年安保」である。連日、十万人を超えるデモ隊が国会を取り巻き、「安保反対」「岸を倒せ」の大合唱が渦巻いた。このような事態を招いたのは安保条約というよりも岸その人である。その影響については後であらためて考えることにしよう。対米関係を重視し、親米派として自分の売り込みにはげんできた岸は、一時はアメリカ政府から大きな期待を寄せられ、中央情報局（ＣＩＡ）から選挙資金の援助なども得ていた。しかし、岸はアメリカ政府の期待に十分にこたえられたとはいえない。期待はほどなく失望に変わり、「日本の大衆世論の指導者であるよりはその追随者」とみられるようになる。

日本側からみた安保改定の目玉のひとつは、「事前協議制」の導入である。在日米軍の配置や装備について重大な変更をする、あるいは、日本の基地から作戦行動をとるなどの場合には、アメリカは日本政府に事前に協議を申し込むというものである。新しい日米安全保障条約の付属文書として交換公文というかたちで取り決められた。「条約第六条の実施に関する交換公文」（通称「岸・ハーター交換公文」）がそれである。条約本体には書いてないが、条約に関連して両政府が約束するものとされた。アメリカの軍部にとっては、これは余計なものである。表向きは約束するが、実際にはこれを回避する方策を軍は求めた。

軍部の意向を尊重して生み出されたのが、序章で述べた密約である。日米がより対等になるというのが、岸が演出した「日米新時代」であり、それを象徴するものとして、安保条約が改定され、事前協議制が導入された。しかし、新安保体制が発足するときには、すでにそれは密約によって骨抜きにされていたのである。安保条約の改定を経た一九六二年、軍部は再度、戦術核兵器（短距離、小型の核兵器）の日本への配備を提案したが、エドウィン・ライシャワー大使らが反対し、結局見送られる。こうして日本に対するアメリカ軍部の評価は下がり、不信はさらに深まる。

さて、ここであらためて密約について確認しておこう。すでに述べているので、安保改定にともなうものだけにとどめておく。「岸・ハーター交換公文」は、アメリカ軍の配置や装備の重要な変更、および日本からの作戦行動に際して事前協議をおこなうとの取り決めを交わした。一個師団レベル以上の軍の配置を変更する場合には、事前に日本と協議をするというものである。装備の変更というのはわかりにくいが、具体的には、アメリカが核兵器を日本に持ち込む場合という意味である。日本からの作戦行動とは、第二次朝鮮戦争がおこったら、日本を出撃基地として戦場に向かうといったことである。しかし、実際には、事前に協議を申し込むことをしないで核兵器を日本に持ち込んだり、朝鮮半島へ出撃することを日本が認めるという密約を交わして、事前協議制を骨抜きにした。アメリカはこのときすでに、核兵器を積んでいるかを問われても、それを「肯定もしないが否定もしない」という、いわゆるNCND政策を採用していた。アメリカはそもそも協議する気などなかったのである。

アメリカの核兵器を重視した軍事戦略と日本の反核感情との衝突が事前協議制についての密約の背景にある。かねて批判のあった旧安保条約の不平等性と、事実上一九五五年に確立したとみられる非核三原則が、条約改定へと向かう日米両国が直面する難問であった。政治生命を賭して改定にのぞんだ岸首相は、事前協議制の導入と条約に期限をつけることをその主な柱としたのであった。

もう少しくわしくいうと、密約の焦点となるのは、核兵器を積んだ艦船の日本への寄港や通過である。そして、寄港・通過を事前協議の対象としないとの密約を交わしたかどうかである。岸・ハーター交換公文の解釈に関する「秘密（不公表）交換公文」が五九年六月に確定し、新条約調印に先立って藤山外相とマッカーサー大使がイニシャル署名したのが英文の「討議の記録」である。一九五七年に外務省が作成した文書によれば「臨時の船舶、航空機」にも事前協議が適用される旨が記されていた。しかし、日本側が用意した事前協議の案に対して、マッカーサー大使が不満を述べたために日本側の姿勢は後退し、その後は寄港・通過について協議することはなかった。密約は、この「討議の記録」という文書の第2項cの「持ち込み」（introduction）に寄港・通過が含まれるかどうかである。日米のあいだには少なくとも暗黙の合意があった。新条約の調印時に藤山とマッカーサーが交わした「朝鮮議事録」は、「例外的な緊急事態」には「例外措置」として基地は「直ちに」「使用され得る」として、これも事前協議を回避することを決めたものである。

秘密文書を残すことは避けるというのが日本側の方針であったにもかかわらず、アメリカ軍部の強い意向に押し切られた。これについてはのちのアメリカ国務省の文書でも「密約」（secret agreement）と明確に記しており、文字通りの密約である。アメリカ軍の域外での作戦行動と核持ち込みについて「日本政府は事前の同意を得る内容の草案を用意」していたところ、これを阻止するために先に米国の原案を出してきたマッカーサー大使に機先を制せられ、あえなくくじけたのであった。条約本文の改定交渉がそうであったように、事前協議制についてもマッカーサーのペースに巻き込まれ、アメリカの要求をのまされる結果となった（波多野澄雄『歴史としての日米安保条約』）。

安保改定に関する密約のほかに、次のようなことがあったことがわかっている。先に述べたジラード事件の裁判を日米どちらでおこなうかが問題となったが、殺人罪ではなく、より軽い過失致死罪の適用を条件に日本で裁判をすることになった。もし、アメリカ側の主張どおりアメリカで裁判をしていたら、日本の対米感情はもっと悪化していただろう。

また、砂川事件では、安保条約にともなって設けられた刑事特別法違反で七人が起訴された。東京地方裁判所は一九五七年三月、アメリカ軍の駐留は日本国憲法第九条に違反すると判断し、七人の被告人全員に無罪を言い渡した。裁判長の名をとって「伊達判決」と呼ばれるが、この判決にあわてた検察は、高等裁判所を飛び越して最高裁判所に跳躍上告した。しかし、これもマッカーサー大使が藤山外相に跳躍上告をうながしていたのである。最高裁は同年十二月、外国の軍隊であるアメリカ軍は憲法の禁じる「戦力」にあたらないとして、原判決を破棄して地裁に差し戻した。このとき、最高裁は、日米安保条約のように高度な政治性を持つ条約については、一見してきわめて明白に違憲・無効と認められないかぎり、違憲かどうか法的判断をくだすことはできないという理論を展開した。「統治行為論」と呼ばれるこの考え方によれば、このような重大な問題は政治的に決めることであり、裁判所が判断する領域を超えているというのである。

ところが、最高裁判所にもアメリカの影がさしていた。いや、魔の手が伸びていたというほうが的確だろう。長官の田中耕太郎がマッカーサー大使と密かに会っていたことはこれまでにもわかっていたが、それだけではなかった。田中は、判決が十二月になるという裁判の見通しまでアメリカにもらしていた。というのも、この裁判は新安保条約の批准案を国会に提出する時期に影響したからである。違憲判決が出たままで国会に提出しても、野党の攻撃材料とされて、承認は得られにくいとみたのであろう。また、伊達判決を支持する世論が強かったことも影響していると思われる。

これまでは、新条約の批准案は、自民党内の反岸派の動向などの党内事情によって、国会提出が遅れたとみられてきたが、伊達判決という別の要因もあったのである。さらに、田中は十五人の裁判官の全員一致で一審を破棄したいという意向までアメリカ側に伝えていた。違憲判決を支持するような意見がたとえ少数でも最高裁判所の裁判官から出れば、新安保条約の国会承認に影響を与える可能性があると田中は考えたのである。

司法は政治や行政から独立し、裁判官はひとりひとりが独立して判断をくだすものと憲法に定められている。長官が全員一致の判決にもっていくというのは、それに違反することである。法の番人の頂点に立つ最高裁の長官が、みずから憲法を放棄していた。司法がここまで政治に従属していたことは驚きであるとともに、恥ずべきことである。その判決を出したあと、田中はテレビのインタビューにこたえて、「全員一致の判決が出て喜ばしい」と話している。さらに退官後には、「独立を保障されている裁判所や裁判官は、政府や国会や与野党に気兼ねをする理由は全然ない」と新聞に寄稿している。これが掲載されたのは『東京新聞』であるが、のちに同紙はコラムで「司法の独立を説く資格のないこの人物」について、「厚顔とはこんな人のことを言う」ときびしく批判している（二〇一三年四月九日）。全く同感である。ちなみに田中は、東京帝国大学法学部長、文部大臣を経て最高裁長官になった人物である。

第2節　新安保条約の意義

(一)　見せかけの対等

一九六〇年六月十九日、三十万人以上ともいわれるデモ隊が国会議事堂を取り巻くという未曽有の混乱のなかで、新安保条約の国会承認が成立した。批准書が六月二十三日に交換されると、その日のうちに岸は辞任した。安保条約の改定をひとことでいえば、見かけ上は旧条約よりも対等なものにしつつ、本質的な部分では旧条約の骨格を残したということである。実質的に改定といえるのは、日本を防衛する義務がアメリカに課せられたこと、内乱条項がなくなったこと、条約に期限がつけられたことなどである。そして、「武力攻撃に抵抗するそれぞれの能力を、憲法上の規定に従うことを条件として、維持し発展させる」ことが明記された（第三条）。日本の防衛努力義務が条約に盛り込まれたのである。日本の防衛については「日本国の施政の下にある領域における、いずれか一方に対する武力攻撃が、自国の平和及び安全を危うくするものであることを認め、自国の憲法上の規定及び手続に従って共通の危険に対処するように行動する」と定められた（第五条）。日本にあるアメリカ軍の基地が攻撃されたら、日本が攻撃されたとみなして、反撃することもふくむ規定である。条約の骨格というべきアメリカが日本に基地をおくという部分は変わっていない。アメリカ軍の日本駐留は、「日本国の安全に寄与し、並びに極東における国際の平和及び安全の維持に寄与するため」のものとされた（第六条）。日本防衛義務が明記されたことは新しい点であるといえるが、一九五〇年代半ばにはすでにアメリカ軍は日本を守る意思を示し、自衛隊もそれにこたえる意思を秘密のうちにではあるが示していた。このことから考えると、条約の改定によって実現したことは、条約の不平等性の是正というより、条約上の文言が実態に追いついたというほうが適切だろう。条約改定そのものには、日本防衛上の意義はさしてなかったということである。このようにみてみると、外交上はともかく、日本の安全保障のうえで大きな変化をもたらすというほどのものとはいいがたい。

安保条約に対する不満は国内に強くあったとはいえ、この改定はひとことでいえば岸の政治的野心から出たものである。不平等を解消するという意味があったが、日本の安全保障を強化する、あるいは、安全保障に関する日米関係を大きく変えるものではない。それを示すのが、条約改定の時期におこなわれていた日米防衛当局者のあいだの協議である。アメリカ軍の撤退による施設の返還やそれにともなう責任の移管など、主に行政的な観点からの協議はおこなわれたが、戦略的な観点からの協議はほとんどされていない。岸はのちに、条約の改定に際して「安全保障条約という国防の基本問題は、軍事専門家の意見をきく必要がある」ことから、一年あまりの時間をかけて研究・検討して条約改定要綱をまとめたと語っているが、実際には行政的なことを話しあっただけで、軍事戦略などについて議論したわけではない。具体的にいうと、岸の訪米によって日米安全保障委員会が設けられたが、ここでもアメリカ軍の撤退にともなう防衛責任や返還施設の引き継ぎなどが論議の対象とされた。

日本側の最大の関心事であった防空問題について突っ込んだ話し合いもおこなわれた。航空自衛隊のパイロットの訓練が遅れていたために、防空体制の整備は予定どおりにすすんでおらず、津島寿一防衛庁長官はアメリカ側に、空軍の撤退は航空自衛隊の整備と歩調を合わせてほしいと要請した。アメリカは航空自衛隊の当初の計画に合わせて撤退をすすめていたが、在日米軍司令部は、防空責任の航空自衛隊への移行期に防空体制に空白をつくらないよう、横田と三沢の迎撃機の撤退を一年遅らせるが、日本側の準備の遅れにいつも対応するわけにはいかないと苦言を呈した。

防空についてもうひとつの焦点は、空対空ミサイルの導入であった。アメリカ大使館はその供給を認めるよう本国に勧告した。それは軍事的理由からではなく、政治的な配慮からである。アメリカが日本の要求をしりぞけることになれば、日米関係に政治的な痛手となると考えた。軍事・科学面でのソ連の台頭によって、アメリカも軍事的パートナーに対する姿勢を見直すべきだとして、この点の配慮を求めたのであった。また、日本周辺海域の防衛に関しても論議された。ソ連海軍が潜水艦を増強しており、海上自衛隊にとって対潜水艦作戦が緊急の課題となっていたが、アメリカ海軍と海上自衛隊との連携は以前から緊密なものだった。

自衛隊の装備の近代化についても日米間で検討がなされ、空対空ミサイルをふくめ、航空兵力の増強はなかでも重要な課題とみられた。日本側は、アメリカから誘導ミサイルを導入する必要があることを訴えた。さらに空対空ミサイルだけでなく、海上および陸上自衛隊にもしかるべきミサイルの供給を求めた。また、レーダーサイトが順次、日本に返還されることが確認され、一九五八年五月に細目取極が調印された。安保改定前に日米間で話し合われたのは以上のようなことであった。

レーダーを日米のどちらが管理するかといった問題は、防空にとって決定的に重要なことがらであり、その意味では当時、重要な話し合いがおこなわれたといえる。しかし、こうした協議が安保改定と密接な関連を持っていたというわけではない。そもそも岸が条約の全面改定、すなわち新条約の締結を決断し、それをアメリカ側に伝えるにあたっては、担当大臣というにとどまらず個人的にも親しい間柄の藤山外相にも事前に相談していない。となれば、防衛庁に事前の根回しをしているはずもない。改定に防衛庁の同意は必要なかった、つまり、軍事面で事前の準備の必要のないものであったということである。

対日平和条約と旧安保条約の締結時に外務省条約局長をつとめた西村熊雄は、日米安全保障体制を日米関係の「大黒柱」にたとえた。このたとえは適切なものだろう。だが、その西村は、新条約を次のように評した。

この柱は決して今回新しく日米間にうち立てられたものではない。もう八年も前から立っている柱である。それをけずりなおし、日本人からみて大黒柱というにふさわしい格好になおしたものにすぎない。だから、新条約の調印をとらえて日米関係において新時代のスタートを画するもの、あるいは、国際政治のなかで日本の在り方に一時代を画するものであるかのように大きくあげつらうことは当をえていない。（西村『安全保障条約論』）

岸が政治生命を賭けて取り組んだ改定について、はなはだ評価が低い。見かけ上の華々しさとは裏腹に、実質的には新旧の安保条約に大きな違いがないのは、密約が明らかになった現在、ますます明白になっている。そして、西村は間接的な表現ながら次のように岸を批判している。

〔安保改定が〕ああいう内政問題になり、ひいては外交の面にまで影響することになったのが非常に残念だということであります。改定それ自体は悪いのではなくして、それを政治的に利用されたと私は思っています。そしてそういうふうに政治的に利用されたについては、当時政府のとった態度、要するに改定をプレイアップした――日米関係に新しい世紀の門を開くものといったように――誇張した形で宣伝したところに、政府のミスがないでもなかったと思います。〔旧条約の不備を〕あるべき姿に手直ししたものにすぎない。しかも批判者が手直しせよといったところを注文どおり手直ししたまでである、というように小さく取り扱う態度をとられたなら、政治的に利用される度合いもまた、少なくて済んだのではなかろうかと思っています。（同書、一部略）

外交にも悪影響をおよぼしたというのは、アイゼンハワー大統領の訪日が中止になったことを指しているのだろう。大統領を迎えて新条約の批准・発効を祝うつもりであったが、六月十日、その事前準備に訪れた報道官の乗った車がデモ隊に囲まれて立ち往生し、海兵隊のヘリコプターで救出されるという事件がおこった（ハガチー事件）。これでは大統領の身の安全が保障できないということで、アイゼンハワーの訪日は中止せざるをえなくなった。岸の思惑は完全にはずれた。

しかし、その前に、アイゼンハワー政権は、新しい対日政策を決定していた。一九五五年四月に決定した対日政策にかわるものとして、新たに決定した対日政策文書（NSC6008／1）では、日本の軍事上の重要性について、次のように述べている。「日本は共産主義の侵略に対する西太平洋の防衛の要である。その兵站《へいたん》施設及び基地は、極東における経済的かつ効果的な防衛にとって欠くことのできないものである」。つまり、日本の重要性とは、あくまで基地であり、補給や修理のための施設としてなのである。日本自身の持つ防衛能力は、外部から攻撃された場合には、日本領土を防衛するうえでは十分とはいえないとされていた。これから順調に増強がすすめば「一九六五年までに小規模で近代的な質の高い軍事力を築く」ことができ、「現在アメリカが負っている防衛の責任を日本が引き受けることになろう」という見方もしていたが、それはあくまでも仮定の話にすぎなかった。この政策文書にしるされた次のことばが、日本をどうみていたかをよくあらわしている。「軍事問題に関する日本人の考え方に大きな変化が生じないかぎり、日本は地域的な安全保障体制に参加しないであろうが、アメリカが兵站施設と軍事基地を利用できることで、太平洋における自由主義陣営の軍事力に重要な貢献をなすであろう」。

アメリカにとって何よりも重要なのは、アジア太平洋地域に軍事力を維持することである。これこそがアメリカの極東戦略の要であり、日本はそのための足場として重要なのである。その足場を固めなおすのがアメリカにとっての安保条約の改定なのであった。日米関係に「新時代」をもたらすという性格のものではなかった。自衛隊も軍事力として期待されたわけではなかった。

それにしても、岸がこれほどまでに国民の強い反発を招いてしまったのには、前段があった。岸の目標は憲法改正であるが、岸はまず安保条約を改定して、国民の支持を集め、その勢いに乗って改憲に向かうつもりであった。そのようなもくろみのなかで、まずは安保改定をスムーズにおこなうために、警察官職務執行法を改正しようとした。警察官の職務権限を強化し、反対派を抑圧してしまおうというのである。これが大きく裏目に出た。警察に対してはこの当時はまだ、戦前の「オイコラ警察」の記憶が生々しくのこっていた。それを復活させるのかという不安を国民のあいだに引きおこしてしまった。なんといっても岸は東条内閣の閣僚であり、元A級戦争犯罪容疑者である。「デートもできない警職法」といった批判は、広く人びとの不安をかきたて、法案は採決にいたらず廃案となったが、岸がどういう人かを思いおこさせるには十分だった。

そして、決定的だったのは、新条約の批准のために、強行採決によって国会の会期を延長したことである。岸のやり方は、戦後十五年の歴史を一気にもどしてしまうようなものだった。安全保障条約の改定であるから、本来ならば、国家と国民の安全と平和の問題であるはずなのだが、それが、民主主義の問題として国民には受け取られた。国内における国民の安全がおびやかされていると感じられたのである。この点は次節でみることにして、「安保国会」と呼ばれた条約の批准をめぐる論戦に目を向けてみよう。

政府がむすんだ条約が効力を発揮するためには批准という手続きが必要である。日本国憲法ではそのために国会の承認を求めている。衆議院と参議院の両院での承認を得るのが原則だが、衆議院の優越の原則が適用され、場合によっては衆議院の承認だけでもよいとされている。さて、国会に提出された二月五日から会期末の五月二十六日までに承認を得る、つまり、可決されなければならない。その国会で論議の的となったのは、条約にある「極東」の範囲と先に述べた「事前協議制」である。議席数ではかなわない野党第一党の社会党は、採決させずに審議未了による廃案に持ち込もうと、このふたつに焦点を絞って論戦を挑んだ。

新条約では、「極東における国際の平和と安全の維持に寄与する」ことがアメリカ軍駐留の目的とされていた。藤山外相はその極東の範囲について「フィリピン以北、日本の周辺」と答弁している。その後、中国と台湾が争った金門・馬祖も極東の範囲に入ると岸が答弁したため、自民党内からも反発を買う。最終的には「大体においてフィリピン以北並びに日本及びその周辺の地域であって、韓国及び中華民国の支配下にある地域もこれに含まれる」という政府統一見解におちつくことになる。この問題に長い時間をついやしたが、条約の文言からは、アメリカが「極東における国際の平和および安全の維持に寄与するため」という理由さえつけられれば、日本の基地を利用して軍を出動させることが可能とも解釈できるため、地理的な範囲の議論はあまり意味を持つものではなかった。むしろ、どのような場合にこの条項を発動できるのかを問うべきだったのだろう。日米安保と地理的範囲の問題は、冷戦後にふたたび頭をもたげることになる。極東の平和と安全に寄与するとはいっても、世界中どこで何があっても極東に影響するというような拡大解釈を認めるわけにはいかない。

もうひとつの論点は事前協議制である。これを定めた交換公文は条約調印ののちに交わされ、同時に共同声明でアメリカは「日本国政府の意思に反して行動する意思のない」ことを確約していた。問題は、アメリカが協議をもちかけてきたときに日本がほんとうにそれを拒否できるかということと、協議のもっとも中心的問題となる核兵器の「持ち込み」のなかに核兵器を積んだ艦船の寄港（トランジット）もふくまれるのかということである。このときにはすでに密約をむすんでいたのであるが、野党は岸の密約を疑っていた。慎重審議という名目で審議を長引かせ、審議未了による廃案に持ち込もうというのが社会党の作戦であった。そこで岸が会期延長を強行採決によって決議するという手に出たことが「六〇年安保闘争」という大混乱をもたらした。会期延長を決めたうえで、条約と関連法案などを賛成多数で可決した。あまりにも強引な岸のやり方には与党の自民党内からも批判があり、元首相の石橋湛山をはじめ、三木武夫、松村謙三らの有力議員もふくめて、採決を欠席してその意思をあらわす者がいた。

さらに、岸はみずから最悪の事態を招くところだった。自衛隊の治安出動である。アイゼンハワーの訪日予定日が近づいてくると岸の周辺は焦りをおぼえた。そこで岸は赤城宗徳防衛庁長官を私邸に呼び、自衛隊を出動させるよう強く要請した。これに赤城は首をたてにふらなかった。自衛隊が国民に直接敵対する場面をつくらずにすんだことは、国民にとっても自衛隊にとっても幸いであった。

くりかえしになるが、岸の構想は、安保条約の改定をてことして憲法改正にすすむことであった。そして自衛隊を「国防軍」として、海外派兵ができるようにする。そうなればアメリカと対等の立場で相互防衛条約をむすぶことができる。それが岸の考える「独立の完成」であった。その第一段階でつまずいてしまった。しかし、岸の思惑どおりにいっていたら、どうなっていただろうか。自衛隊あらため国防軍は、ベトナム戦争に参加していた可能性は高い。そして、二〇〇一年にはアフガニスタンに派遣され、二〇〇三年にはイラク戦争にも参加していたことだろう。では、アメリカ軍は日本から撤退していただろうか。イギリスにもオーストラリアにもアメリカは軍の基地や施設を持ち、部隊の駐留や派遣をおこなっている。すべて撤退していたとはかぎらない。では、少なくとも、駐留軍の権利を定めた日米地位協定は対等なものとなり、沖縄の人たちは今のような基地の負担から解放されていただろうか。

(二) 日米地位協定

旧安保条約に付随していた行政協定も全面的に改定された。正式名称は長いものになったが、要するに、安保条約に基づく基地とアメリカ軍の地位に関する協定であり、略して「日米地位協定」と呼ばれている。全面改定されたとはいえ、日本からみれば十分なものにはほど遠い内容である。だからこそ、今も沖縄をはじめ各地でアメリカ兵による事件がおこるたびに、地位協定の改定を求める声があがっている。

日本におけるアメリカ軍の特権を定めた行政協定は、アメリカ軍部にとってはこの上なく好都合なものであり、そのままにしておきたかった。条約改定交渉がはじまる直前にも軍の統合参謀本部は、現行条約の維持か部分改定にとどめるのがのぞましく、その場合には行政協定の変更は必要ないが、もし、新条約に改定する場合は、行政協定に定めた権利と特権をそこなわない、という日本との合意が絶対的な要件だとしていた。こうした軍部の意向を受けて、マッカーサー大使も行政協定の改定を避けようときわめて神経質になっていた。行政協定の改定に踏み出さざるをえなくなるのは、岸の安保改定に批判的だった河野一郎（元農相）が「国民の日常生活に直接関係する行政協定の改定こそ最も大事なこと」と発言したことが大きなきっかけとなった。これに池田勇人や三木武夫も同調し、党内に改定への流れができていった（原彬久『日米関係の構図』）。

条約の全面改定の結果として作成された地位協定は、条約とともにワシントンで調印され、行政協定のときとはちがって今度は国会審議にかけられた。政治的に日本にも受け入れられるものにしようというのが改定の趣旨だったということである。

地位協定には、基地の提供と返還、基地の使用に関する原則や基地での活動などのほか、アメリカ軍や軍人などに与える便宜（たとえば民間飛行場の優先的利用など）、さらには、出入国手続きや税金の免除などが定められている。外務省は、北大西洋条約機構（ＮＡＴＯ）軍の地位協定やアメリカが当時の西ドイツとむすんだ「ボン協定」を参考に改定にのぞみ、それによって日本からみればたしかに前進した面もある。しかし、特権の維持に固執する軍部の要求を満たすことが最優先されたため、アメリカ軍に有利な条件は新協定でも維持された。日本の国内法はアメリカ軍には適用されないのが原則となっている。たとえば、基地として使用していた土地を日本側に返還する場合、アメリカは原状回復義務を負わない（第四条）。これがどのような結果をもたらしているかといえば、返還された土地が水銀やポリ塩化ビフェニール（ＰＣＢ）などによって汚染されている場合には、日本側の負担で土壌改良をしなければならず、時間も費用もかさんで跡地の利用がひどくむずかしくなる、といった具合である。ちなみに、ドイツやイタリア、さらに韓国でも、アメリカ軍は土地を返還するときは、きれいにして返還することがそれぞれの地位協定で義務づけられている。

しかも、問題は条文そのものにとどまらない。最大の問題は、実際の運用において、外務省がさらにアメリカに配慮することである。実際上の具体的なことは日米合同委員会で決定するが、これは事実上、外務省まかせである。

外務省による地位協定の運用の実態を示すのが、外務省が作成した「日米地位協定の考え方」という文書である。この文書は一九七三年四月に作成され、十年後の八三年十二月にはその「増補版」がつくられた。同協定の「執務上の基本資料」として用いられる逐条解説書であり、運用マニュアルでもある。外務省はこの文書の存在そのものを長いあいだ頑として認めてこなかった。民間出身の川口順子外相も「文書の存在を聞いていない」と官僚のいいなりである（二〇〇四年一月）。しかし、文書を入手した琉球新報社が紙面で全文を公表し、ある元外交官が、自分がそれを執筆したことを認めた。それでも外務省は、文書の存在を認めない（琉球新報社編『日米地位協定の考え方（増補版）』）。

これによれば、アメリカ軍の財産に対する捜索や差し押さえなどをおこなう権利が日本にはない、航空法などの日本の国内法を適用しないほか、罪を犯した兵士の身柄の引き渡しなどの刑事裁判上の優先権をはじめ、アメリカに大きな特権を認めている。オスプレイの普天間配備で話題にもなった低空飛行訓練などのさまざまな問題がこの地位協定とその運用にかかわっている。この「考え方」を読んでみると、外務省が徹底してアメリカ軍を優先していることがよくわかる。

岸が打ち上げた「日米新時代」よりも、西村（外務省元条約局長）の「けずり直し」のほうが、はるかに実態に近いものであることがここでも明らかである。まさに安保改定とは条約の見かけだけを変えたにすぎず、講和の代償としてのまざるをえなかった旧安保条約の核心部分は、改定によっても何ら変わっていない。

今日にいたるまで、地位協定に対する不満は、基地のある自治体の住民を中心にたいへんに強いが、協定の改定や運用の改善は行政権に属するとされている。裁判所は、砂川事件でみたように、「統治行為論」という理屈に立って司法判断を避けており、立法府（国会）もこればかりはどうしようもない（本間浩『在日米軍地位協定』）。はやい話が外務省にかかっているのであるが、その外務省が徹底的といっていいほどにアメリカ軍寄りのために、どうにもならないのである。

第3節　安保闘争と平和論

(一)「岸を倒せ」

戦後最大の大衆運動となった六〇年安保闘争は、安保条約そのものというよりも、岸を対象とする運動として盛り上がった。警察官の職務権限を強化しようとしたり、国会の会期を強引に延長したりといった政治手法が、A級戦犯容疑者としての岸を思い起こさせた。それが警察官職務執行法の改正問題であり、強行採決による国会の会期延長であった。そのあたりについて、ふたたび丸山眞男に登場願おう。

丸山にとっても六〇年安保は大きな契機となった。しかし、丸山にとって安保は外交・安全保障政策上の問題というよりも、むしろ憲法と民主主義の問題である。何よりも強行採決が「決定的な転換点だと思った」という。それまでは、安保条約の改定についての世間の関心は、それほど高かったわけではない。その「重い」安保が、強行採決を機に一気に動き出した。「憲法感覚というものが、戦後十数年の間に国民生活の中にちりばめられて定着しているという前提がなければ、ああいう巨大な盛り上りは考えられない。その痛覚みたいなものに、二十日の事件が触れた」という感覚が丸山をとらえた。ここで、安保闘争を動かしたものが外交・安全保障ではなく「憲法感覚」であったとしているように、丸山にとっての関心はここにあった。

ぼくの考えは、日本国憲法は発生経過からいえば、何といってもアメリカによって日本の支配層に押し付けられたものだ。今度の安保もアメリカの極東政策によって日本国民に押しつけられたものだ。新日本国憲法の背後には、国連憲章があり、国連をつくった世界の反ファシズム勢力があった。アメリカの政策が百八十度転換した十五年の過程は同時に、一方では、政界・官界・財界等パワー・エリートにおいて旧勢力がもりかえし、憲法を邪魔者扱いにして行った過程でもあり、他方では、まさにそれと併行して、憲法感覚が広く国民の間に滲《し》みとおって行った過程でもあるわけです。この二つの過程のズレあるいは矛盾が爆発したのが、今度の新安保問題で、だからこそ新安保の問題は外交よりもむしろ内政の問題であるといわれるわけです。ですから、人民主権の血肉化を通じて国会を国民のものとし、その力で、アメリカの極東政策を再転換させる地点に今立っているのだと思います。(『丸山眞男座談』第四巻)

ここには丸山が日本国憲法をどうみているかが簡潔に述べられているとともに、安保闘争にかかわる理由も語られている。五月十九日深夜の強行採決に前後して、講演などの機会が急に増えた丸山が、そこで強調していたのは、なんといっても、岸による強行採決とその意味である。「あの十九日から二十日の早暁にかけて衆議院で政府与党の一部によって強行された一連の事柄、そこから起こってきたさまざまな事態」の意味を執拗《しつよう》なまでに問いつづけた。五月三日の講演では、「みんながなんにもしなかったら、逆にそのなんにもしないという現実がどんどん積みかさなって、それ自体社会を一定の方向に押しすすめて」いくとして、なにもしないことの責任を戒め、「この状況のなかで、私たちはどういう態度決定というものを迫られているか」を問うた。

このように、丸山にとって安保改定の問題は、あくまで憲法と民主主義の問題であった。強行採決直後の五月二十四日の講演でそれを次のように述べている。

私は安保の問題は、あの夜を境いとして、あの真夜中の出来事を境いとして、これまでとまったく質的に違った段階に入った、すべての局面は、あの時点の前と後とで一変したということから、私達の考え方と行動を出発させるべきではないかと思います。（『丸山眞男集』第八巻）

同じことを七月八日にも話している。すでに批准を終えて条約は発効していたが、丸山にとってそれは大きな問題ではなかった。「安保通過を既成事実として認めその上で問題の処理を考えるというのか、たとえ安保には賛成でも議会政治の根本ルールを無視したやり方は認めない、あの採決はご破算にすべきだという考えに立つのか、これが敵、味方の論理としてハッキリした」。

さらに注目すべきは、憲法調査会に対抗して結成された憲法問題研究会が主催する講演会での「復初の説」と題する講演における「復初」すなわち「初めにかえる」という主張である。この「初め」を丸山のその当時の発言と比べてみると興味深い。新安保条約の批准のための強行採決をした五月二十日の重要性を強調して、「それは八月十五日にさかのぼると私は思うのであります。初めにかえれということは、敗戦の直後のあの時点にさかのぼれ、八月十五日にさかのぼれということであります」。ポツダム宣言の受諾を伝えた八月十四日でも降伏文書に署名した九月二日でもなく、天皇がラジオを通じて国民にそれを伝えた八月十五日に「私達が廃墟の中から、新しい日本の建設というものを決意した、あの時点の気持というものを、いつも生かして思い直せ」という。

「八月十五日」について確認しておこう。丸山にとっての実際の八月十五日はこういうものではなかった。丸山は、やっと救われた、思い切りのびをしたいという気分でその日を迎えたのだった。だからこそ、友人と顔を合わせて、「どうも悲しそうな顔をしなけりゃならないのは辛いね」と話しあった。だから、「復初」とは実際上の「はじめ」にもどるということではなく、理念上の「戦後」の出発地点を創りだす意図を持ったものである。そして、丸山の「八・一五」観は、次のような地点にまで行き着く。

私は八・一五というものの意味は、後世の歴史家をして、帝国主義の最後進国であった日本、つまりいちばんおくれて欧米の帝国主義に追随したという意味で、帝国主義の最後進国であった日本が、敗戦を契機として、平和主義の最先進国になった。これこそ二十世紀の最大のパラドックスである――そういわせることにあると思います。そういわせるように私達は努力したいものであります。(『丸山眞男集』第九巻)

(二) 安全保障と民主主義

丸山の国家観はともかくとして、このように六〇年安保の中心課題は、新条約そのものよりもむしろ「岸を倒せ」であった。それは政治思想史家の橋川文三がいうように、「現代日本の政治や思想状況は、ときとして三十年前にかえったような感じをいだかせる」ものだったからであり、岸はその象徴であった。岸の強行採決は、反安保派に火をつけただけでなく、安保賛成の保守派からも懸念の声があがるものだった。英文学者の池田潔は「新安保に賛成の人も反対の人も現代の日本の政治に大きな不信を抱いたと思う」と感じ、「安保条約も重大な問題には違いないが、もはや一安保の問題ではなく議会政治の最大のピンチだ」と嘆いた。政治学者の矢部貞治も「一気にこれを単独採決にもちこんだことは安保条約そのものの権威をなくす」と述べた。同じく政治学者の吉村正は「重大な外交政策をしばる条約を国民に問うたことは一度もなく、岸内閣は勝手に通過させて主権が国民にある憲法の精神を忘れている。東条内閣の閣僚の面目が躍如としている」と、岸の前歴をあげて批判している。

このような政府のもとで公務員をしてはいられないという理由で、国公立大学の職を辞任した学者もいた。それに対して、文芸評論家の江藤淳は、「やめれば、自分の節操は守れよう。しかしそれしか守れぬのだ。私は、日本の文化人の政治批判運動が、つねに修身・道徳的運動であったのを間違っていたと思う。政治は利害と打算で進められているのだ」と、そうした動きに冷めた視線を投げかけた（大井浩一『六〇年安保』）。

江藤のいう「政治は利害と打算」という指摘は重要だ。ただし、それが意味するところはなんだろうか。目先の欲得という意味ではないだろう。福沢諭吉の「悪さ加減の選択」は、江藤と共通するものがある。国民の命と暮らしを守っていくのが政治の要諦であり、慎重にあゆみをすすめるのは当然

六〇年安保で国会を包囲するデモ隊
（写真提供：朝日新聞社）

である。そうした日々の営みをつづけるなかにあっても、めざすべき方向や理想を見失わないでいられるかどうかが重要なのではないだろうか。

それまでとくに政治的な活動をしていたわけでもないのに、このときばかりは毎日デモに行っていたという学生もめずらしくなかった。それほどまでの盛り上がりをみせた六〇年安保は、「安保反対」から「岸を倒せ」に焦点が移ったことで、問題の核心がみえにくくなってしまったのではないか。丸山のことばからわかるように、戦前・戦中を経験した世代は、とりわけ岸とその政治手法に危機感をいだいた。丸山がそこに焦点をあてて問題を単純化したことは理解できないわけではない。当時はまだ、民主主義が十分に定着したとはいえず、岸は歴史の針を逆戻りさせるものだという見方にも、根拠がないわけではなかった。安全保障政策よりも、まず民主主義の原則が重要だというのだろう。

だが、やはり安保改定をめぐる論議の中心は、日本の安全保障のあり方であるべきだったと思う。中心とはいわないまでも、これを軽視するべきではなかった。過去の清算や過去との決別も重要だが、未来をどうつくるかをめぐる議論は、どうなってしまったのか。これは日米安保体制にとっても不幸なことであった。六〇年安保闘争は、岸が象徴する過去の体制や昔の戦争と戦っていたのであり、現在の外交・安全保障政策をめぐる闘争としては不十分なものに終わった。その責任の大半は岸に帰せられるべきであるが、知識人やマスメディアも責任の一端を負うべきだろう。

六月十九日午前零時、憲法の規定にしたがって、参議院での議決を経ることなく、強行採決による衆議院の議決をもって国会の承認とみなすことが、時間切れにより成立すると、連日国会を取り巻いたデモの波は、だれもが意外に思うほどの勢いで引いていった。

五五年体制の成立後、自民党と社会党は、国会の議席数において、大きくみればほぼ二対一の割合で推移してきた。社会党は伸び悩んだのであった。一九六〇年のはじめに、社会党内の右派の一部が離党して民主社会党（のちに民社党に改称）を結成したことで、社会党の護憲・再軍備反対・日米安保反対の姿勢はさらにはっきりしたものになる。しかし、政権獲得の可能性は遠のいており、そうであればこそ、よけいに自民党とはっきり違う姿勢を打ち出し、高邁《こうまい》な理念を掲げることにもためらいがなくなる。「非武装中立」という社会党の一枚看板が確立するのは、このような背景があったからだろう。いいかえれば、実現可能な政策のための論議がおざなりなものになっていく過程でもある。

戦後の焼け跡から立ち直り、今や世界中が目を見張ることになる高度経済成長が本格化しようとしていた。六〇年安保が終わると、季節がかわるように、政治から経済の時代がやってくる。それはすでに用意がととのっており、いや、すでに始まっていた。それにいち早く気づいた人たちと気づくのが遅れた人たちがいる。その違いがこのあと大きく響くことになる。

第5章　揺れる「戦後」

第1節　転換期としての六〇年代

(一)　六〇年安保の余波

日米安全保障条約の改定が大混乱を招いたのみならず、その責任の大半を負うべき岸信介首相が、自衛隊を治安出動させようとしたことは前章で述べた。治安出動には防衛庁や陸上自衛隊の上層部にも反対の声は強かった。治安出動は自衛官が同胞に銃を向けることである。これこそ「天皇の軍隊」として国民に銃を向けた戦前の帝国陸軍を思い起こさせる。もし、このとき出動していたら、自衛隊は国民の強い反感を買い、今日のような信頼は得られなかっただろう。

六〇年安保当時、東京を管轄区域におさめる東部方面総監の任にあった大森寛（元千葉県警察部長）は「幸いにして長官の御意見どおり出動しなくてすんだ」ことに安堵した。警察と陸上自衛隊は、五〇年代からすでに治安維持に関する連携についての取り決めを交わすなどの協力態勢を整えてきており、指揮所演習というかたちで暴動鎮圧のシミュレーションもおこなっていた。しかし、国内治安をになう警察と侵略してくる外敵の排除を任務とする自衛隊とでは、組織原理がそもそも違い、行動様式も異なる。犯罪者の逮捕という〝点〟をとらえる警察に対して、敵軍隊の破壊という〝面〟の制圧をめざす自衛隊という根本的な任務の相違があるため、装備の違いのほかに作戦行動の原則もやり方も大きく異なっている。さらに、「下級指揮官には適応性、柔軟性がなく、従来の『型』に捕われる傾向が強い」ことも治安出動のための演習をおこなった結果、問題点として浮上していた。そうしたこともあって、大森は「部隊がとにかく出動をしないように心から祈っていた」。

このような混乱から始まった一九六〇年代であるが、その十年は、高度経済成長の時代として記憶されている。岸の辞任を受けて首相となった池田勇人は、岸を反面教師として「低姿勢」と「忍耐と寛容」の看板で政治の季節に幕をおろし、「所得倍増」のかけ声によって経済の時代の幕を開けた。しかし、六〇年代も半ばを過ぎると、ベトナム戦争の激化などもあって、ふたたび安保に目が向けられるようになる。それでも、懸念された「七〇年安保」は不発に終わり、日米安保条約の自動延長が決定する。そして、作家の三島由紀夫が東京・市ヶ谷の自衛隊駐屯地で自衛官にクーデターを呼びかけて切腹自殺するという衝撃的なニュースが一九七〇年の晩秋を襲った。六〇年と違って安保の年ではなく、大阪万博と三島事件の年として記憶されることになる。

ふたつの大きな事件にはさまれた十年間、すなわち一九六〇年代は、池田と佐藤栄作といういずれも吉田茂の〝弟子〟にあたる政治家が政権をになった。ふたりは六〇年安保の余波のなか、いずれも防衛・安全保障政策には積極的に取り組まなかった。憲法改正は遠のき、岸のもくろみは泡と消えた。それは吉田茂にとっても無念なことであった。六〇年代の安全保障政策は、結果として、一九五〇年代前半の吉田時代の政策の延長線上におちつくことになった。吉田自身は、当時の状況判断から、当面の政策として選択したにすぎなかった。池田も佐藤もそれをそのまま引き継ぐことを望んでいたわけではなかったが、結果的に定着させることになってしまったのである。吉田と同じく、その当時の政治状況のなかでの当面の政策としての選択にすぎない。池田と同じく本心では核武装論者であった佐藤にしても同じである。佐藤は沖縄返還に力をそそぐとともに「非核三原則」を掲げたことが注目されるが、これとても本心から出たものではない。

政治リーダーの選択や決断の裏にあるものをみなくてはならない。国際政治学者の永井陽之助は、戦後の日本外交は大きな拘束のなかで限られた選択しかできないと論じたが、内政においても同じである。野党の戦略や戦術、マスメディアの論調や国民世論の動向などもふくめて、首相といえどもそのときの政治・社会状況から独立しているわけではなく、むしろ部分的にではあれ、拘束されているのである。選択や決断はあくまでそのなかでおこなうものである。

一九六〇年代は、日本にとって高度経済成長の時代であると同時に、世界史的な社会の大きな変動期であった。

池田は、国会の施政方針演説でも、「外交の根本」は、「国連憲章に基づく安全保障体制を堅持しつつ、わが国の安全と平和を確保し、経済の繁栄と国民生活の向上に資する国際的環境を整備し、もって世界平和の創造に寄与することにあると確信いたします」といった表現で、日米安保に直接ふれることを避けた（一九六一年一月三十日）。安保の混乱によって先延ばしになっていた第二次防衛力整備計画を閣議決定したが、とくに増強をしたわけでもなかった。宮沢喜一ら池田の側近は、日米安保のおかげで日本は防衛費を低くおさえることができるという「安保効用論」を展開した。防衛費は着実に増えていくものの、高度経済成長のおかげで、国民総生産（ＧＮＰ）との比較では、相対的に低下していった。

政策面でこれといった大きな変化がなかったからといって、自衛隊が安穏と時をすごしていたわけではない。十年の時を経て生じたものではあるが、六〇年安保と三島事件というふたつの事件は深くむすびついている。陸上自衛隊にとって治安出動は六〇年安保ののちも重要な課題のひとつであったが、自国民に銃を向けることになるだけに、それを支える自衛隊の存立基盤や精神的支柱など、政治的・思想的な問題も浮上してくる。それが三島事件と少なからぬ関係がある。安保から三島にいたる十年間の自衛隊について、時代の流れと社会の変化のなかにおいて考えてみよう。

六〇年安保で浮上した治安出動に関連して三島が提起したのは、この国における自衛隊の位置づけとその精神的支柱である。「天皇陛下万歳」と叫んで切腹する三島が、二・二六事件を題材とした「憂国」を書いて小説家から活動家へと舵を切り始めたのは六〇年安保の直後である。その「憂国」から十年のあいだに何かが始まり、何かが終わったのだと思う。

初期の自衛隊は、旧軍で将校であった元軍人が中核を占めた。そのなかで最高の階級である元大佐が退官の時機を迎えたのが一九六〇年代である。軍国主義の空気をたっぷり吸って育ち、旧軍の精神が骨の髄まで染みついたままだったのか、それとも戦後の価値観の転換に適応し、新憲法の精神に沿った自衛官に転身したのか。旧軍を嫌った吉田が慎重に創設した自衛隊がこの時期に直面していた課題のひとつがここにある。ある者は旧軍の反省に立ち、またある者は旧軍の継承、さらには復活を夢見つつ、それぞれの責任感と希望（あるいは野心）を胸に草創期の自衛隊の育成にあたってきた。三島は自衛隊と深くかかわり、大きな支援を受けたものの、結局は自衛隊に失望し、自衛官から反発を受けるなかで最期をとげる。

三島と自衛隊の関係をみるまえに、一九五七年に発足した憲法調査会のその後を確認しておこう。発足から報告書の提出までずいぶん長い時間をついやすことになったこの調査会は、憲法についてどのような結論にいたったのか。そして、調査会に批判的な人びとは、どのような議論を展開したのか。平和と安全をめぐる一九六〇年代の議論では、安保よりも憲法をめぐる議論がより重要になる。

(二)「時代は変わる」

六〇年安保の翌年には、旧軍将校のほかに幹部自衛官を巻きこんだ「三無事件」と呼ばれるクーデター未遂事件がおこり、六三年には「三矢作戦研究」が国会で大きく取り上げられた。第二次朝鮮戦争がおこったという想定で自衛隊を出動させるための研究を自衛官がひそかにおこなっていたというものである。しかし、これらのいずれの事件も平和や安全をめぐる政策に大きな影響をもたらすことはなく、エピソードの域を出ないものであった。この時期の防衛政策では、陸上自衛隊の十三個師団体制への編制の変更などが目を引くが、海上自衛隊のヘリコプター空母導入計画は挫折し、防衛庁の省への昇格も見送られた。一九五〇年代には日本に防衛力増強を求めていたアメリカであったが、ジヨン・ケネディ政権は、日本の防衛政策にはほとんど関心を示さなかった。唯一といってもいい関心は、兵器の販売先としての日本であり、そのための予算増であった。戦力としての自衛隊に期待してのことではなかった。

一九六〇年代の世界は、社会・文化の面でも大きな変化の時代を迎えた。日本も例外ではなく、六〇年と七〇年では人びとの暮らしも意識も大きく変化した。この十年で見違えるほどの変貌を遂げた東京の姿がそれを物語っている。六〇年代前半には少年向けの漫画雑誌に戦争に関する読み物や「紫電改のタカ」や「0戦はやと」などの戦争漫画が登場し、人気を得た。しかし、戦争やその価値観を肯定するものは少なく、単に漫画の舞台が戦場であるというだけのいわば借景ものであった。それでも、戦争を描くことにためらいがなくなったことは注目すべきなのかもしれない。そうした戦争漫画ブームは長くはつづかず、六〇年代後半になるとスポーツものにとって替わられ、姿を消していった。

一九六四年にアメリカ人歌手のボブ・ディランは、「お母さん、お父さん方よ、理解できないからといって批判しないでくれ。息子や娘はあなたたちの手にゃ負えないんだ。古いやり方は通用しないんだよ。手伝ってくれとはいわない、邪魔しないでくれ。時代は変わっているんだから」と歌った。その名も「時代は変わる」という題名をもつこの歌ほど、激動期を迎えていたこの時代を的確にとらえたものはないだろう。

日本でもまるでこの歌に触発されたかのようなできごとが次々とおこった。慶応大学で学費の値上げをめぐる反対運動がおこると、つづいて早稲田大学で学生会館の管理と学費値上げをめぐる運動が大きな盛り上がりをみせ、このとき結成された早大全学共闘会議は全国の全共闘運動の先駆けとなった。翌六六年からさらに中央大学、明治大学などを経て運動は一気に広がった。これらは単に大学の管理や授業料にとどまらず、当時の大学がかかえていたさまざまな問題を浮き彫りにし、大学のありかたそのものを問うものとなっていった。使途不明金をめぐる大学当局の追及から始まり「学生運動史上最強」といわれた日本大学の全共闘はその花形だった。医学部の研修医制度に端を発した東京大学の紛争では、他大学の支援を得てたてこもった大講堂（安田講堂）に新左翼各派の旗が並んだ。それぞれの大学ごとの個別の問題から始まった全共闘運動の盛り上がりは、新左翼運動の組織の拡大とも連動した。紛争は全国に広がり、バリケードで封鎖された大学は百を超えた。左翼的な学生運動が盛り上がりをみせる一方で、早大国防部など、小さくはあるが、右翼的な学生団体も生まれた。そのなかから三島由紀夫の私兵組織「楯の会」に参加する学生もあらわれる。まさに親の手に負えない学生たちの登場である。

こうした状況を生んだのは、いうまでもなく高度経済成長とそれにともなう進学率の上昇である。一九六三年に六八パーセントに達した高校進学率は、舟木一夫の歌う「高校三年生」を大ヒットさせていた。五五年から六〇年まで約一〇パーセントで推移していた大学進学率（短大をふくむ）は、六五年には一七・〇パーセント、七〇年には二三・六パーセントへと大きく上昇する（竹内洋『学歴貴族の栄光と挫折』）。

左翼的な学生の反乱と右翼的な三島の事件は、社会の大きな変化がその背景にあるという点でつながっていた。両者は呼応するように活動を活発化させていったといってもいいだろう。紛争の時代を経て大学は変わり、社会も変わった。もはや大学は、特権的なエリートのものではなくなった。その世代に属する論者のことばを借りていうならば、全共闘の学生がはげしく嫌悪したのは「戦後民主主義＝市民運動の理論的参照先であった丸山眞男やその門下の大学人たち」（絓秀実）であり、「社会的な価値観の変化のなかで、もっとも価値低落が激しかったのは『知識人』」（小阪修平）である。大学紛争の重要な側面として、教育社会学者の竹内洋は「丸山眞男に代表される学歴貴族文化ブルジョワジーへの憎悪に裏打ちされた怨恨と反乱」をあげている。「自らは現存の大学体制の中に安住しながら、その一方で、理論的には現在の社会体制を批判するといった伝統的知識人的態度について反省をせまられている」と受けとめた学者もいた一方、マルクス経済学者の大内兵衛（東大名誉教授）のように、そうした学生を「不逞《ふてい》の徒」と呼び、「大学も暴力にはまったく無防備なのであるからああいうとき警察にたのむのは当然であり、それゆえに警察は余計にありがたい」、「お菓子の一箱ももってどなたさまもご苦労でしたといってお礼に行きたい」としかみない者も少なくなかった（大内「東大を滅ぼしてはならない」）。知識人の「価値低落が激しかった」のは当然のことである。

その一方で、六〇年代には知識人の世界でも注目すべき変化が生まれていた。戦争中に海軍の特攻隊である人間魚雷の部隊に加わった哲学者の上山春平の「大東亜戦争の思想史的意義」が『中央公論』一九六一年一月号に掲載された。誤解を招きやすい題名であるが、上山は大東亜戦争を肯定しているわけではない。同誌には一九六三年から作家の林房雄の「大東亜戦争肯定論」が連載された。こちらは大東亜戦争を一世紀にわたるアジア民族解放の戦いとしての「解放戦争であった」というものである。上山はその後も何度か同誌に寄稿しているが、デモクラシーとファシズムの戦いという英米中心の歴史観を否定する一方で、林とは異なり、「大東亜戦争を解放戦争ではなく侵略戦争であると考える」のである。そのうえで上山は、「現状では、いまくらいの規模の軍隊をもつのはやむをえない」と考え、「臨時的な処置として、憲法を改正するのではなく、議会において、軍備の全廃をめざす国際軍縮協定までは現在規模の軍隊を存続する、という決議をおこなえばよい」と提案する。さらに、国家主義そのものの限界を問題にする上山は、憲法の「戦争放棄条項を、とくに主権国家の思想を克服するためのテコとして重視する」というスケールの大きい議論を展開した（上山『大東亜戦争の遺産』）。

こうしたものが当時の知的世界を代表する総合雑誌に掲載されたのは、やはり時代の変化をあらわしている。全共闘が戦後民主主義のなかから生まれながら、それに反発したものであるのに対し、三島は戦後民主主義と経済成長が生んだ大衆社会をはげしく憎悪した。両者はベクトルの方向は正反対にみえるが、戦後民主主義や進歩的知識人の欺瞞《ぎまん》に対する怒りという点では共通するものがある。

そういう時代であるがゆえに、陸上自衛隊では間接侵略を本気で恐れることともなった。間接侵略とは、外国勢力が背後にいて、国内の反乱をあおり、政府を転覆させようとすることである。それへの対処は重要な課題となり、治安出動のための訓練もおこなわれた。大学紛争をはじめとする大衆運動の盛り上がりは、自衛隊からみれば共産主義者の策動であり、背後にはソ連や中国など外国の共産勢力の侵略の意図があるとみなされていた。

七〇年安保が六〇年のような盛り上がりをみせなかったとはいえ、一九六〇年代の十年は、高度経済成長の十年であるとともに、安保の十年であり、大衆文化と若者の反乱の十年であった。それを象徴するのが行動の人と化した三島由紀夫の十年である。

第2節　憲法調査会と憲法論

(一)　憲法調査会の最終報告書

六〇年安保によって、平和と安全をめぐる論議は、それまでのような政治の表舞台での中心的な課題ではなくなり、憲法第九条の改正も遠ざかった。そんな状況になって、憲法調査会の最終報告がようやくまとまった。一九六四年七月に提出された最終報告書は千ページを超えるものとなった。憲法調査会法の成立から八年が経過しており、会の発足から七年のあいだに百三十一回もの総会を開いたが、それでも結局、改正に関しては意見がひとつにまとまることはなかった。はた目からみても総会は難航に難航をかさねていたが、さらに委員会や部会があわせて三百十九回開かれ、四百人を超える参考人、全国で五十六回におよぶ公聴会と、膨大な時間と労力がこの調査会に注ぎこまれた。最大の争点であった第九条に関しても、平和主義の理想の維持と現行防衛体制の承認を確認したにとどまり、改憲派がめざしていたような改正論を提起することはできなかった。

こうした事情もあり、各委員の意見を羅列した報告書はずいぶん厚いものになった。改憲論者が委員の多数を占めていたにもかかわらず、会長の高柳賢三が改正を前提とすることなく、憲法の再検討をすることを会の方針としていたからである。第九条についても高柳は、委員のあいだで意見が一致しない場合は、多数決で調査会の意見とするようなことはせずに、それぞれの意見を報告書にのせることにした。

最終報告書が出たのち、高柳は、改憲論と反対論の衝突ぶりを次のようにふりかえった。「改憲論は、現行憲法を被告人とする検事の論告のごときものである。その論告はおいたち論、精神構造論、条章の論理構造とかを論拠として被告人にたいし有罪の判決を求める。これに対し改正不要論ないし改正反対論は、被告人の無罪を主張する弁護人の弁論にも比すべきもの」であった。かなりはげしい議論がたたかわされたことがうかがえる。なかでも、もっとも強硬な改正論者であった国際政治学者の神川彦松は、調査会が改正を前提としていないことがそもそも不満であった。「この憲法調査会は頭からおかしい」とことあるごとに訴えた神川は、「憲法調査会は結局何ものも得なかった。むしろ大局からみればマイナスだった」と調査会を全面否定し、「この最終報告書というものは意味が無い」とまでいい放つ始末だった。

さて、その最終報告書の内容であるが、そもそも、日本の憲法はいかなる憲法であるべきか、という根本的な問いについて、委員のあいだで見解が分かれた。日本国憲法の制定過程については、日本国民の自由な意思にもとづいて制定されたものではないという、いわゆる「押しつけ憲法」論に立つ委員が多数を占めていたものの、高柳のように「日米合作」であるとする見方もあった。改正論の主要な狙いである第九条については、観念的で理想に走りすぎており、さらには空想的であるとするという意見が少なくなかったが、他方、理想を維持しつつ現実に対応すべきであり、改正は不要とする意見もあった。全体として、改正を主張する意見で多数を占めたのは、憲法前文にある、いたずらに外国に依存するような平和主義を捨てて、自国の防衛を堂々と打ち出すべきであるというものであった。また、日米安全保障条約は委員のほとんど全員が一致してみとめた。

第九条第二項の改正を求める意見が多くの委員から出たが、反対に、第九条の理想を高く評価し、「第九条を改正することに伴う内外の好ましからざる影響等を指摘して、その改正に反対する見解」が一部の委員から出ていた。神川は、第九条は一切の防衛力を認めないものであるから、自衛隊も憲法違反であると主張した。こうした意見に対して高柳は、第九条は政治的マニフェストであるという議論を展開し、改正には消極的だった。高柳の見解は単純な護憲か改憲かという二分法的発想に収まりにくいものであるが、それゆえ注目に値する。次節でさらに検討しよう。

高柳のほかに、数人の学識経験者が改正に反対する立場であった。「第九条は世界平和への悲願であるといわれるが、実情はまさにそのとおりである。しかし、平和を求める念願は近来急激に高まり、今日においては強大国といえども戦争は極力避けようとする態度を示してきている。二大陣営の現状からして、この理想の完全な実現は困難ではあるとしても、その理想への指針を示している第九条は改正すべきではない」（水野東太郎）などといった意見である。

初代警察予備隊長官をつとめた木村篤太郎は「現在、自衛隊の定員充足率は非常に低下しており、優秀な隊員を採用することがきわめて困難となっているのが実情であるが、その原因の一つは、自衛隊違憲論にある」として、自衛隊の存在に憲法上の疑義が生じないよう改正することで「隊員の士気を高めることが何よりも急務である」という意見を述べた。これは当時の自衛隊の実情を率直に語ったものである。陸上自衛隊は発足以来、一度も定員を充足したことはない。

次の意見にも耳を傾けたい。「最高裁判所は積極的に自衛隊が合憲であるという判決をしたのではなく、政府や国会が政治的判断によって、自衛隊法をつくったのであるなら、その判断に任しておくというだけのことである。また、裁判所が合憲であるとか違憲であるとか判決することと国家が自衛隊を持つべきかどうかとは別の問題である」（八木秀次）。自衛隊の合憲性の判断は、裁判所が扱う範囲を超えるものだという、いわゆる「統治行為論」を指しているのだろう。八木自身は、「自衛隊は第九条第二項に照らして明らかに違憲」として改正を求めているのであるが、自衛のための組織を持つか持たないかというのは、国民の生存そのものにかかわる重大事であり、確かに、裁判所が憲法典の文言だけから判断を下すべきものではないだろう。自衛権についての判断は、裁判官にまかせるには重大にすぎる。

また、第九条がある種の歯止めの役割を果たしていることを評価する意見もあった。政治学者の蠟山政道は改正論の根拠を認めたうえで、「自衛軍のもつ自衛戦力の限界やその行使の方法について、厳格な制限を加えるのでなければ、現行憲法の平和理想は放棄される結果となる危険がある」として、改正には慎重姿勢を示した。

全体として改正論が多数を占めたとはいえ、このような改正に慎重な意見も併記された報告書となったことに、神川や憲法学者の大石義雄ら強硬派は大いに不満を持ったというわけである。しかし、打つ手はなかった。最終報告書が提出された一九六四年には、東海道新幹線が開通し、東京オリンピックが開かれ、世間は経済成長にわいた。竜頭蛇尾の感はあるが、それにしても、憲法調査会法が「［発足後の歳月を］ノンベンダラリと送っている間に、自主憲法を作るという絶好の時機は空しく過ぎてしまった」（神川）のだろうか。改憲を掲げた自民党が国会で両院ともに三分の二の議席を確保できず、世論も憲法改正に消極的になっていた状況を考えれば、改正に「絶好の時機」が訪れたとはいえない。たとえ調査会が憲法改正を提起していたとしても、現実に日の目を見る可能性はほとんどなかったことは明らかであり、神川の批判は的外れである。

憲法調査会が活動していた一九六一年に刊行した著書『日本政治の再出発』で神川は、会長の高柳を「歴史にはズブの素人」と非難したほか、引用するのもはばかられるほど口をきわめた非難を高柳に浴びせかけている。そして、自主憲法制定の「二大焦点」として神川が掲げるのは戦争放棄と天皇制である。国会の公聴会でも日本国憲法を「植民地憲法」と呼んだ神川は、その一方で、第九条に関して「憲法政策学的、国際政治的ないし政策論的検討は殆《ほとん》ど全く行われなかった」と指摘している。この点については耳を傾ける価値がありそうである。本来、議論の中心はここ――国家の独立と国民の安全――におかれるべきだろう。ただ、そうなると、戦争放棄と天皇制を「二大焦点」とするのはどういう意図なのか。戦前の体制に戻そうという考えがあったのかと受け取られかねない。戦後日本の平和と安全を考えるときの重要な点である。

このような報告書になったことに改憲派は意気消沈した。報告書が発表されたときの心境を、調査会の資料づくりにも加わった憲法学者の小林昭三は、「「玉音放送の時に近い」と表現する。「改憲の世論喚起のために作られた調査会が、改憲派の息の根を止めた。こんな皮肉はない」と小林は回想している。

一方、調査会批判の立場から設立された憲法問題研究会にとっても、やや拍子抜けしたようなようすがうかがえる。「憲法調査会がゴリ押しに発足したころにくらべると、ちかごろ改憲派の意気がはなはだあがらないのは、大きな時勢の変化である」（竹内好）。

憲法問題研究会のほか、憲法学者を中心とする護憲派の学者が総力をあげて憲法調査会を批判したのが憲法学者・鈴木安蔵の還暦祝賀論集として編まれた『憲法調査会総批判』である。憲法学者の有倉遼吉、星野安三郎らが中心となり、二十三人が寄稿している。黒田了一は、調査会は「明らかに改憲を企図し、改憲論者の手によってつくられた機関」であり、高柳をはじめとする改憲に慎重ないし消極的な「非改憲論者の主張」についても「真の護憲論とはみなしがたい」と警戒している。

こうした批判が大半を占めるなかで、佐藤功はいささかニュアンスの異なる評価をしている。護憲運動のあり方について、スローガンを掲げるだけでは「戦術としても十分ではなく効果的ではない」として、その運動も理論も「もっと具体的に、またいわゆるキメ細かに展開されなければならないのではないか」と、批判のありかたの見直しを提起している。高柳らの改憲不要論についても「改憲論の別働隊にすぎないとのみ見るのではなしに」、その役割を「評価し、利用してよいのではないかと思う」という。さらにもう一歩踏み込んだのが法社会学者の渡辺洋三である。高柳の立場を「解釈改正論者」としながらも、「立法改正に反対し、それを阻止するに役立っているというかぎりで、一定の進歩的役割を担っていることは護憲運動の側から評価されねばならない」という。ただし、渡辺も手放しで高柳を評価しているわけではなく、「高柳理論は、決して護憲の理論でなく、明らかに改憲の理論」であり、「解釈改正＝なしくずし改正は、そのあらわれ方が立法改正のようにドラスチックでないだけ、いっそう危険であることも注意すべきである」とむしろ警戒を強めている。このような渡辺であるが、次の指摘にわたしは注目したい。「憲法は、憲法だから守るのでなく、それがわれわれの生活の信念に合致するものであるからこそ、そのかぎりで、これを守るのである。すなわち、正当性の価値の基準は、われわれの信念の中にあるのであって、憲法の中にあるのではない」。

『六法』に印刷されてわたしたちの前にある憲法、つまり日本国憲法という憲法典よりも上位に国民の意思をおく。その意思こそが憲法の源泉である。実際にはそれがフィクションであれ、主権者である国民が憲法を制定したとするのが近代立憲主義である。渡辺がいっていることは、ごく当たり前のことである。それをさらに展開すれば次のようになる。「平和主義すなわち軍備放棄は、憲法にそう書いてあるから、われわれは、それを守るのであろうか。そうではない。日本が現在軍備を持つべきでないということは、憲法にそう書いてあろうがなかろうが、それが日本の国民の真に平和な生活を保障するみちであることを、われわれが信ずるがゆえである」。「日本が軍備を持たないのは正当であるということは、決して憲法九条がつくりだしたものではない。その正当性は、法以前の、国民の生活の中からつくられたものであり、その中に基礎をおいている」。

法典としての日本国憲法は決して聖典ではない。その解釈も裁判官や憲法学者に全面的にゆだねられるものではないとわたしは思う。近代立憲主義の当たり前の原則を憲法の平和主義にも適用すれば、渡辺のことばのようになるだろう。かつて、フランス革命の時代にエルネスト・ルナンは「国民とは日々の国民投票である」といったが、憲法も国民の意思によって支えられ、運用され、必要とあらば変更されるのが当然である。第九条も「日々の国民投票」によって解釈されるべきものだとわたしは思う。

「私が総裁の間は改正はしない」と池田は、憲法調査会の最終報告書の完成が近づいていた一九六三年十一月十四日、記者会見でいいきった。この内閣憲法調査会は憲法改正にはつながらなかったものの、さまざまな議論を巻き起こしただけで存在価値は十分にあった。ただし、それがその後、十分に生かされたかどうかは別の話である。

(二)　高柳賢三の社会学的憲法論

憲法調査会長をつとめた高柳は、改正には消極的だったが、それでも調査会を批判した護憲派からは、いくぶんかの評価とともに、警戒心をもって受けとめられた。もう少し、高柳の憲法論をみてみよう。

憲法についての高柳の考えかたは「憲法第九条＝マニフェスト」論である。その特徴は、憲法を「生きた憲法」と捉えるところにあり、「社会法学者の法の考え方」ないし「憲法の政治学的な考え方」に立つところにある。そして、「第九条は現在の世界では直ちには実現できないが、各国の向うべき正しい方向を示した内外にたいする重要な政治的宣言」としている。憲法調査会に提出した意見書では、「日本の防衛について完全非武装でゆくべきか、あるいは若干の軍隊をもつべきか、もつとすれば、どの程度にすべきか等の問題は、国際情勢とか国力とかにてらして、慎重に考慮さるべき政策の問題」であるにもかかわらず、「憲法第九条の規定のために、多角的に論議さるべき複雑な政策の問題としてではなく、憲法問題として、〃イエス〃〃ノー〃と簡単にわりきらるべき問題として」論じられていた。このように、憲法を解釈するには「純文理的解釈方法」でなく、「社会学的解釈」が必要だとして、そこから第九条が完全非武装を規定しているとする解釈をしりぞける一方、第九条を「政治的宣言」

と位置づけることで、改正論にくみすることはせず、「具体的な政策の問題として慎重な討議を行なうべきである」という。

高柳のような考えかたは、たしかに解釈改憲に道を開くものであるが、明文改憲がむずかしいから当面は解釈改憲でいくという姑息なものとは必ずしもいえない。このような非改憲論は、実質的には護憲論に近いといえるのではないか。渡辺がいうように、「軍備をもつべきでない」と国民が信ずるならば、第九条の文言やその文理解釈がどうであれ、国民は、実際には軍備を保有しないか、あるいは実質的に保有しないのと変わらない政策を求めるだろう。軍備をまったく持たないとまではいかない場合でも、その運用をきわめて限定するにちがいない。

高柳は、自力防衛にも国連の集団安全保障体制への参加にも反対するわけではない。しかし、憲法の前文および第九条に掲げられた平和主義の理想はあくまでも維持すべきものとみて、改正には慎重である。「将来においては、各国が戦力を放棄するという方向に向かわなければならないという考え方が要請されるのであり、第九条はこのような方向を指示するものである。（中略）現行国際法からすれば、憲法の明文のいかんにかかわらず、自衛権は存在するという議論は正しいが、第九条に含まれている理想的な他の一面をも無視すべきではないと思う」。

直接的な改正の是非そのものをめぐる議論ではなく、憲法解釈のあり方に踏み込んだのが高柳であった。報告書から引用しよう。

自衛隊の合憲性をめぐる従来の憲法論争は、文理的・論理的解釈方法の基礎の上に立つものであった。しかしながら、純学問的立場から考えれば、第九条は一つの政治的宣言であると解釈すべきである。

すなわち、憲法については、文理的解釈よりも社会学的解釈が優位を占めるべきである。すなわち、第九条に関連する社会事実としての現段階における国際社会の現実は、無視することはできないのであるから、第九条は一方的完全非武装を規定するものであるとする解釈は、文理的解釈としては正しいように見えるが、国際政治的良識に反する。しかし他面、核兵器時代においては、世界各国が第九条第二項と同じ態度をとり、その安全保障を世界平和機構に任せることが正しい理想である。第九条は、右のような、直ちには実現しえざる理想をかかげた憲法規範であると考えるべきであり、その意味で政治的宣言である。

第九条を政治的宣言とする解釈の下では、第二項の文字にかかわらず、自衛権は完全に留保されており、また自衛軍を保持することも可能であり、したがって、防衛問題は、憲法解釈の問題ではなく、政策の問題として論ぜられるべきである。

このように考える高柳は、第九条の改正は「現状に照らして不必要であるばかりでなく、政治的に賢明な措置とは考えられない」と結論づける。「国内的、国際的に好ましからざる波紋をもたらす」ような改正をめざすのではなく、「今日必要なのは、国民が第九条の理想の実現について、観念的ではなく、具体的な構想を検討することである。そして、それによって第九条の正しい解釈がおのずから定まっていくであろう」というのが高柳の憲法論であった。

㈢ 丸山眞男の憲法論と平和論

六〇年安保の先頭に立って岸を批判した政治学者の丸山眞男は、憲法とその平和主義についてどう考えていたのだろうか。憲法調査会の報告を受けて丸山は、憲法問題研究会で「憲法第九条をめぐる若干の考察」と題する報告をおこなった。そこで丸山は、調査会の報告書に対する警戒感を示しているが、同時に第九条の平和主義については、政策の方向性を決定する現実的な規定と位置づけた。丸山は、「政治宣言的規定が、世界の憲法を見ても、少なからずある」ことを認めつつ、それを「どういうふうに現実の政策決定と関係づけるかという論理」を重視した。政治的宣言という高柳の理解を一歩すすめて、現実の「政策決定の方向性を現実に制約する規定である」とし、「憲法遵守の義務をもつ政府としては、防衛力を漸増する方向ではなく、それを漸減する方向に今後も不断に義務づけられている」というところにまで踏み込んだ点は、高柳とはいささか違うところであろう。

それにしても、ここで考えてみたいことは、丸山の九条論と高柳の憲法論との距離である。憲法をめぐって対立する陣営に属していた高柳と丸山は、意外と近いところに立っていたのではないだろうか。わたしには、第九条を「より高次な人類的立場からの理念」ととらえる一方で、防衛問題を「具体的な政策の問題として慎重な討議を行なうべきである」とする高柳と丸山のあいだで建設的な対話が可能だったように思えるのである。丸山は、「政治的な選択というものは必ずしもいちばんよいもの、いわゆるベストの選択ではありません。それはせいぜいベターな選択であり、あるいは福沢諭吉のいっている言葉ですが、『悪さ加減の選択』なのです」といっていた。究極的な理想状態の実現は遠い先だとしても、当面の政策課題として「悪さ加減の選択」をめぐる議論は、むしろ必要だろう。そう考えると、護憲と改憲のあいだにもうひとつ加え、三つの立場があったとみることができるのではないか。つまり、原理的護憲論と原理的改憲論のあいだに、現実的護憲論を入れるのである。丸山は護憲派であるが、原理のみにこだわっていたわけではない。高柳は現実の問題としては改正に慎重だった。これらを現実的護憲論とくくってはどうだろうか。

そのあたりの可能性を丸山の友人の竹内好（中国文学研究者）が示唆している。「自民党議員の間でも、改憲不要論が相対的に比重をましているらしい」とみていたが、興味深いのは、「護憲派の方も、この政府の低姿勢に毒気をぬかれたせいか、すこぶる意気があがらない。憲法調査会が活動している間は、散発的に宣言や声明を出したりしたが、その後は鳴かず飛ばずだ。奇妙な両すくみの状態がつづいている」と観察していることである。そして、「憲法を条文において見るのでなく、その精神と実態において見るならば、憲法問題は絶えず日常的に存在している」と述べている。

こういうときだからこそ、「日常的に存在」する平和と安全の問題として、憲法と政策をめぐる議論ができたのではないだろうか。現実的であることと平和主義的であることは二律背反ではないはずだ。高柳や丸山のように憲法を考える者たちのあいだに、政策をめぐる対話の機会をつくりだす可能性はなかったのかと想像をめぐらせてみたいのである。そうした対話がいくらかでもあれば、その後の憲法論議も、ひいては安保・防衛論議も、ずいぶんと違うものになっただろう。これはないものねだりの空想ではないと思うのだが、そうした機会はやって来なかった。めざすべき理想という高柳の論理が改憲派陣営でそうであったのと同様、現実政策と理想との関係づけの論理を重視する丸山の発想も、護憲派陣営のなかでそれ以上議論されることはなかった。

憲法調査会は、原理主義的発想で改正を求める者には無駄に終わったが、護憲・改憲の二分法には収まりきらない議論がありうることを示したところに意義を見いだすことができるのではないか。自衛隊や日米安保については、実際の運用面での改善をはかりつつ、当面は最小限度を維持し、将来実現すべき方向についての議論をする可能性があったと思うのである。

そのような機会はおとずれることなく、改憲対護憲という二項対立のままに終わった。その責めは、平和主義を堅持しつつ現実的であるためにどうすればいいかを十分に考えなかった護憲派が、より多くを負わなければならない。丸山がいうように、政治とは「大勢の人間の毎日の散文的な要求に答え」るものだろう。そのための「悪さ加減の選択」をくりかえしつつ、すこしずつでもより良い方向をめざして前進するほかないのだから。丸山はかつて「『である』ことと『する』こと」と題する論文を発表し、日本では「である」ことを重視する傾向が強いが、たいせつなことは何かをすることだと主張した。このことばを借りていえば、平和主義「である」ことに終始し、「する」ことを軽視したといえるだろう。

「する」ことを重視する議論は、保守系の論者が積極的に提起するようになる。六〇年安保後の沈滞ムードのなか、「論壇」と呼ばれる世界にも転換期がおとずれる。時代の波がやってきたといってもいいかもしれない。それがいわゆる「現実主義」の台頭である。講和をなしとげ、日米安保条約をむすんだ吉田茂のそれまでの評価を逆転させ、戦後日本の復興をなしとげた立役者と持ち上げた高坂正堯、永井陽之助のふたりの国際政治学者を紹介したが、このふたりだけではない。高度経済成長の真ったただ中で地殻変動とでもいえそうな大きな変化が知識人の世界でもおこった。それが七〇年代半ば以降の日米防衛協力の時代を用意する。時代は変わる。

第３節　自衛隊と三島由紀夫

(一)　準自衛官・平岡公威

「……自衛隊にとって建軍の本義とはなんだ。日本を守ること。日本を守るとはなんだ。日本を守るとは、天皇を中心する歴史と文化の伝統を守ることである……」

「バカヤロ！　おりてこい」「おまえに何がわかるか」「ひきずりおろせ」

「おまえら聞けェ、聞けェ！　静かにせい。静かにせい！　話を聞け！　……いま日本人がだ、ここでもってたちあがらなければ、自衛隊がたちあがらなきゃ、憲法改正ってものはないんだよ。」

「諸君の中に、一人でも俺といっしょに起つ奴はいないのか」

「バカヤロー」「気違い」「そんなのいるか」

「一人もいないんだな。……俺の自衛隊に対する夢はなくなったんだ。それではここで、俺は天皇陛下万歳を叫ぶ」

（保阪正康『三島由紀夫と楯の会事件』）

三島由紀夫の最後の姿である。鉢巻を巻いたホテルのボーイのようにみえるが、三島自身が細かく注文をつけてファッション・デザイナーにつくらせた「楯の会」の制服に身を包んでいた。東京・市ヶ谷の陸上自衛隊東部方面総監室前のバルコニーで声を張り上げたが、集められた自衛官たちの怒号が飛び交うなか、拡声器もなく、取材のヘリコプターの騒音もあって、三島の声は遠くまでは届かなかったようだ。三島に浴びせられた言葉には、「チンピラ」「英雄気取りしやがって」「死んじゃえ、お前なんか」「日本は平和だ」といったものもあり、時に笑い声も混じるなど、共感が得られた様子もない。三十分の演説をするはずだったが、はげしい罵声《ばせい》のために、八分ほどで切り上げざるをえなくなった。バルコニーから垂れ下げられた「檄《げき》」も字が小さくて読みづらく、同じ内容を記したビラをまいたものの、束となって落ちただけで、広く読まれることはなかった。耳からも目からも三島の声は自衛官には十分に届かなかった。狙っていたような劇的効果をあげたとはいいがたい舞台を「天皇陛下万歳」でむすんで総監室にもどった三島は、誰にともなく「こうするより仕方なかったんだ」とつぶやき、人質として縛りあげていた益田兼利（東部方面総監、陸将）に向かって、「恨みはありません。自衛隊を天皇にお返しするためです」と言い残して、「楯の会」の学生長、森田必勝とともに切腹して果てた。

三島がまいた「檄」には次のようなことが書かれていた。

「楯の会」（三島が私財を投じてつくった学生を中心とする民兵組織）は自衛隊によって育てられたものであり、「自衛隊はわれわれの父でもあり、兄でもある」。その自衛隊は憲法解釈上、「違憲であることは明白」であり、憲法改正のために自衛隊に決起を求める。「経済的繁栄にうつつを抜かし」

ている日本の現状はまことになげかわしく、「自衛隊が自ら目ざめることなしに、この眠れる日本が目ざめることはないのを信じた。憲法改正によって、自衛隊が建軍の本義に立ち、真の国軍となる日のために、国民として微力の限りを尽くすこと以上に大いなる責務はない、と信じた」のだった。最後に三島は、「共に起って義のために共に死ぬのだ。日本を日本の真姿に戻してそこで死ぬのだ」、「今からでも共に起ち、共に死のう」と自衛官に呼びかけた。

このように三島はもっぱら死を強調して、行動をともにする者を求めた。三島の死は、多くの人によってさまざまに語られてきたが、ここで考えたいのは、自衛隊との関係であり、その思想的、政治的な意味である。一九六六年の作品「英霊の声」では「などてすめろぎは人間となりたまひし」と恨みのことばを昭和天皇に投げかけて、右翼に脅迫された三島であるが、他方で、生命を超える存在を求め、六八年の「文化防衛論」では「文化概念としての天皇」論を展開した。その結論部分では、「天皇と軍隊を栄誉の絆でつないでおくことが急務」だとしていた。自衛隊が天皇を戴く国軍になるための「行動及び行動様式」が、憲法改正のための決起、すなわちクーデターへとつながる。しかし、これは「文化概念としての天皇」からの論理的帰結ではなく、三島自身の行動が完結する地点、すなわち切腹から逆算して描いた構図であるように思われてならないのだが、ともあれ三島は、死に場所をみつけようとするかのように自衛隊にのめりこんで行き、市ヶ谷のバルコニーにたどり着く。

六〇年安保騒動の直後に、二・二六事件を題材とした短編「憂国」を書いて作家としての方向転換を開始した三島は、一九六七年、久留米陸上自衛隊幹部候補生学校、富士学校教導連隊、習志野空挺旅団に本名の平岡公威の名で体験入隊を果たす。期間は四月十一日から五月二十七日までの四十六日間であった。内規では体験入隊は二週間が限度となっていたため、あいだに休暇を入れることで形式的に二期にわたるが、いずれにしても異例の長さである。三島の体験入隊は事務次官や防衛庁長官の了解を得ての特別待遇であった。三島に対する破格の待遇の例として、三島の寝泊りのために中隊長室を明け渡して提供したこと、通常は許されない幹部レンジャー課程への入隊が認められたことなどがあげられる。

しかし、問題はその先である。山本舜勝（陸上自衛隊調査学校情報教育課長）との関係はただの特別待遇を超えるものとなる。三島が憲法改正のきっかけとしたいと考えて関心をいだいていた間接侵略を山本も重視していた。山本は当時、七〇年に迎える日米安保条約の延長をひかえ、隊員の情報教育の責任者であった。その現役の幹部自衛官が民間の任意団体にすぎない楯の会の「軍事訓練」を指導するようになる。現在ではとうてい考えられないことが当時は平然とおこなわれていたのである。山本によれば、「三島への協力は自衛隊が認めたものであり、同行する部下たちには食費が支給されていた」という。これでは半ば公務ということになるが、マスコミに報道されるまでは「部外秘」とされていた。

三島は特別待遇のもとで体験入隊をくりかえしただけでなく、ともにクーデターに決起する自衛官を求めた。自衛官との接触がふえるなかで、三島の考えは自衛官に浸透していったようだが、期待したような反応はなかなか返ってこなかった。三島が誘いをかけた幹部はそろって、クーデターに加わる意思のないことを三島に伝えている。のちの陸上幕僚長・冨澤暉は、数人の自衛官と三島と食事をともにした際に、クーデターへの誘いに対して「それはね、三島さん、できないんです。われわれはともかく役人なんで……」「ご一緒することはできません」と拒絶した。クーデター計画への参加をことごとく断られたものの、楯の会は自衛隊市ヶ谷駐屯地のバルコニー前で訓練をおこなうようになり、自衛隊との特別な関係は最後までつづいた。外務省に勤務していた三島の弟の協力もあって、三島は首相官邸への出入りさえも可能になっていた。一方で自民党は、三島を参議院選挙にかつぎだそうとするなど、政治的に利用しようとしていた。

あまり知られてはいないが、三島は一九六八年十一月に防衛大学校で講演をしている。防大生にむかって、「将来国を背負って立ち、そして国のために殉じる武人として生きる」ことを説いた。戦後の日本が国家目標をなくし、国民も使命感を持たず、小市民的になったという嘆きやいらだちがそこにあらわれていた。三島は、自衛隊に体験入隊したおりにみた自衛官募集のポスターに、「自衛隊に入って、君も幸せになろう」と書かれていたことに触れ、「私はこれを見た瞬間に烈火のごとく怒った。武人というものは国家を守る栄誉のために死ぬ」のだと力説した。ここでいう「国家を守る」は、決して国民の命や暮らしではない。檄にあるように、「日本を守ることとは、天皇を中心とする歴史と文化の伝統を守ること」である。楯の会の小賀正義に宛てた最後の「命令書」は「皇国再建に邁進せよ」でむすばれている。

一年前（一九六八年）に東京を騒乱状態におとしいれた十月二十一日（一〇・二一国際反戦デー）がふたたびやってくる。三島は当初この日をクーデター決行の日と想定した。全共闘運動の高揚とともに、ベトナム反戦運動も高まり、新左翼各派は競うように行動を過激化させていた。この日は学生と労働者による闘争が神田や国会周辺、銀座などで同時多発的に展開され、山手線は運転を取りやめるほどであった。新宿駅周辺はとりわけ騒然とした雰囲気につつまれ、深夜にいたって、ついに騒乱罪が適用された。三島は楯の会の会員をあちらこちらに派遣し、デモ隊に潜入するなどして、状況を把握するよう指示していた。三島と山本も街頭にくり出し、その目でみてまわった。三島のクーデター計画は、警察の力ではデモをおさえることができず、自衛隊に治安出動命令がくだることがその前提であった。しかし、学生や労働者の力量がすでに低下しはじめていたこと、反対に警察のほうは人員の増強と周到な準備をしてこの日にのぞんだことによって、「革命前夜」的状況をつくり出すことをめざした街頭闘争は、敗北に終わった。

革命運動の敗北は三島にとっても敗北であった。警察力で対処できるのならば、クーデターの引き金となるべき自衛隊の治安出動の機会はないからである。「十月二十一日という日は、自衛隊にとっては悲劇の日だった」と檄にあるのはこのことを指している。首都を揺るがした一日ではあったが、山本はむしろ安堵の気持ちを抱いてその日を終えた。大きく盛り上がった闘争にみえながら、山本はその限界を確実に見抜いていたからである。

都市機能が大きく破壊されない限り、地域社会に明日がある。確かに『国際反戦デー』の闘争は、首都を大きく揺るがしはした。だがそれは、闘争に係った者たちの生活空間における闘いではなく、ひとつの設定された状況の中での闘いであり、従って、生活空間の決定的破壊という状況は起こり得べくもなかったのである。決定的破壊が起こらなかった以上、明日は確実にめぐって来る。明日がある限り、社会の秩序は崩壊することがない。デモの中の大衆も、一夜明ければまた通勤者として日常生活へ還って行く。地域の共感を得られない全共闘の闘いは、その場では確かに大衆を巻き込んでいるかに見えても、己れの生活空間に根ざさない闘いである以上、やがて浮きあがって、闘争を継続拡大させることはできない。（山本『三島由紀夫・憂悶の祖国防衛賦』）

まさしく慧眼というべきだろう。山本は「この情勢では、まだ自衛隊の治安出動はあり得ない」ことをすぐに見抜いた。だが、三島は違った。体制の危機、すなわち三島にとってのチャンスは、すぐそこまでやって来ている、と三島の目には映った。山本は三島との違いを「軍事行動や情報心理戦争、民間防衛などに関する意識や経験の差」だという。早い話がプロフェッショナルとアマチュアの差である。「準自衛官」を自負した平岡公威の目は、過激派左翼と同じく、アマチュアの域を出なかった。

はじめのうちは三島のことを「カモがネギをしょってきた」と喜び、願ってもない広告塔として利用してきた自衛隊上層部は、すでに三島をもてあますようになっていた。失意のうちにありながらも、三島は十一月三日に楯の会の創設一周年記念式典を国立劇場の屋上でおこなった。三島が理事に名を連ねていたとはいえ、国立劇場は文部省の管理下にある文字どおり国の施設である。三島は自衛官をともなって劇場管理者に面会し、「自衛隊が、記念パレード挙行のために屋上を使用したい旨、私に申し込んで来たので宜しく頼みます」といって承諾を得ていた。各界からの招待者を前におこなった約七十人によるパレードの観閲者は、元自衛隊富士学校長の碇井準三・陸将であった。碇井は旧陸軍出身で、陸上自衛隊幹部学校長も務めている。

事件後に陸上自衛隊がおこなった内部の「影響調査」によれば、檄に示された考えかたに共鳴すると答えた自衛官が大半にのぼったという。演説時に三島に浴びせた罵詈雑言《ばりぞうごん》だけから判断することはできないのかもしれない。体験入隊では本名をつかったが、檄文の署名は、作家としての筆名の三島由紀夫であった。三島の最後の行動と死は、作家としての最後のパフォーマンスだったということなのだろう。そういう意味で、個人的な死であった。

(二) 治安出動

三島と深い関係を持った陸上自衛隊は、治安出動をどう考えていたのか。陸上自衛隊幹部学校にそれをさぐってみよう。三自衛隊にそれぞれ設置されている幹部学校は、部隊経験を積んだのちに高級幹部になるための学校である。「陸軍と帝大が国を誤った」という吉田茂のことばにもあらわれているように、陸軍は戦後、「悪者」扱いされてきただけに、陸上自衛隊は旧軍との関係にはとりわけ神経をつかっている。旧軍には空軍はなかったため、戦後に誕生した航空自衛隊は旧軍についてはいささか無頓着であり、陸軍の責任ばかりが問題視されてきたこともあって、海軍関係者には戦争についての責任意識が薄い。そういうこともあって、海上自衛隊は旧海軍ときわめて密接な関係にある。三自衛隊のあいだにはこのようなはっきりとした違いがある。

さて、自衛隊法第三条は、「国の安全を保つため、直接侵略及び間接侵略に対し、わが国を防衛すること」を自衛隊の主たる任務と定め、第七十八条で「間接侵略その他の緊急事態に際して、一般の警察力をもっては、治安を維持することができないと認められる場合に」自衛隊の出動を認めている。間接侵略とは、武力を直接もちいないで、相手国の反体制派などを利用して破壊活動などをおこなうことであるが、このような間接侵略への対処も自衛隊法に定められている。六〇年安保は、陸上自衛隊にとって間接侵略研究の大きな契機となった。過激化する左翼学生運動や七〇年安保に備えるという目的をもっていたことはいうまでもない。間接侵略があれば自衛隊に治安出動命令がくだされ、これに対処するわけである。

治安出動はむずかしい。なぜなら、六〇年安保のときに問題になったように、国民を侵略から守ることを任務とする自衛隊にとって、治安出動はその国民への敵対行動であって、精神的に非常にやりにくいものである。自衛隊はここで思想的、精神的な問題と向き合わざるをえなくなる。旧軍との思想的な連関・継承もここでとらえることができるだろう。安保条約の期限は十年と定められており、六〇年代も後半に入ると、七〇年には条約を延長するかどうかに社会の関心があつまっていた。政府は、そして陸上自衛隊も、六〇年安保闘争の再現となることをおそれていた。

自衛官の任務は何であり、職務上の忠誠心は何に向けられているのか。国民を守るのか、国家を守るのか。国家とは時の政府のことなのか、あるいは国家体制のことなのか。今の日本をふくめて近代国家のことを国民国家（nation state）と呼ぶが、そうはいうものの、国家と国民はつねに一致し、一体化しているわけではない。国家と社会、政府と国民は、しばしば対立関係になるものである。治安出動は、こうして自衛隊の存在そのものに根源的な問いをつきつけるものとなる。

陸上自衛隊では六〇年安保をきっかけとして、間接侵略をめぐる論議がまきおこった。なかには日本に対する直接侵略の可能性は低く、それよりも冷戦を背景とする間接侵略にこそ力を注ぐべきだという意見もあった。陸上自衛隊幹部学校の校長をつとめていた新宮陽太が同校の事実上の機関誌『幹部学校記事』一九六二年一月号掲載の「年頭所感」でこの間接侵略重視を展開すると、にわかに論争がおこった。「間接侵略に対する処理さえ適切であれば、直接侵略の可能性はないとまで言える」という新宮に同調する者もいたが、直接侵略の可能性を否定することに異議をとなえ、「直接侵略のため準備された在来型の軍隊が、そのまま間接侵略に対抗できないこと」を指摘し、直接・間接の両侵略という「複合任務に対処しうる新しい形の軍隊への衣替え」を訴える意見もあった。

新宮と同じく旧陸軍元大佐で幹部学校長もつとめた岸本重一も間接侵略重視を是としながらも、「間接侵略に対しては、民防が主役であり、民防体制の整備こそ、最重点的に施策されなければならない」と、間接侵略論の弱点を指摘した。「民防」とは民間防衛（civil defense）のことであり、一般に、戦争などの際に民間人の手で国民の生命や財産を守る活動をいう。しかし、岸本は、民間防衛の態勢を整えることなく「間接侵略対応が、あたかも、自衛隊の専任任務であるかのごとき、錯覚に陥っているやに感ぜられる」と、新宮の間接侵略重視論に不満を述べている。当時にあっては民間防衛の組織や活動は望むべくもなかったが、三島の当初の構想は民間防衛組織をつくることであった。

一九五〇年代後半からの冷戦の雪解けムードやその後の米ソの核ミサイル競争による相互抑止など、戦争の可能性や戦闘の様態が大きく変化しようとしていた時期だけに、陸上自衛隊も手探りがつづいていた。六〇年安保のような事態がふたたびおこることを懸念しながらも、一方で、「あの騒動といえども、所詮あれまでだった」と、その限界を冷静にみすえる者もいた。六〇年代前半の陸上自衛隊幹部学校では、日本に対する侵略の可能性として、間接侵略をめぐってこのような論争がくりひろげられた。

間接侵略への直接的な対処が治安出動となる。間接侵略をめぐる議論はやや抽象的であったが、治安出動となると話は具体的になる。新日米安保条約の調印直後の六〇年二月、杉山茂・前陸上幕僚長は幹部学校での講義で、「現在の日本の国情において、治安が乱れ外国の教唆扇動によって大規模の騒擾《そうじょう》が起こった場合、仮に自衛隊が出動したという時に、いかに行動するかということについてはいろいろむずかしい点がある」と、安保闘争を予感しているかのように指摘した。この点、服部卓四郎（元大佐）率いるいわゆる「服部グループ」の一員でもあった井本熊男（元大佐）も「間接侵略に対する場合には、武力を背景とする権威によってその目的を達することを理想とするが、直接侵略に対する場合と同様な行動に出る外に方法のない場合」もあると、苦渋をにじませた発言をしている。「直接侵略に対する場合と同様な行動」とは、反乱を力で鎮圧することを意味している。

一九六六年三月、陸上幕僚長の天野良英は、「時まさに日・米安保条約期限十年の後半期を迎え、内外多くの要因とあいまって、この論争がますます激化するものと予想されるところである。また四年後には、一九七〇年危機として、世上一般に憂慮されている年がやってくる」ことから、「陸上自衛隊の使命いよいよ重きを痛感」しているとの訓辞を述べている。六〇年安保闘争の再現となることを懸念しての発言であり、念頭にあるのは戒厳令のようである。「政府が政府自らの責任において、現行法制の制約をふみこえて非法の手段に訴えざるをえないことがある。そして治安出動した自衛隊が自衛隊法には規定されていないことを行なうよう政府から命ぜられるかも知れない」という。

治安出動の際に問われるのが、自衛隊の忠誠心は何に向けられているかという問題である。議論は必然的に自衛隊の精神的バックボーンに踏み込むことになる。

㈢ 自衛隊の存立基盤

元旧陸軍大佐で幹部学校長もつとめた井本熊男の発言からこのあたりをさぐってみよう。まず、六〇年十一月に自衛隊の高級幹部が皇居で天皇に「拝謁して有難いお言葉を賜った」ことは、「わが国自衛隊と国民尊敬の中心である天皇陛下との関係が正常に保たれようとする端緒が作られたものとして、きわめて重要な意義を有する」という発言に注目したい。自衛隊が守るべきものは何なのか。井本の答えには三島に通じるものがある。「陸上自衛隊は本質的に軍隊であらねばならない」のであり、そのためにも自衛隊は「迎合でない啓蒙の態度」をとるべきであり、「特に指導的立場にある人々を啓蒙し、その人々の認識と決意を喚起する」ことが現状打開に必要だと井本はいう。自衛隊が政治家を啓蒙するとは、どういうことだろう。

自衛隊の性格規定について、井本と異なる見解を披露したのが、次に校長の座に就いた新宮陽太である。戦前の陸軍士官学校、陸軍大学でそれぞれ井本より一期ずつ下であるが、「自衛隊、特に陸上自衛隊は、近代の日本が生んだ軍事組織の非常に立派なもの」だというのが新宮の見方である。

「自衛隊は軍隊である」と、簡単に割切る人もおるようですけれども、私は「軍隊は軍隊でも、単純な軍隊ではない。本当に国民と一体化することを、誇りとする軍隊である。また、そうでなければならない」と思います。すぐ憲法改正、再軍備というようなことを私共は希望しますけれども、それよりも「今の、あるいは進みつつある自衛隊の行き方、将来の自衛隊の姿というものは、全世界においてもまれにみる、あるいは唯一の立派な組織、国民と一緒に歩くという立派な組織で、これはドイツにもなければソビエトにもない、アメリカにもない、日本独特の組織であり、これこそは、我々の誇りである」と私は思っております。

昔の軍隊を夢見るという言葉がありますが、私は一向に昔の軍隊を夢見ません。自衛隊こそが近代的な軍隊であり、近代的な部隊であるという感じを持っていますが、これが私の七年間における部隊経験の結論であります。

旧軍出身でありながら、旧軍の発想にとらわれない新宮のこの発言は、幹部学校長の「着任の辞」である。その年の入校式では、次のように訓示している。「防衛出動、治安出動、民生協力と、多角的な使命を有し、戦力なき軍隊と評されるわが自衛隊こそ、もっとも新しい時代に即応した軍隊であります」。こうして新宮は、旧軍に復することを夢見る高級幹部が多いなかで、これを明確に否定し、「新時代に先駆する新たな軍隊、世界に冠たる栄光に輝く自衛隊」と自賛する。新宮は国民との信頼関係をとりわけ重視し、国民と一体となってはじめて真の国防態勢が確立することを強調する。自衛隊が国民にとって「生活の必需品的なものにまでならなければ、全国民的支持はえられない」という新宮の認識を支えていたのは、「満州や北支で共産軍に対した時に、いわゆる単純な軍隊的なやり方では、有効な対抗はできなかった」戦前の経験である。今日の自衛隊が、東日本大震災のときの活躍にみられるように、主に災害派遣を通じて国民の信頼を得ることを予言するかのようである。

そんな新宮であるが、このような考え方への反発が生じたのは、当時の自衛隊にあってはむしろ当然だろう。「いたずらに国民に迎合するばかりでなく、逆に国民を指導し、ＰＲし、国防の重要性を認識させる積極的な対策」を求めるといった反論が寄せられたが、驚くべきは、荒木貞夫である。荒木は、一九三六年に二・二六事件をおこした「皇道派」のシンボル的存在であり、戦後はＡ級戦犯として極東国際軍事裁判で終身刑を言い渡され、五五年に仮釈放された。その荒木が目を疑うようなことをいっている。「昭和二十年八月十五日の第一線および銃後の情況は、用兵上から見て作戦は必ずしも有利ではなかったが、決戦はしておらず敗戦の情況ではない」。「当時のごとく第一線の志気《ママ》崩れず、銃後なお闘志旺盛である時、敗戦はない」。「わが統帥部は本土決戦に自信を持ち、その準備に怠りなかったので、必勝を期しておった。ただ敵国が戦争法規の精神を破り、原爆を投下し、無辜《むこ》の多くの市民にみるに忍びない惨禍を与えたので、言わば戦争のルールを破ったゲームに対しゲーム中止となったようなもので」「戦争の勝敗は未決のまま、大御心で戦いは止んだ」。まさに開いた口がふさがらないが、これにとどまらない。「今こそわが国体の本義に徹し、その護持に努力し、真に天皇統治の本質を明らかにし、これを実行すれば、今日の防衛の第一義すなわち冷戦から防衛することが十分にできる」というのである。日本国憲法に対する批判も飛び出す。「日本国憲法は明治欽定憲法違反」であり、「今日のわが国の思想始め一切の混乱は、皆この新憲法によって災いされているとも云うことができる」。

このようなものが新宮にぶつけるように『幹部学校記事』（一九六二年一月）に掲載されたことは偶然とは思えない。陸上自衛隊のなかに荒木のような考えを持つ小さからぬ勢力が存在していたことを示すものとみて間違いないだろう。

憲法に対する不満は『幹部学校記事』にくりかえし登場する。「わが国の、防衛力整備上、最大の障害は、国防基盤の薄弱にあり、その根源が、現憲法にある」（岸本）といったものである。六〇年安保のときに陸上幕僚長をつとめた杉田一次も「自衛隊に対しては、諸外国と同様の使命、任務を付与しながら、新憲法の条項からして、自衛隊に対し大きな制約を課し、軍隊たるの諸条件を具備せしめるに至っていない」と不満を述べている。

杉田と同じく東部方面総監から幕僚長になった大森寛も幹部学校の講義のなかで、「自衛隊の生い立ちは、特異な性格」を持っていることなどから、「自衛官の精神的支柱が必ずしも明確でない」ことを憂えた。大森は、国防という「使命の源というのは、日本の歴史に糸を引いておる」、つまり、「憲法以前の問題である」という。これは単に素朴な国家観から来るのか、憲法解釈論争に惑わされることなく任務に精励せよという意味なのか、それとも日本国憲法を否定する意図をこめているのか。大森は別のところで、「憲法との関係についても日本の歴史は憲法以前のものであるから、われわれの任務、われわれの使命の源というものは憲法以前」と述べている。自衛隊の存立基盤は日本国憲法にはないということである。憲法に基礎づけられないということは、憲法が求める価値観にしばられないということにもなる。これもやはり、三島の自衛隊論にずいぶんと近いものだ。

このように、戦前の思考と戦後的な価値観とが交錯するなか、旧軍的なるものの復活を目指す動きは根強いものであった。一九六四年七月から二年間校長を務めた竹下正彦は、陸軍中佐で終戦を迎え、警察予備隊に入隊した経歴を持つが、次のように回想している。自衛隊には「旧軍的行き方に、積極的に米軍的行き方を摂取しようという考え方」と、反対に米軍式を否定して旧軍式に戻そうとする考え方とがあり、この両者は「自衛隊戦術思想の対立した底流」であり、保安隊時代にまでさかのぼる。竹下は基本的に後者の立場に立ちつつ、「われわれの愛する旧陸軍は、有史未曾有の大戦争を闘って」敗れはしたものの、「今再び起ち上がらんと」しているというのである。

竹下は入隊当初は、イデオロギー的な側面からは離れて、「純粋な兵術分野で応分のご奉公をしたいと志していた」という。「旧軍では、立派な将校というものは、なるべく年少の時から、将校たるべき特別教育を受けさせることが必要だという考え方に立っていた」結果、「教養が低く、視野が狭く、頑迷な思想の持ち主となってしまった」とする吉田茂の考えが、防衛大学校の「建学の中心思想」となっていた。「吉田氏の考え方を支持していながら、何か割り切れぬものを残していた」という竹下は、師団長として赴任した福岡で、福岡自衛隊協力会長の佐藤篤二郎から吉田と正反対の意見を聞かされた。佐藤は、「真の武人は幼年の時から、そのように育てなければ、得られない」という考えをゆずらなかったという。佐藤は東京大学を卒業して九州電力の初代社長、福岡商工会議所会頭などを歴任した人物であり、職業軍人ではなかった。そういう人のなかにもまさに「旧軍的行き方」を強く支持する者がいたというエピソードであるが、退官を前に竹下があえてそれに言及したのは、そうした考え方に竹下自身がもどりつつあったからである。

一九六〇年代半ばの『幹部学校記事』では「先輩将帥に学ぶ」という連載記事を掲載しており、捕虜虐待の罪でBC級戦争犯罪人として処刑された岡田資や死刑判決を受けた後に終身刑に減刑された井上貞衛らの話もふくまれている。ちなみに竹下は、アジア太平洋戦争の降伏を阻止しようとしたクーデター未遂事件（宮城事件）の首謀者のひとりである。

これら校長の講話や回想の類のほかにも、「敗戦によって勅語、勅諭等の内容があたかも弊履のごとく捨て去られ、顧みられなくなった」ことを惜しむなど、旧軍の伝統を評価する趣旨の論考は、この時期にしばしば登場している。元少佐の井門満明は、「日本独自の戦略・戦術という声が、しきりに、聞こえる。だが、この掛声の下で行なわれる教育・研究の内容は、現代の諸条件のもと、国土において国を守るということとは無縁に、大日本帝国陸軍の教義が復活しているようにおもえてならない」と、「陸軍の教育の模倣再生」を感じとっていた。

旧軍を賛美する声の代表は、何といっても井本熊男である。自分の在任中に国軍ができることを期待して警察予備隊に入隊した井本は、戦後の「国民教育の偏向」や「誤りの多い議会制民主主義政治」の結果として「国防不在」を生んでいることを嘆いた。ここまではまだしも理解できるのだが、「旧軍は国民と一体的存在である面が多かった」というのはどうだろうか。一般の戦争体験者でこれに同意する人はほとんどいないだろう。

こうしてみてくると、三島とも共通点の多い歴史観、国家観、そして軍隊観がかなり根強いものであったことがわかる。また、直接言及したものは多くはないが、言葉の裏に天皇の姿が見え隠れするものも少なくない。さらにつけ加えれば、井本校長時代の一九六〇年暮れに、戦前、皇国史観を唱えた歴史学者の平泉澄（元東京帝国大学教授）が「歴史の正しい観方」と題する講義をしている。平泉は、「日本の今日の混乱は、日本人が誤って自信を喪失した所に始まり、その原因は、大東亜戦争を日本人自らが侵略戦争と誤って教え込まれ、これを信じた所にある。もし、日本人にして輝かしい過去の歴史に目覚め、その真相を悟ったならば、必ずや奮起するに至るであろう」と講じた。

一九六〇年代の前半は、まだ、このようなものが自衛隊に色濃く残っていた。しかし、井本や竹下らもまもなく退官し、六〇年代後半には、三島のクーデターの誘いに乗ろうとした幹部はほとんどいなかった。何かを始めようとしておこした事件によって、その意図とは反対に、それを終わらせる結果を招いた。一部の旧軍人の見果てぬ夢に引導を渡したのが、思想的に共鳴しうる三島であったのは皮肉な結末である。その後は、自衛隊によるクーデターの可能性は限りなくゼロに近づき、憲法改正も遠のいた。三島事件は一九七〇年代の幕開けではなく、六〇年代の幕切れ宣言となった。

一九七〇年代後半から本格的に日米防衛協力が始まり、日米安保体制はやがて「日米同盟」と呼ばれるようになる。三島の行動とともに三島のことばも過去のものになったが、その後もなお生きている、むしろ今日においてこそ問われるべきものが、少なくともひとつはあると思う。三島の最後の叫びのなかのこのひと言だけは、まだ過去のものになっていない。「諸君は永久にだねぇ、ただのアメリカの軍隊になってしまうんだぞ」。

三島は自衛隊を天皇に返そうとした。さもなければ、アメリカの軍隊になるという。天皇のものでもアメリカのものでもない自衛隊というのは、存在しえないのだろうか。そんなことはない。日本国憲法の精神に自衛隊の基盤をみいだすならば、自衛隊は国民のものとなる。

第6章 「日米防衛協力」の時代へ

第1節 戦争体験世代

(一) 戦争体験と「戦後」

衝撃的な三島由紀夫の事件に接して、人びとはどのように感じ、反応したのか。三島とは旧知の間柄で、かつては楯の会を援助する意向をもっていた佐藤栄作首相の口からでたことばは、「気が狂ったとしか思えない。常軌を逸している」というものだった。自民党幹事長の田中角栄は「バカもん」とつぶやいた。防衛庁長官の中曽根康弘は、「自衛隊員たちがずいぶんヤジったと聞いて安心」したものの、自衛隊のなかに三島の考え方への共感が少なくないことも知っていた。若手作家の丸山健二には、バルコニーで演説する三島がさかんに舌なめずりをしていたことが印象に残った。緊張して口のなかが乾いたのだろうと想像した。二年前にノーベル文学賞を受賞した川端康成は記者に囲まれ、

「こんなことは想像もしなかった。もったいない死に方をした」と述べた。やはり作家の吉行淳之介は「バカなことをした」と感じ、同じく石原慎太郎は「現代の狂気」と評した。三島と親交の深かった歌手の丸山（美輪）明宏は、三島切腹を伝えるテレビをみているうちに「やっぱり、ああ、とうとう……」と感じていた。ロシア文学者の亀山郁夫はこのとき二十一歳の学生だった。「当時の三島には、どこかグロテスクに浮いた感じがあって、友人同士の雑談ですら話題にしにくかった」、「（楯の会の活動などの）一連のパフォーマンスにも、時代錯誤、反時代的という以上の何かを感じることはできなかった」と回想する。冷めた目で事態の意味を的確にとらえていたのはやはり若い世代であった。ロックバンド「はっぴいえんど」を経て作詞家になる松本隆は、「六〇年代末のムーブメントが終わった。『これで時代が変わるなあ』って思った」という。亀山と同じく二十一歳だった当時を回想しての発言である。三島と同世代の作家、山口瞳は三島の死によって「昭和が終ったといってもいい」と書き、三島の存在を「戦後精神」の象徴とみていた文芸評論家の磯田光一は、その死によって「時代は確実に〝戦後以後〟に入った」と感じた（中川右介『昭和45年11月25日』、桶谷秀昭『昭和精神史戦後篇』）。

三島を戦後精神とむすびつけるあたりは、わたしにはやや奇異な感じがしないではない。しかし、昭和が戦争とむすびつき、戦後の日本が「戦後」を受け入れるかどうかで争っていたという一面があることはたしかである。では、戦後という時代がこのとき終わろうとしていたのだろうか。

日記にも「気が狂ったとしか考えられぬ」と記した佐藤栄作であるが、「天皇陛下万歳」を叫んで演説をしめくくった三島とひとつの大きな共通点がある。それは佐藤も三島と同様に熱烈なる皇室崇拝者だったことである。政治記者の石川真澄が一九七〇年四月に取材のなかで社会党に言及したところ、佐藤は次のようにいった。「社会党に政権が行くのはいっこうに構いません。……日本には天皇様がいらっしゃるからね。天皇様がずっとおいでになることで、日本という国家の継続性は保たれているのです。政権が交代して社会党に行っても、天皇様さえおられれば、何も困ることはありません」(石川『人物戦後政治』)。

佐藤は一九〇一年生まれ、三島は一九二五年の生まれである。時代背景や受けた教育からすれば、こうした考えを持ったとしても不思議ではない。人を世代で輪切りにするようなことはしたくないが、それでも、人は環境に左右されるものである。育った時代の刻印を色濃く残すことは否定しがたく、世代の特徴はやはり無視できない。「大日本帝国の『実在』よりも戦後民主主義の『虚妄』の方に賭ける」と宣言した丸山眞男がそうであったように、丸山を批判した思想家の吉本隆明も、ともにそれぞれの戦争体験をその後の自分の思想の基盤としていた。三島と同世代で一九九四年に首相となった村山富市も「戦争体験はその後の反戦・平和主義の原点になった」と政界引退後に回想している。

戦争のような辛い体験がその後の人生に大きな影響を与えるのは当然のことであるが、体験そのものは個人のものにとどまるものだろう。戦争体験者がその体験を語り、若い世代がそれを聞くことは意味のあることではあるが、体験を語り継ぐのは限界があるばかりか、必ずしも望ましいとばかりはいえないように思う。広島で原爆に遭い、心身ともに終生苦しんだ丸山眞男は一九八三年になってなお、「私は原爆体験をすでに思想化していると思うほど不遜ではありません」といっている。原爆体験の過酷さとともに、体験を思想化することのむずかしさをあらわしている。また、「『体験』をストレートに出したり、ふりまわすような日本的風土が大きらい」だともいっている。丸山は原爆の持つ「重たさ」を論じなかったことについて、こんな言い方もしている。「こればっかりは、もう無理に意味をでっちあげてもしょうがないことで、やっぱり自分の中にずーっと、こう……発酵させていくたまったものを発酵させる以外に、本当のものは出てきませんからね」。

このことばは哲学研究者の森有正をわたしに思い起こさせる。森は「経験」に重きをおくが、その経験とは「体験とは似ても似つかないもの」であり「体験主義は一種の安易な主観主義に堕しやすい」というのである。十年以上にわたりフランスで日本語を教えながら哲学の研究をしていた森は、日本から送られてくる雑誌などに接して「観念の遊戯と体験礼賛との両極のあいだを右往左往している観がある」との印象をいだいていた（森『遥かなノートル・ダム』）。

森がこのエッセイを発表した一九六五年に新聞紙上でこんなやりとりがあった。五十六歳の主婦がおこした波紋は、論争と呼ぶにはあまりに小さいが、その中身は重要である。「そろそろやめたい『戦後』」という表題がつけられたその投書は、事故などの報道のさいに、新聞やテレビは「戦後二番目に大きい事故」などの表現をもちいる。「一体いつまで使うのか、と少々抵抗を感じて」いたその主婦は、若い世代は戦後という「一線」をはっきりと知らない者も多く、「戦後も早くも二十年。ここらでやめたらどうかと思います」というのである。

これに対して、「『戦後』を通用させたい」という反論があった。まもなく四十歳になろうとしていたこちらの主婦は、「戦争というものをこの地球上からなくすために、少くとも日本の歴史からなくすためには、あのいまわしい第二次大戦が最後であらねばならない」と主張する。「戦後五十年たっても、百年たっても『戦後』が通用するように、私たちは生きている限り戦争の悲惨さ、愚かさを次代に訴え続けたい」という。二十歳の学生も「戦前派の方が人ごとのように〈戦後抹消を〉いわれているのには耐えがたい思いがした」と、やはり「戦後」の継続を訴えた。

時代が変わるとは、「戦後」をやめることなのか。戦争の爪あとが消え、経済復興を遂げて人びとのくらしが戦前を上回って、もはや戦争後と呼ぶ必然性がなくなってからも「戦後」を使いつづけることこそ、時代が変わることなのか。どちらの方向に向かって時代は変わろうとしていたのか。一九五六年の『経済白書』は「もはや戦後ではない」とむすんでおり、これは流行語にもなった。戦争からの復興をなしとげたという意味でもちいられたのであるが、それからでも、すでに十年近い月日がすぎているのだから、「ここらでやめたらどうか」と思うのも理解できる。しかし、反論した主婦は、「五十年たっても、百年たっても」使いつづけたいという。そこには、「あの戦争の後」という以上の意味を「戦後」ということばに込めている。単なる戦争体験というだけの問題ではない。

(二)　戦争体験者の平和論

それでは、当時の社会科学者は、自分の戦争体験とどのようにむすびつけて平和や安全を論じていたのか。「丸山眞男の一番弟子」を自称する政治学者の石田雄からみてみよう。一九二三年生まれで大学在学中に学徒出陣で軍隊にはいった経歴を持つ石田は、『平和の政治学』（一九六八年）で平和主義を説いている。丸山の教えを受けた政治学者らしく、「どのような条件の下で平和憲法が現実に意味をもちうるのかを冷い計算で検討してみる必要がある」と、冷めた目で平和を考えるといってはいるものの、その一方で、平和主義＝非暴力主義と規定し、その立場をはっきりさせている。石田は、「平和主義は、国家との対決を不可避とするような、個人の原理」ととらえ、「平和主義は、しばしば対外戦争に力点をおいているような印象を与えるが、平和主義を原理として首尾一貫したものとしようとすれば、結局一般的な非暴力主義とならざるをえない」という。平和主義のいきつくところは非暴力であり、「非暴力主義を平和主義と同義語として用いる」。そして、「日本国憲法の平和主義も、このような理解に立たないと首尾一貫したものにはならない」と考える。この立場は「個人の原理としての平和主義が確立され、それを自分の手で貫徹する姿勢があってはじめて、国家の非武装という問題も論ずることができる」という。ここにあるのは憲法論、政策論というよりも、個人的信条としての平和主義である。「平和主義の信奉者の一人として、私個人は平和主義を信奉する人が、世界の中で一人でも多くなることを望む」という言葉がそれをはっきりあらわしている。政治学というより、むしろ、宗教的な感じさえする平和論である。

同世代でやはり戦争体験のある憲法学者・小林直樹の場合は『憲法第九条』（一九八二年）がその考えかたをよくあらわしている。この本が出版されるのは少し先のことであるが、その当時、日本社会党内で大きな論争となった「違憲＝合法」論を提起したのが小林である。自衛隊は憲法に違反するが、法律によって合法的に設置され、運用されているという理論である。このように現実政治とのかかわりでも話題となったこの本のなかで、小林が前面に押し出すのはやはり戦争体験である。「戦争の体験をもたない若い人々の中には、無批判に〝防衛〟政策を支持していく傾向もかなりみうけられます」、「〔軍事組織は〕いつのまにか自己肥大の運動を始めて、母屋である国を壊したり乗取ったりする怪物になりやすい本性をもっています」と述べている。日本にとって直近のあの戦争とあの軍隊の体験に依拠した丸山や宮沢俊義の終戦直後の議論そのままである。また、核兵器の使用は必ずや全面核戦争へと発展するという認識に立って、「『核の時代』のきびしい現実を真剣に考えたら、きみたちでもきっと非武装平和の理念の正しさを理解し、これを積極的に支持するようになるとおもうよ」と、核戦争の恐怖に訴えかけて平和主義への〝改宗〟を勧めている。そして、非武装平和主義の実現のためには、「在来の主権国家の常識の変革を要する」のであり、「国家が自立自存のために軍事力を持」つという「常識を改め、国家主権を人類（もしくは地球）主権の側に変えていかなくては全体の存立が危うくなる」として、「〝常識〟の転換には、大きな飛躍がいる。（中略）こうした最初の飛躍を敢行する名誉を担ったのは、ほかならぬ憲法九条によって全面的に戦争を放棄した日本である」と、日本がその先頭に立つことを憲法が定めていると主張する。

　小林の議論を整理すれば、過去の戦争と軍隊の体験から、そして、きたるべき核戦争のもたらす惨害から考えて、国家主権概念の転換を勧めているわけである。石田の非暴力主義という個人的信条を基礎とする平和主義とは異なり、一見するとプラグマティックな認識に立った議論のようだが、果たして現実的に妥当な解釈に立って論理的に導き出された結論といえるだろうか。

　「〔日米安保条約を廃棄しても〕軍事力による『自主防衛』の方向に走るのは、絶対に避けなければならない。日本の軍事拡大は、国民の安全を保障しないだけでなく、果てしのない進行によって、危険な軍事大国に導く」ことになり、それに対抗する仮想敵国の軍拡がまた「専門軍人の飢餓的な拡大欲を刺激し、無限界な軍備競争にのめりこむことになる」として、軍という組織に内在する「自己増殖という矛盾」を問題視する。果たしてこれは日本の過去の例からする懸念あるいは推測なのか、一般化できる「法則」と考えているのかは、この本からは明らかではない。

わたしが疑問を禁じえないのは、アジア太平洋戦争時代のあの軍隊とあの戦争を、そのまま軍隊と戦争一般におきかえてしまっていないかということである。定冠詞を付して論じられるべき問題を安易に普遍化させてはならない。あの軍隊（旧帝国陸海軍）とは異なる性格の軍隊を日本が持ち、あの戦争とは違った、別のかたちの武力行使はありえないと断定することはできない。

次の戦争が核戦争になり、人類の破滅を意味するという考えは、平和問題談話会の研究報告にみられるものである。これが書かれた一九五〇年当時は、次の戦争は全面核戦争にエスカレートするという恐怖感が強かった。今からみれば、誤った想定であったとしても、その当時は現実のものと思われていた。しかし、一九六〇年代の半ばあたりには、米ソ両国はすでに互いに相手を確実に破壊する能力を手にしており、相互核抑止体制が成立したと考えられた。つまり、米ソ両国にとって、核兵器の使用は、相手の反撃によって結局は共倒れになることが明白であり、それゆえにどちらも核戦争を仕掛けられない状態ができあがっていた。次の戦争が必ず核兵器の使用にむすびつき、それが全面核戦争へと必然的につながるという認識は、果たしてどこまで現実的なものだったのか。

軍隊を持つことが軍国主義の復活につながる可能性は否定できないが、では、日本国民は「常識の転換」によって「飛躍」することを決意したのだろうか。「国家が武装を放棄するのには、国民の絶大な決心が必要である。そういう意味で憲法九条はまさに、主権の維持を軍事力によって図る在来の〝常識〟に対し、根本的な発想の転換を示した規定である」と述べているが、これは、国民がそのように決意した、と小林が解釈していると受けとることができる。そうでなければ、憲法が国民に「根本的な発想の転換」を強要していることになる。

第九条が戦争体験から直接に導き出された熱情や理想から設けられた規定にすぎないのならば、長くはつづかないだろう。誰も未来の世代を縛ることはできない。のちの世代が自ら引き継いでいきたいと思うのでなければならない。

第2節　沖縄の返還と復帰

㈠　沖縄の返還と密約

「天皇様がいらっしゃる」から日本は安心だといった佐藤栄作は、一九六四年十一月に首相の座につくと、沖縄返還を最大の外交課題としてとりくんだ。「天皇様」発言を聞いた石川真澄は、「天皇の存在に、現実政治のうえで何らかの積極的役割を持たせたいという心情からする言葉と私には聞こえた」と著書にしるしている。吉田茂はみずから「臣茂」と天皇のしもべであることを示す署名をしていたが、同じような心情を佐藤も持っていたのだろう。その佐藤が沖縄返還にとりくんだのは、戦後処理として残された課題であったというだけでなく、「天皇メッセージ」を発して沖縄を本土から切り離すかたちで講和に持ちこんだことに対する天皇の胸の内と無関係だろうか。悲惨をきわめた沖縄戦が終結したとされる六月二十三日は、天皇家にとっても重要な日であった。

一九六五年八月十九日、現職の首相としてはじめて沖縄を訪れた佐藤は、那覇空港に降り立つと、用意してきた声明文を読みあげた。「私は沖縄の祖国復帰が実現しない限り、わが国にとって『戦後』が終わっていないことをよく承知しております。これはまた日本国民すべての気持であります」。この発言は外務事務次官の下田武三をおどろかせた。事前に連絡さえ受けていなかったからである。日米安保条約改定もそうであったが、戦後の日本外交が大きく動くのは、政治家の主導による場合がほとんどである。外務省は、ベトナム戦争が本格化していた当時の情勢から、沖縄返還はむずかしいとみていた。重要案件ほど後手にまわるのが外務省の常である。

佐藤は歓迎会の席では、アメリカ軍基地について触れ、「極東における平和と安全のために沖縄が果たしている役割」がきわめて重要であることを強調するのをわすれなかった。この年のはじめにアメリカを訪問し、リンドン・ジョンソン大統領と会談した佐藤は、沖縄の施政権の返還は日本の全国民の強い願いであると訴えた。一方、会談後の共同声明では、沖縄のアメリカ軍施設が「極東の安全のために重要である」ことを認めた。沖縄で返還への決意を語る前に、基地の存続を約束したのである。これが返還の前提となるかぎり、沖縄の人びとが望むような返還になるのはむずかしかった。このころのアメリカ政府はベトナム戦争にかかりきりという状態であったが、国務省や国防省の担当者のなかには、条約の期限がくる一九七〇年までには沖縄返還を決めたいという意向もあり、それが返還へとアメリカを動かした（中島琢磨『沖縄返還と日米安保体制』）。

二年後の六七年にジョンソン大統領と二度目の会談をおこない、さらに六九年秋のリチャード・ニクソン大統領との首脳会談で返還を確実なものにし、一九七二年の返還にこぎつける。この過程でなによりも重要なことは、アメリカの軍部は基地としての沖縄を手放そうとしなかったことである。戦後まもなくアメリカ軍の基地と化した沖縄は、対日平和条約においても、「潜在主権」を日本に認めるというレトリックをもちいて、アメリカの支配下におかれた。アメリカでもなく日本でもない。つまり、どちらの憲法によっても人権が守られない状態におかれてきた。これこそがアメリカ軍部にとってもっとも望ましい状態であった。したがって、施政権を返還するにしても、基地を残すだけでなく、それを自由に使用する、つまり、ここから出撃する自由と核兵器を貯蔵する権利を軍は求めた。そのため、アレクシス・ジョンソン駐日大使も核兵器の必要性を日本政府に強く訴えつづけた。ここで大使がもちいたのが、今日の普天間問題と同じく「抑止力」という概念である。それでも、沖縄から核兵器を撤去し、事前協議制をふくめ、日米安保条約を本土と同じように適用するという「核抜き、本土並み」が沖縄のみならず本土の世論でも強まり、三木武夫外相をはじめ、自民党の有力者もこれを主張するようになった。

アメリカの意向を優先する外務省は「核抜き、本土並み」に反対した。外務省だけに交渉をまかせておくことに不安を感じた佐藤は、国際政治学者の若泉敬をつかって、個人的にアメリカ側と接触をし、秘密交渉をおこなった。沖縄の住民は日本への復帰を強く求めており、敵意に囲まれたまま基地を維持するよりも、返還によって友好関係をきずいたほうが長い目でみればアメリカにとっても利益になる、という論理が若泉の武器となった。表の正式ルートでの交渉がなかなか思うようにすすまず、外務省が焦りをおぼえるようになっていくなか、若泉は、ヘンリー・キッシンジャー大統領補佐官と極秘の交渉をすすめ、佐藤首相とニクソン大統領とのあいだの密約にこぎつける。キッシンジャーといえども、軍部が納得しないかぎりどうにもならないというのである。しかし、アメリカ政府はすでに一九六七年には、最終的には核兵器の撤去を受け入れる方針を固めていた。ただし、日本の基地と沖縄基地の自由使用を手放さないことが最優先事項であった。七〇年には日米安保条約の期限がやってくる。これをすみやかに乗り切ることを思えば、配備していた「メースB」ミサイルの撤去はさしたる問題ではなかった。このころには大陸弾道ミサイルや潜水艦搭載核ミサイルなどの配備がすすんでおり、メースBはすでに時代遅れになりつつあったからである。それよりも重要なのは、ひきつづき基地の自由使用を確保することであった。この点については、軍部は強硬であった。

首脳間の密約は、沖縄の「核抜き・本土並み」返還の代償とされ、佐藤もこれに納得した。一九六九年十一月十九日におこなわれた日米首脳会談のおり、ホワイトハウスの一室でニクソンと佐藤がその密約文書に署名した。これを知っているのはふたりの首脳のほかには、キッシンジャーと若泉だけということになっていた。返還により一旦は核兵器を沖縄から撤去するが、その後、必要になったときにはふたたび持ち込む。そのための事前協議においては、アメリカは「好意的回答を期待」し、日本は「遅滞なくそれらの必要をみたす」というものであった（若泉『他策ナカリシヲ信ゼムト欲ス』）。その意味するところは、アメリカの要求にたいして日本は常に「イエス」と答えるということである。

二日後には、日米共同声明が発表された。そこには「韓国の安全は日本自身の安全にとって緊要である」との文言があった。朝鮮半島でふたたび有事となれば、日本は求められる対応をするということを示している。また、事前協議については「米国政府の立場を害することなく」という文言が入っていた。これが密約の疑惑を呼ぶことになる。さらに佐藤は、このあとの演説で、「韓国に対する武力攻撃が発生するようなことがあれば、これは、わが国の安全に重大な影響を及ぼす」との認識のもとに、「事前協議に対し前向きに、かつすみやかに態度を決定する方針」であると述べた。こうして軍部の要求は完全に満たされた。日本からみれば、軍部の反対という沖縄返還の最大の障害は取り除かれたが、アメリカが失うものは何もなかったに等しい。密約により「核抜き・本土並み」返還は、はじめから骨抜きになっていた。

「合意議事録」と呼ばれるこの密約文書を佐藤は、その後、首相官邸にではなく、自宅に保管していた。キッシンジャーは「秘密了解は後継者を拘束するものでなければならない」といっている。佐藤がこれを私邸に私物として保管していたとしても、アメリカにとっては日本政府との約束にほかならず、佐藤が後任に引き継がなかったのは、佐藤の、すなわち、日本政府の責任である。さらにいえば、引き継がなかったのは、アメリカ政府との信頼関係を裏切る行為であるのみならず、日本国民をも裏切るものである。

ところで、外務省は、若泉の動きをほとんど把握していなかっただけでなく、若泉が裏交渉のすべてを書いた著作を出したあとになっても密約の存在を否定し、若泉の役割を無視してきた。しかし、キッシンジャーと若泉のシナリオ通りに事態が運んだことは、その後公開された外務省の記録からも間接的ながら裏づけられている（波多野澄雄『歴史としての日米安保条約』）。

アメリカ軍の運用を最優先するという日米安保体制の原則は沖縄返還でも適用され、密約はそのために生まれた。それを歴代首相に伝えるメッセンジャーの役目を果たすのが外務省であり、国民の反発を恐れて、密約が重ねられていく状況に有効な対処ができなかったのが歴代政権であったという構図が浮かび上がってくる。日本側は、できるだけ秘密の取り決めをむすぶことを避けたいとしていたが、結果はそうはいかなかった。「核抜き・本土並み」を求める国民の声とアメリカ軍部の強い圧力とにはさまれた日本政府は、結局は密約をむすぶことを選択せざるをえなかったのである。

ところで、沖縄返還に関する外務省の公文書の公開がすすんだことで、自らが唱えた非核三原則について、佐藤が「持ち込ませずは誤り」、「余計な三原則を作った」などと口にしていたことが明らかになった。佐藤はもともと核武装論者なのだから、これは当然の発言ともいえるが、そうなると、佐藤に非核三原則をいわせ、その後の歴代政権をしてそれを放棄させなかったものは、いったい何なのか。核兵器に反対する国民の声と核兵器を死活的に重要とするアメリカの圧力にはさまれ、アメリカに屈したのが日本政府の姿ということではないのか。沖縄返還交渉でも力を発揮した「抑止力」という検証不能な概念が、日本にとって姿なき恐怖となって襲いかかってきたのであった。

軍のための密約だけでなく、財政についても密約がむすばれていたことも今日ではわかっている。表向きアメリカ側が負担することになっていたものが、実は裏で日本が負担していたというものである。これがのちに「思いやり予算」と呼ばれる、条約に根拠のない日本の支出につながる（我部政明『戦後日米関係と安全保障』）。

国会では政府は密約を否定しつづけた。密約否定の答弁は、一九六〇年四月の藤山外相に始まり、二〇〇九年七月の中曽根弘文外相まで四十九年三ヶ月に及んだが、あまりに長過ぎた。そして、その間に貴重な記録が外務省によって闇に葬られた。失われたものは国民にとってあまりに大きい。

(二)　沖縄の復帰と反復帰

沖縄では一九五〇年代から多くの人びとが日本への復帰を望んでおり、「祖国復帰」運動もさかんにおこなわれてきた。核抜き、すなわち兵器の撤去は当然のことであった。しかし、一九六九年の日米共同声明の文言から、なにか裏にあるのではないか、核兵器をめぐる密約があるのではないか、という疑念はついてまわっていた。

復帰がようやく実現した日、沖縄はすなおに喜ぶことはできなかった。沖縄出身の法律学者で、有識者を集めて本土での返還運動の先頭に立ってきた大浜信泉（元早稲田大学総長）は、平和のうちに領土が返還されることは「世界史にも前例を見ない」ものであり、「日本外交の勝利」だと評価した。だが、それはあくまでも国家、すなわち政府の立場に立つものである。現地で復帰運動の先頭に立ってきた屋良朝苗主席は、法的な「本土並み」ではなく軍事基地の負担そのものも「本土並み」とするよう求めていた。屋良は、愛知揆一外相から、基地の密度も本土並みに縮小されるとの言質を引き出していたものの、不安はやはりぬぐいきれなかった。本土でも政府の返還交渉を批判的にみていた中野好夫は核の持ち込みも見抜いており、この返還は「第三の琉球処分」だとまでいっていた。若泉は対極的な立場にいる中野の鋭い分析に一目おいていた（後藤乾一『「沖縄密約」を背負って』）。

一九七二年五月十五日に沖縄の施政権が日本に返された。沖縄に配備されていた核ミサイルも撤去された。その一部は韓国に移されたといわれている。沖縄からの撤去を確認するために自衛官が派遣されて基地をまわり、国会でも報告された。

アメリカ政府から日本政府への返還であるが、これを沖縄からみれば、日本への復帰ということになる。沖縄が求めていたのは、日本国憲法下の日本への復帰であり、本土と同様に適用される日米安保体制下の日本への復帰であった。新条約でも沖縄は条約の適用を受ける範囲に入っていなかった。返還によってようやく憲法も安保も本土と同じように適用されることとなった。地元紙の『沖縄タイムス』はこの日、日本国憲法の全文を紙面に掲載した。

政府間での返還はなされたが、沖縄の人びとの復帰の願いはかなえられたといえるだろうか。四年前の選挙では、即時全面返還をうったえた屋良朝苗が主席（知事に相当）に選ばれていた。沖縄は、朝鮮半島や中国をにらんで核ミサイルが配備されるとともに、激化するベトナム戦争の出撃基地と化していた。のちに大きな問題となる枯葉剤のエージェント・オレンジもアメリカ空軍の嘉手納飛行場に貯蔵されていた。戦地に運ばれる前の実験が沖縄でおこなわれたほか、基地周辺の植生管理にもつかわれたようである。

沖縄では祖国復帰運動に対して、「反復帰」論もあったことを忘れてはならない。といっても、復帰そのものに反対し、アメリカ統治下にとどまろうというのではない。反復帰論を唱えたひとりである川満信一はいう。「祖国へ復帰しよう」という運動では、「戦後出発した日本という『国家』がいったいどういうものであるかが何ら考えられていない」。沖縄が敗戦処理の過程で日本から切り離され、アメリカの統治下におかれたが、そのように「『国』の都合でくっつけられたり切り離されたりする」のではたまらない。復帰の前提として「日本はどういう国であってほしいか」「日本が正しい方向に向くために、沖縄はなにができるか」を考える復帰でなければならない（川満『沖縄発』）。

その日本では、「沖縄の核兵器の撤去は非現実的」と発言し、沖縄でのB－52爆撃機の撤去運動を「アメリカに申しわけない」とまでいった下田武三が外務省の事務次官、そして駐米大使となった。川満らの懸念は当然だったといえよう。

第3節　非核三原則と武器輸出三原則

(一)　意図せざる非核三原則

「持ち込ませずは誤り」「余計な三原則を作った」「非核三原則はナンセンス」などと佐藤首相は沖縄返還交渉の過程でもしばしば口にしていたが、これは「核兵器を作らず、持たず、持ち込ませず」という三つの非核原則のことである。この非核三原則は平和主義の観点からは重要なものとされ、一方、安全を重視する現実主義の立場からは、しばしば問題視されてきた。内心では核武装論者であった佐藤が核兵器を否定する政策を公言するのは、沖縄返還問題がからんでいたからである。一九六七年十二月の国会で、当時は沖縄と同じくアメリカの施政権下におかれていた小笠原諸島の返還についての質問をうけた佐藤は、答弁のなかで、「私どもは核の三原則、核を製造せず、核を持たない、持ち込みをゆるさない、これははっきり言っている」と述べた。さらに翌年一月の施政方針演説でも「われわれは、核兵器の絶滅を念願し、みずからもあえてこれを保有せず、その持ち込みも許さない決意」を語った。さらに同月末にも、この三原則をあらためて確認したうえで、核兵器の廃絶をめざす核軍縮にとりくむこと、日米安全保障条約にもとづく核抑止に依存すること、そして核エネルギーの平和利用とあわせて「核四政策」を発表した。これは非核三原則の印象を薄めるためにあとの三つをくわえて〝水増し〟したにすぎない。ちなみにこれも若泉の入れ知恵だったようである。

もともとは「持ち込ませず」のない、ふたつの原則を述べるにとどめるはずだったのだが、自民党内の論議のなかでそれでは中途半端であるという意見が出て、三つめも加えられることになった。野党はこれを歓迎し、国会決議にしようという声まであがった。一旦は流れたが、沖縄返還協定の審議のとどこおりを打開するためにもちだされ、自民党側が提案した「非核兵器ならびに沖縄米軍基地縮小に関する決議案」に野党の一部が賛成して、沖縄返還協定はなんとか国会を通過した。佐藤にとっては、いうなればこれが沖縄返還の代償となったわけである。その決議とは、次のようなものである。

一、政府は、核兵器を持たず、作らず、持ち込まさずの非核三原則を遵守するとともに、沖縄返還時に適切なる手段をもって、核が沖縄に存在しないこと、ならびに返還後も核を持ち込ませないことを明らかにする措置をとるべきである。

一、政府は、沖縄米軍基地についてすみやかな将来の縮小整理の措置をとるべきである。右決議する。

このように、沖縄返還協定を国会で通すためという国内政治上の理由から生まれたものであり、まさに意図せざる結果として誕生したのが非核三原則である。しかし、これが国是とまで呼ばれるのは、政党や国会議員だけでなく、ひろく国民のあいだでそのように受けとめられたからであり、それだけの土壌ができていたからである。佐藤にとっては意図しないものであったにしても、国民は待ってい た。佐藤としては不本意であろうが、沖縄返還はなんとしても、どのような代償を払ってでもやり遂げなければならない課題であった。国内では非核三原則が、アメリカとのあいだでは核密約が、佐藤にとっての代償となった。

くれぐれも間違えてはならないのは、これらの代償は、佐藤にとっての代償であったということである。本来、日本の領土であり、そこに住む人びとも日本への復帰を願っていた沖縄が、いつまでもアメリカの支配下におかれていることが異常なのであって、これに対して日本が代償を払う必要は本来ならばないはずである。岸の安保改定もそうであるが、独立主権国家のあいだの安全保障条約であるならば、本来、対等な関係でむすばれるべきである。安保改定も沖縄返還も、もともとあるべき姿に近づけるような是正措置にすぎない。無理が通れば道理が引っ込むというが、道理を引っ込める無理とは、何よりもアメリカ軍の運用を優先させるという、有無をいわせぬ前提条件である。沖縄返還協定の批准をめぐって議会で証言したウィリアム・ウェストモーランド陸軍参謀総長は、沖縄の基地を無期限に保有するつもりであった、返還によって「柔軟性を失う部分があるが、全体としては重大な弱化はきたさない」と述べたのであった（中島琢磨『沖縄返還と日米安保体制』）。

このような無理が通るのが国際政治であり、日米関係の現実である。そして、問題は佐藤が払ったふたつの代償が真っ向からぶつかりあう関係にあることである。アメリカ軍の核兵器と日本の非核三原則が衝突する場合には、どうするか。その後の日本の歴代政権は、つねにアメリカを優先する。沖縄に核兵器を持ち込む事前協議はなかったが、三原則の三つめ、佐藤が「余計」だといった「持ち込み」を黙認する方向にすすんでいく。

佐藤は、日本が核武装できないまでも、アメリカの核兵器に守ってもらう、いわゆる「核の傘」を重視した。すでに実際上は一九五〇年代の半ばには、この「傘」に日本は入っていたに等しいと考えられるが、確約を得ていたわけではなかった。そこで、一九六五年一月にジョンソン大統領との会談において、沖縄返還を持ちだすとともに、佐藤は、中国の核武装への対応として「核の傘」の確約を求めた。これに応じる旨のジョンソンの発言を聞いた佐藤は「それこそ聞きたかったこと」と満足の意をあらわした。日本の首相がはじめて公式にアメリカ大統領の口から聞くことができた瞬間である（黒崎輝『核兵器と日米関係』）。

ジョンソンが佐藤のもとめに応じて「核の傘」を確約したのは、佐藤が核武装に前向きだったからでもある。アメリカは日本の核武装を望んでいなかった。ジョンソンから確約のことばを得た佐藤が次に考えたのは、非核原則と「核の傘」を両立させるために、日本人の核へのアレルギーをとりのぞくことであった。一九六八年一月の原子力空母「エンタープライズ」寄港はそのひとつとして企画されたものであった。しかし、はげしい反発を呼びおこし、結果的には逆効果に終わった。すでに一九五三年の奄美諸島の返還に際して密約がむすばれていたが、その後、安保改定に沖縄返還と、岸も佐藤も政治生命を賭して取り組んだ重要課題において密約をむすんだのは、そうしてでも成し遂げなければならない課題であり、得るものは失うものを上まわると判断したからだろう。はたして、その利得と損失は、どう計算したらいいのだろうか。

(二)　武器輸出原則の強化と緩和

沖縄返還という大きな成果をおさめた佐藤政権は、非核三原則のほかにもうひとつの三原則への道を開いた。それが武器輸出三原則である。敗戦から五年後におこった朝鮮戦争を契機として、日本は武器生産を再開していた。日本に駐留していたアメリカ軍向けであったため、それは輸出にはあたらないとされた。しかし、朝鮮休戦の後もタイやビルマ向けに銃弾などを輸出するようになった。また、インドネシア、フィリピン、アメリカ、イギリス、さらにはカナダや西ドイツにも機銃の部品や拳銃などを輸出した。そして、一九六七年四月になって、佐藤首相が政府の運用方針として、次の場合には輸出を認めないことを発表した。①共産圏、②国連決議による武器輸出禁止国、③国際紛争当事国またはそのおそれのある国――である。武器輸出は平和憲法の精神に照らしていかがなものか、という国会での質問に対する答弁で明らかにしたものであった。その背景には、東京大学が開発したペンシルロケットがインドネシアに輸出されていたことが判明したという事情もあった。しかし、佐藤が表明した原則は、当時すでに実施されていたものを三原則というかたちにまとめただけであり、実際上はとくに目新しいものではなかった。また、政府の方針とすることで、法律の制定といった方向にむかうことを阻止したかったからでもある。法律ができてしまえば、政府の足かせとなり、アメリカへの支援がむずかしくなるという判断もあったようだ。

事態が佐藤の意図とは違う方向へ展開するのは、その九年後の一九七六年二月、三木武夫内閣のもとである。「平和国家としてのわが国の立場から、それによって国際紛争等を助長することを回避するため、従来から慎重に対処しており、今後とも……輸出を促進することはしない」との政府統一見解を国会で表明した。その結果、これまで同様に三原則対象地域への武器輸出は認めないだけでなく、三原則以外の地域についても、憲法および外国為替及び外国貿易法（外為法）の精神にのっとり、武器の輸出をつつしむ、また、武器製造関連設備も武器に準じるという方針が打ち出された。こうして、佐藤時代に定式化された三原則にこのときの政府見解が加わって、「武器輸出三原則等」というかたちができあがった。三原則は法律の運用方針であるが「等」の部分は時の政権が表明した政策を集めたものということである。

そして、大阪の商社が輸出承認のないまま、韓国へ砲身の半製品を輸出していたことが明るみに出たため、一九八一年三月には、衆・参両院で「武器輸出問題等に関する決議」が採択された。

わが国は、日本国憲法の理念である平和国家としての立場をふまえ、武器輸出三原則並びに昭和五十一年政府統一見解に基づいて、武器輸出について慎重に対処してきたところである。しかるに、近時右方針に反した事例を生じたことは遺憾である。よって政府は、武器輸出について、厳正かつ慎重な態度をもって対処すると共に制度上の改善を含め実効ある措置を講ずべきである。右決議する。

時の鈴木善幸内閣は、運用の強化をはかるとともに、共同開発についても、武器輸出三原則と同様に対応していくことを表明した。こうして、武器輸出についての自主規制が強化された。八一年の国会決議の前にも、「武器技術についても、輸出三原則に照らして処理する」（河本敏夫通産相、一九七六年）、「三原則の精神にもとるような投資は厳に抑制する」（福田赳夫首相、一九七七年）といった姿勢を政府は何度か表明してきていた。

興味深いことに、一九七〇年十月、佐藤が自民党総裁選で四選を果たした日に自分の日記にこう書いている。「この次の二年間に果して後継者が三木君以外に育つかどうか問題である」（『佐藤栄作日記』第四巻）。沖縄返還交渉中の三木武夫の言動は、佐藤には反米的なものとうつり、アメリカ側も三木に不快感を示していた。その三木が首相となって、外為法の運用方針にすぎなかった武器輸出三原則を格上げする道をひらいたのであった。しかし、佐藤が後継者にしたいと考えていたタカ派の福田赳夫も「三原則の精神にもとるような投資」を抑制するといっているように、この時代には、武器輸出に対するきびしい国民の目があった。

こうして形成された武器輸出の方針に転機がおとずれる。非核原則に三つめの「持ち込ませず」を入れることを主張した中曽根康弘が政権の座につくと、一九八三年一月には、アメリカに対する武器技術の供与を原則の例外とすることを決めた。理由は、「日米安保条約を効果的に運用できるようにするため」というものである（森本正崇『武器輸出三原則』）。

これ以降、例外化措置がつぎつぎとすすめられ、二〇一一年十二月には、民主党の野田佳彦内閣が包括的な例外措置を決定し、武器輸出規制の大幅な緩和をすすめる。①平和貢献・国際協力に伴う装備品の海外移転、②我が国と安全保障面での協力がある国との国際共同開発・生産――にあてはまる場合は、武器輸出三原則等は適用しないことにした。

さて、ここで少し考えてみたいことがある。武器輸出三原則は法律の運用方針にすぎないものであっても、武器輸出そのものは、憲法の平和主義との関係で、きわめて政治的な色彩をおびてくる。佐藤自身も「平和を国是とする」日本がアジアの兵器工場になることは「絶対にありません」と宣言している（一九七一年二月、参議院本会議）。そのうえ、つづく首相や大臣たちも単なる法律の運用方針を超えたものとしてこの問題をあつかってきた。いくつか国会答弁をひろってみよう。

憲法の精神にのっとりまして、国際紛争は武力をもって解決をしないという精神で、日本から輸出された武器が国際紛争で使われることになれば、これは間接的なものにもなると思いますので、武器というものの輸出ということに対しては、非常に慎重でなければならない。

（田中角栄通産相、一九七二年三月）

わが国は兵器の輸出をして金をかせぐほど落ちぶれてはいない。

（宮沢喜一外相、一九七六年五月）

武士は食わねど高ようじじゃございませんけれども、やっぱりわが日本人は平和に徹して、そして、少しぐらい経済的に不利でありましてもこの武器輸出三原則だけは、これは守り抜いていかなければならぬだろう。

（福田赳夫首相、一九七七年十一月）

中曽根がアメリカへの武器技術供与を例外化しようとしていたとき、社会党の土井たか子は「国会決議は国是というふうに申し上げていいと思う」と述べた（一九八二年十二月）。たしかに国家決議が法律に準じるといっていい重さを持っているにしても、国是とまでいえるものだろうか。土井に直接答えたものではないが、中曽根はいう。「議院だけが決議をした場合に、それを国是と言い得るかどうか、私は疑問の余地が在ると思います」（一九八三年二月）。議論の筋としては、中曽根のほうが正論だろう。だが、はたしてそれだけでいいのか。中曽根内閣の担当閣僚は、統一見解の表明後にこういっている。

私たちは、第二次大戦から何を学んだかということを考えなければならない。だから、日本は未来永劫外国に殺人手段たるべき武器そのものを輸出しない国にする、輸出することのない国であるということを明確にさせておきたい。

（山中貞則通産相、一九八三年二月）

日本は兵器を売ることによって栄えるとか富むとかいう手段を絶対にとってはならない国だ。

（同、同年三月）

山中は歴史に学んで、武器輸出しない国にするといった。さて、わたしたちは歴史から何を学ぶべきか。経済的に栄えるために武器を売るのではなく、つねに最新技術を維持することで国の防衛に役立てる。そのために共同開発・生産に参加するというのはどうだろうか。それも拒否すべきだろうか。

するにせよ、しないにせよ、どのような理屈であれば納得できるのだろう。

第4節　防衛協力から同盟へ

(一)　理念から政策へ——「現実主義」の影響力

一九六〇年代半ばからいわゆる現実主義が台頭し、吉田茂の再評価の先鞭をつけた高坂正堯や永井陽之助ら、若手の国際政治学者の活躍が目につく。一九五〇年代までは、総合雑誌とよばれる月刊誌が大きな影響力を持っていた。大学教授をはじめとする知識人のアカデミズムと一般向けの雑誌というジャーナリズムの接点に成立していたのが「論壇」というものである。戦後しばらくは多くの雑誌が論壇を形成していたが、一九五五年あたりになると、『中央公論』『世界』『文藝春秋』の三誌が主な舞台になった。一九六〇年代はまだ、これらに掲載され、注目された論文が大きな影響力を持つ時代であった。なかでも『世界』は一九五〇年代のはじめに講和や再軍備をめぐって多くの論文を載せたが、六〇年安保に関しても精力的で、安保闘争の盛り上がりにも貢献をした。

『中央公論』の六〇年十二月号に掲載された深沢七郎の小説「風流夢譚」が皇室に対して不敬であるとして、右翼から抗議を受けた。さらに、中央公論社の社長宅が右翼の愛国党の構成員に襲撃され、死傷者まで出る事件となった。これをきっかけに『中央公論』の論調が変わっていった。ひとことでいえば進歩派から保守派への転換ということになる。高坂や永井の主な執筆活動の場はその『中央公論』であった。不幸な事件がきっかけとなったとはいえ、それだけではなく、やはり時代が求めていたものに対応したということだろう。多くの現実主義者が同誌を活躍の場としていった。力の均衡によって平和を維持するという現実論がしだいに人びとの支持を得ていく基盤がここに誕生した。この均衡には核戦力の均衡もある。ソ連の核戦力だけでなく、六〇年代半ば以降は、中国が核兵器を手にするおそれが現実のものとなっていた。

現実主義者は基本的に自衛隊と日米安保という現状を肯定する立場に立つが、こうした現実主義の台頭に対して、丸山眞男は、「あれはぼくにいわせればひとつの思想なんです。いわゆる現実主義者が現実をつかまえる方法を提出しているわけじゃない」ときびしい見方をしていた。これには一理あるとわたしも思う。

　およそ政治学者だったら、そんな程度のリアリズムなど承知のうえで、あえて一つの選択と決断をうち出しているのに、まるで素人の観念的平和論ばっかり過去に横行していて、それに対して現実主義者たちは新しい考えを代表しているといわんばかりの紹介の仕方は、（略）いいかげんなホラか、露骨な仲間ぼめだということがわかるはずです。

「現実主義者」たちはさかんに、革新的知識人の「観念論」の無力さをいうけれども、皮肉なことに、現実の権力者がいちばんいやがり、あるいは恐れているのはまさに「観念的平和論」なんですね。

「現実主義者」というのは、「現実」によって影響される人ということで、「現実」に影響を与える人じゃないんです。むしろおよそ「観念的」な革新派の存在によって、また、アメリカの世界政策への反対運動によって、まさに歴代内閣やアメリカの対日政策は影響されている。こんな皮肉な逆説はないと思うんです。（『丸山眞男座談』第七巻）

戦後民主主義の「虚妄」に賭けると宣言した丸山の面目躍如といったところであるが、人びとの支持はしだいに現実主義へとむかった。焼け跡からの復興をとげたばかりか、世界中が目を見張るほどの高度経済成長によって、日本は今や世界有数の経済大国となっていた。日本には失うものがたくさんある。それを守るには、平和の理念だけでは安心できない、というのが常識にかなうものである。安全を確保する具体的な方策なくして平和はありえない。

野党第一党の社会党は、一九六〇年に右派の一部が分裂して民社党を結成してからは、六〇年代を通じてむしろ非武装中立論を固めていった。現実主義の旗手、高坂正堯が、「非武装中立論は、少なくともある時期には、奇妙なしかたで日本のナショナリズムを代表していた」とみて、「非武装中立にナショナリズムを独占されることを防ぐ」ためには、日本を自分の手で守り、外交の自主性を高める必要があると述べたのは、この年のことである（『高坂正堯外交評論集』）。

理念としての平和が語られた時代から、政策としての安全を論じる時代へと移っていったといえるだろう。いずれの立場であっても、求められるのは美学でなく実学である。そういう時代になった一九七〇年代半ばから「日米防衛協力」へと向かうあゆみがはじまる。日本側でこれをリードしたのは、ハト派の三木武夫内閣で防衛庁長官となった、やはりハト派の坂田道太である。

(二)　ハト派の「日米防衛協力」

安保条約を改定し、沖縄の返還も実現したあと、七〇年代後半から「日米防衛協力」がはじまる。一九七四年十二月に成立した三木武夫内閣では、坂田道太が防衛庁長官に任命された。厚生大臣、文部大臣などを歴任した坂田は、だれもがみとめるハト派である。翌七五年八月にその坂田とジェームズ・シュレジンジャー米国防長官との会談を契機として、防衛協力の本格的な検討がはじまった。もちろんそれまでに制服同士の研究がなかったわけではない。六三年の三矢作戦研究（正式名称は「昭和三八年度統合防衛図上研究」）にもアメリカ軍の影がみえかくれしてはいる。しかし、日米の部隊が本格的に合同で演習などをおこなうようになるのは、この坂田・シュレジンジャー会談後、七八年に「日米防衛協力のための指針」ができてからのことである。ちなみに、日本の首相の口から「同盟」ということばが初めて公式に発せられたのは、一九七九年四月に訪米した大平正芳である。ジミー・カーター大統領と会談した大平は、アメリカについて「かけがえのない友邦であり同盟国である」と述べた（福永文夫『大平正芳』）。

さて、防衛協力にいたる経緯をまずは坂田自身に語ってもらおう。自衛隊には国民の理解と支持がなによりも必要だと考えた坂田は、政策決定のあり方を見直すことからはじめた。私的な諮問機関として民間の有識者からなる「防衛を考える会」をつくり、形骸化していた国防会議（現・安全保障会議）を活性化し、国会に防衛を専門にあつかう委員会の設置を求めた。これはシビリアン・コントロールのためにも必要なことだと坂田は考えた。シビリアン・コントロールとはしばしば「文民統制」

と訳されるが、政治が軍事をコントロールするということであり、軍に対する政治の優位の原則をいう。それを実質的なものにするには、国会を通じて自衛隊を管理することが必要であり、のちに衆議院に安全保障委員会、参議院に外交防衛委員会が設置される。さらに、坂田長官以降は『防衛白書』が毎年刊行されるようになる。

「防衛を考える会」にはジャーナリスト、元外務官僚、エコノミスト、電子工学の専門家などのほか、高坂正堯、元防衛庁防衛研修所長の佐伯喜一といった安全保障の専門家も参加し、十一人で構成された。その成果は『わが国の防衛を考える』という本にまとめられた。このころには、防衛問題に対する国民の意識の変化があらわれ始めており、世論調査などでも「自衛隊はあった方がよい」という回答は社会党支持者のあいだでも多数を占めるようになってきていた。こうした変化を坂田は感じとっていた。どんなに優秀な兵器をそろえても国民の支持が得られなければ力にはならないことは「ベトナム戦争の教訓で明らかなとおり」という坂田がめざしたのは、「憲法に則り、必要最小限度の防衛力を着実に整備する」ことであり、大幅な増強やましてや海外派兵などではなかった。

安保条約に「相互に協力して」という文言があるにもかかわらず、それまで有事の際の作戦などを日米間で話し合うことがなかったのは、坂田にとって「全く意外であり驚き」であった。それがシュレジンジャーとの会談を経て日米防衛協力へとつながった。三木首相とフォード大統領との首脳会談でも「安保条約の円滑かつ効果的な運用のために一層密接な協議を行うことが望ましい」との共同談話が発表され、日米安全保障協議委員会の枠内で協議の場をもうけることとなった。

ところで、坂田・シュレジンジャー会談に関連して興味深いエピソードがある。会談後の晩餐《ばんさん》会であいさつに立った坂田は、知人の画家が描いた絵をシュレジンジャーに進呈したのだが、その絵には「不射の射」という題字がそえられていた。これは紀元前四世紀ごろ、中国の思想家、荘子が弓の名人について書いたものからとられた言葉である。坂田はこれを「弓を射らないで、弓を射た以上の効果を敵に与える戦略」と説明し、さらに『孫子』の「百戦百勝は善の善たるものにあらず、戦わずして人の兵を屈服することこそ、善の善となす」を紹介した。これを受けてシュレジンジャーは、帰国したら「不射の射」の意味を研究すると応じた（坂田『小さくても大きな役割』）。

坂田が紹介した「不射の射」は中国の古典『荘子』「田子方第二十二」に出てくる（『列子』の「黄帝篇第二」にも同じ話がある）。射ることを意識した射撃を超越する境地に達してこそ名人だというのであるが、これに題材をとった中島敦の「名人伝」こそ、アメリカに紹介するにふさわしいものだろう。趙の国に住んでいた紀昌という男は、百発百中にあきたらず、さらにきびしい修行をかさね、ついに弓の極意をきわめた。もはや……、結末は終章で紹介することにするが、アメリカはといえば、その後、今日まで「不射の射」や孫子の兵法とは反対の道をあゆんできた。七〇年代こそベトナム戦争の後遺症でしばらくは武力行使を控えたものの、一九八〇年代以降はふたたび各地で武力行使をくりかえすようになる。

シュレジンジャーは、日本から帰国してまもなく、大統領によって国防長官の任を解かれてしまった。もし、シュレジンジャーが「不射の射」の意味を知り、孫子の兵法を深く学んだとしても、アメリカの政策が変わったとは思わないが、それにしても、なんとも皮肉な話である。

ともあれ、日本では一九七〇年あたりを境に、理念を語る時代は終わりを告げ、政策を論じる時代へと大きく舵を切った。戦争体験に基づいて平和を語る時代は過ぎ去ろうとしていた。今日の世界と日本が直面する課題をみつめ、何をすべきなのかを考えなければならなくなった。

坂田が防衛庁を去った二年後の一九七八年十一月には、日米安全保障協議委員会で「日米防衛協力の指針（ガイドライン）」が了承された。この指針では、日本への侵略を未然に防ぐ態勢、日本への直接武力攻撃への対応、極東における有事の際の日米の協力――の三点についての基本的な考えが示された。主眼は日本に対する武力攻撃への対処であり、それ以外の極東地域での紛争などについては研究をするというにとどまっている。

これ以前は、海上自衛隊が発足当初からアメリカ海軍第七艦隊とのあいだでおこなっていた機雷除去のための掃海訓練と潜水艦を探索し撃沈するための訓練以外には、日米合同の訓練はほとんどおこなわれていなかった。もっとも、この時期に防衛協力がはじまった背景には、ベトナム戦争の戦費がかさみ、財政が悪化していたアメリカが、軍事的関与を縮小し、アジアの防衛はアジア人にまかせるという「ニクソン・ドクトリン」を発表していたこともあった。日米の空同士の共同演習は一九七八年から、陸同士は八一年からはじまった。

これ以降、訓練・演習にとどまらず、自衛隊とアメリカ軍は相互運用性を高め、一体化へ向けてすすんでいく。それと歩調をあわせるように、政府関係者ばかりかマスメディアのあいだでも「日米同盟」という呼び方が広まるようになる。防衛省が毎年出している『防衛白書』では、一九九一年版から「日米安全保障体制を中核とする日米同盟」という表現になる。

第7章　日米安保の再定義

第1節　冷戦終結と安保再定義

(一)　冷戦の終結

一九八〇年代から本格化した日米防衛協力は、共同訓練・演習などのかたちをとって発展をつづけた。大がかりな演習は、冷戦体制がつづくなかで、ソ連の脅威を前提とするものであった。ソ連が北海道に攻めてくるというのが、日本が求めた演習のシナリオであった。アメリカ側はそのようなシナリオは非現実的だとみていたが、日本はこのシナリオに固執した。安保条約の第五条は日本有事の際にアメリカが日本を守るという内容であり、第六条は極東有事への対応であった。アメリカは朝鮮半島で戦争が再開することや中国と台湾のあいだの紛争などを想定した日米協力に力を入れたかったが、日本側が消極的だったのである。

早くからアメリカ海軍と密接に連携してきた海上自衛隊は、一九八〇年からアメリカ海軍主催の環太平洋合同演習（通称リムパック演習）に参加するようになった。この演習は一九七一年からカナダ、オーストラリア、ニュージーランドが参加して四カ国の海軍が二年ごとにおこなっていた。実質的にはこのような多国間演習であるが、日本はアメリカとしか安全保障に関する条約をむすんでいないため、このリムパック演習も日本としてはあくまでアメリカとの二国間の演習であり、アメリカはカナダなどとも同時に演習をおこなっていると主張してきた。日米防衛協力といっても、三自衛隊のあいだの事情や考えかたの違いが大きく、実のところそれほど効率的にすすんだわけではない。

国外に目を転じれば、一九七九年にソ連がアフガニスタンに侵攻したことをきっかけに、七〇年代にすすんだ緊張緩和（デタント）は吹き飛んだ。アメリカのロナルド・レーガン大統領はソ連を「邪悪の帝国」と呼び、核軍拡のほか、「六百隻海軍」を掲げて海軍を大幅に増強するなど軍備を拡張し、攻撃的な態勢をとるなど、軍事的にきびしく対応したため、米ソ関係は一気に悪化した。

レーガン軍拡を象徴するものが、ソ連のミサイルを撃ち落とそうという戦略防衛構想（ＳＤＩ）である。「スター・ウォーズ計画」とも呼ばれたこの構想は、高速で宇宙空間を飛んでくる弾道ミサイルをミサイルで撃ち落とそうというものであり、技術的にきわめて困難であるほか、戦略論からの批判も多かった。わたしの関心を引いたのは、永井陽之助の批判であった。現実主義者の永井は、共倒れになってしまうために、米ソともに核兵器は実際には使えない状態ができているのに、ＳＤＩはその安定を破壊するものだ、と批判した。ＳＤＩを支持する人は、これは防衛用の兵器だと主張した。なるほど飛んでくるミサイルを撃ち落とすのだから、一見すると防衛的だが、相手の兵器を破壊する手段を手に入れ、自国の攻撃兵器はそのままなのだから、軍事的に自分の立場を有利にするものである。つまり、相手からみれば攻撃兵器と変わらない。だから、核による相互抑止という均衡状態をゆるがすものだというのである。永井は核兵器と共存しなければならないとする点で、好ましからざる現実を受け入れているが、決して軍事力を過度に信頼し、安全をそれに頼ろうとはしなかった。そういう自分の立場を「政治的リアリスト」と呼び、中曽根首相とその周辺の「軍事的リアリスト」を区別していた。

その永井がまさに戦略的に高唱したのが「吉田ドクトリン」である。これまでの戦後日本の成功は、経済の発展に力を注ぎ、防衛には最小限の資源（人や予算）しか振り向けなかったことによるものだ。それこそが吉田茂の敷いた路線であるとして、これを「吉田ドクトリン」と命名した。大平正芳や宮沢喜一など吉田の流れをくむ政治家は、たしかにハト派が多かった。自民党内のそうしたハト派を応援する理論づけをおこなうことで、中曽根軍拡に歯止めをかけようというのが永井の狙いであった。

わたしは永井が「日本の首相は、竹下登のようにのらりくらりやるのがいい」と話すのを聞いたことがある。アメリカはときに極端に走るきらいがあり、やみくもに歩調を合わせるのは危ない、軍事についてはとくに慎重にすすめるべきだ、という意味だったのだと思う。のちのイラク戦争のときにわたしは永井の言葉を思い出した。これはあとであらためて論じよう。

さて、当時の国際状況が日米防衛協力を後押ししていたが、一九八五年にソ連共産党書記長に就任したミハイル・ゴルバチョフがソ連の政治・外交を大きく変え、一転して、冷戦の終結へと向かうことになる。長いあいだ国際関係の基本構造となってきた米ソ冷戦は、アメリカのジョージ・H・W・

ブッシュ（父）大統領とソ連のゴルバチョフ共産党書記長の宣言によって、八九年についに終結した。国際社会は新しい時代を迎えることになった。集団的安全保障による世界の平和を掲げて登場した国連は、冷戦によってその機能を十分に果たすことができないままできた。米ソをそれぞれの盟主とする東西両陣営は、同盟条約をむすび、自国の安全を確保してきた。そもそも同盟とは、複数の国家が共通する脅威に対抗するために、条約などによって一定の政治的共同行動をとることを約束し、それによって脅威に対処しようとする伝統的な外交手法である。アメリカは北大西洋条約機構（ＮＡＴＯ）をはじめとして、いくつもの同盟条約をむすんで反ソ（反共）同盟網でソ連を取り囲み、軍事的に封じ込めようとしてきた。冷戦終結から二年を経て、ソ連そのものが崩壊した。

冷戦後の世界戦略の見直しにアメリカはいち早く取りかかった。日米安保関係を含むアジア太平洋政策も当然、見直しの対象である。軍備の縮小を開始し、いくつかの基地を閉鎖し、部隊や兵員の数を減らしはじめた。レーガン大統領がはじめた大軍拡の時代は幕を下ろした。冷戦が終わり、ソ連の脅威も消えたのだから、日米安保も不要になるという見方もあった。ところが実際には、日米安保体制は一九九〇年代を通じて強化されていく。

冷戦後の安全保障問題は、湾岸戦争から話がはじまる。一九九〇年八月二日、イラク軍が隣国クウェートに侵攻した。欧米諸国の軍事援助と協力によって中東随一の軍事大国となっていたイラク軍の前に小国クウェートはなす術もなく、またたく間に全土を制圧された。王族たちはあり余るオイル・ダラー（石油で稼いだ金）とともにいち早く国外に脱出した。一九八〇年代まではサダム・フセイン大統領を支援してきたアメリカは、武力行使を容認するという国連の決議を背景に、多国籍軍と呼ばれた連合軍を率いて、翌九一年一月一七日未明からイラクへの攻撃を開始した。この湾岸戦争では、アメリカの巧みなマスコミ操作もあって、精密誘導兵器が命中する、まるでテレビゲームのような場面がくりかえしテレビで流され「ニンテンドー・ウォー」などと呼ばれた（実際には命中率はあまり高くはなかった）。それでもイラク軍をはるかに上回る兵力の多国籍軍は、当のアメリカ軍首脳さえ予想しなかったほどの圧倒的な勝利をおさめた。マスメディアに自由に取材させない徹底した情報管理の面での圧倒的な勝利も忘れてはならない。

日本も湾岸戦争への参加を求められたが、自衛隊を派遣するにはいたらず、総額百三十億ドルもの大金を主にアメリカに提供した。にもかかわらずあまり評価されなかったことは、政府関係者にとって大きなトラウマとなった。次は日本も兵を送り、血を流す覚悟が必要だという強迫観念にとらわれることになる。戦争が終結したのちに、海上自衛隊の掃海部隊をペルシャ湾に派遣して、海に残された機雷の処理をおこなった。この活動には憲法上の疑義を指摘する声もあったが、それほど大きな議論にはならなかった。

このあと国連平和維持活動協力法（PKO協力法）が生まれた。カンボジアに陸上自衛隊を派遣したことからはじまった日本のPKOへの参加は、その後も着実に実績を重ねている。法案審議の段階では強い反対意見も出たが、今では活動そのものに対する反対意見はほとんど消えたといっていいだろう。ただし、それと同時にこの過程で流行語にもなった「国際貢献」の意味は十分に問われないまま今日にいたっている。

湾岸戦争前のことであるが、ペルシャ湾への掃海隊の派遣が検討されたことがある。一九八〇年から七年もつづいたイラン・イラク戦争の結果、ペルシャ湾には多数の機雷がまかれていた。それを除去するために自衛隊を派遣するという案に、当時の中曽根首相がことのほか熱心であった。しかし、後藤田正晴内閣官房長官ががんとして首をたてに振らず、実現しなかった。そのとき後藤田が口にしたのが、それが「アリの一穴」になるという懸念であった。アリの開けた小さな穴がやがては堤を崩壊させるという意味である。穴とは自衛隊の海外派遣であり、堤とは、戦後の体制そのものである。後藤田はタカ派の警察官僚あがりではあるが、憲法をふくむ戦後体制を変えることについてはきわめて慎重であった。

自衛隊の海外派遣が即「アリの一穴」となるというのは、護憲・平和主義派の主張とも一致する。では、小さな穴が開けば、それは必ず堤の崩壊へとつきすすむのだろうか。そうさせないことも可能なのではないだろうか。そうなるかもしれないし、ならないかもしれない。そうなるかどうかは、その後どうするかにかかっている。何もせず、あるいはできずに、ただ手をこまぬいているだけでは、やがて崩壊にいたるだろう。そうさせないためにはどうすればいいのかと知恵をしぼることもありうべき道ではないのか。

湾岸戦争から二年がすぎた一九九三年五月、今度は日本の安全保障に直接かかわる重大なできごとがおこった。朝鮮民主主義人民共和国（北朝鮮）が日本海に向けて「ノドン」一号と呼ばれるミサイルの発射事件をおこなった。翌年には、事態はさらに深刻さを増した。核兵器開発の疑惑をめぐって、アメリカと北朝鮮の関係がかつてないほどに緊張を高めた。三十五年におよぶ日本の支配ののちに南北に分断された朝鮮半島は、一九五〇年には朝鮮戦争で戦火を交え、今は休戦状態にある。その朝鮮半島が冷戦後の日米安保に大きな課題を突きつけた。アメリカは、第二次朝鮮戦争がおこった場合に日本には何ができるかをさぐった。ところが、千項目を超えるアメリカの要請に対して、日本政府の回答欄には「できない」が並び、アメリカのはげしい怒りを買った。こうして湾岸戦争と朝鮮半島危機を契機として、日米安保体制の再定義、そして実際の運用への準備がすすめられていく。

㈡　五五年体制の崩壊

冷戦の終結という国際環境の大きな変化は、日本の政治にも大きな影響を与えた。一九九三年六月、宮沢喜一内閣に対する不信任決議案が可決され、三十八年におよぶ自民党時代は幕を下ろした。五五年体制の崩壊である。かわって登場したのは、細川護熙を首班とする非自民連立政権であった。五五年体制後の政治体制を模索して政党が乱立状態にあり、この内閣は八党連立内閣となった。このあとめまぐるしく政党の離合集散がくりかえされ、政界再編は長い混迷におちいる。

細川政権は成立後まもなく、首相の私的諮問機関として防衛問題懇談会を設置し、冷戦後の日本の防衛政策についての検討を求めた。細川の意図は、冷戦後にふさわしい防衛政策をめざし、「防衛計画の大綱」を見直すことであった。細川がめざした方向をひとことでいえば、軍縮であった。懇談会の座長、樋口廣太郎の名をとって「樋口レポート」と呼ばれる報告書は、翌九四年八月、村山富市首相に提出された。村山内閣は、社会党の村山委員長が率いる連立政権であり、そこには早くも自民党が与党に復帰していた。しかし、首相は、議席数で上回る自民党ではなく、社会党から出していた。戦争の体験から平和主義者になったという村山は、首相に就任すると、社会党時代の長年の主張を一気にかなぐり捨てて、自衛隊と日米安保を認める大転換を果たした。党内議論はほとんどなかった。しかし、村山は、終戦から五十周年となる一九九五年八月十五日、閣議決定にもとづく談話を発表した。「村山談話」と呼ばれるこの談話は、「わが国は、遠くない過去の一時期、国策を誤り、戦争への道を歩んで国民を存亡の危機に陥れ、植民地支配と侵略によって、多くの国々、とりわけアジア諸国の人々に対して多大の損害と苦痛を与えました」という歴史認識を示し、「この歴史の事実を謙虚に受け止め、ここにあらためて痛切な反省の意を表し、心からのお詫びの気持ちを表明いたします」と謝罪した。日本政府が植民地支配や侵略行為を認めたのは村山内閣が最初である。

そんな村山首相に防衛問題懇談会が提出した報告書が『日本の安全保障と防衛力のあり方――二十一世紀へ向けての展望』である。この通称「樋口レポート」は、小さいながらも画期的な内容をふくんでおり、作成から発表までのあいだに日米間に小さからぬ波紋を呼んだ。それはレポートがこれからの日本の安全保障政策として、「多角的安全保障」を「日米安全保障協力」よりも前においたからである。ここでいう多角的とは、国連をはじめ、周辺諸国との多国間の対話や協力を指すもので、そうしたことに力を入れることが日本の安全保障にとってもっとも重要になる。こうした方向性に対して、アメリカから強い反発が出た。そもそも草案の段階でアメリカに漏らした防衛庁に問題があるのだが、このレポートが示すものは、アメリカ第一というそれまでの日本の安全保障政策からの方向転換であるとして、「アメリカ離れは許さない」という圧力をかけてきた。日米同盟が「漂流している」とみた対日政策関係者らは、日本をあらためてアメリカにつなぎとめようとした。まさに牛馬をつなぎとめる網という「絆」の本来の意味がぴったりくる。

㈢　アメリカ主導の再定義

冷戦後のアメリカが軍備の縮小をすすめるなかで、アジア太平洋地域に前進配備していた軍も当然その対象となったが、その途中で「待った」がかかった。そして日米安保体制の「再定義」と呼ばれる作業がおこなわれる。ふたたび定義する、つまり定義し直すという意味であるから、これによって日米安保が別のものになるとみられ、そうだとすれば、条約を改正しなければならないとの声もあがった。すると外務省は、再定義ではなく「再確認」だといい出した。再定義と再確認では意味するところは大きく違う。こうした外務省のことば遊びに沖縄の基地問題がからんでくる。

冷戦後のアメリカのアジア太平洋戦略は「東アジア戦略報告」として発表された。一九九〇年以来四度にわたって作成されたが、なかでも重要なのが九五年二月に発表された第三次報告である。これは別名「ナイ・レポート」ともいうように、ハーバード大学教授のジョセフ・ナイが国家安全保障担当国防次官補となってまとめた。このナイこそは、日米安保体制を冷戦後の国際情勢にふさわしいとアメリカが考えるものに変容させるうえでもっとも重要な役割を果たした人物である。その名をとって「ナイ・イニシアチブ」と呼ばれることになる一連の動きが九四年秋から始まる。

そして、このナイの報告にマジック・ナンバーとでもいうべきひとつの数字が登場する。それはこの地域に配備する兵士の数である。前進配備という基本には変更はなく、撤退は一部にとどまった。九〇年には十三万五千人が展開していたアジア太平洋地域では、当初は、九万人にまで縮小する計画であったが、ナイはそれを十万人にとどめた。九四年にはすでに十万人にまで減っており、ここで縮小を止めると宣言したわけである。この十万人という数字がマジック・ナンバーとなった。この数字になにか合理的な根拠があるわけではない。必要な兵力とは、単に数字だけであらわされるものではなく、その質つまり能力と政治的意思との関係で理解すべきものである。したがって全体の数字などはただの目安でしかない。ところが、この十万人という数字は動かすことのできないものとして定着していった。アメリカ軍がこの地域に存在すること自体は、関係するほとんどの国によって歓迎されている。軍を外国に配備するには多額の費用がかかるが、この点で日本は優等生だ。安保条約では駐留経費はアメリカが負担することになっていたが、その後、日本政府が一部を負担するようになり、それが年間六千億円を超えるまでになっていた。アメリカ政府の報告書でも「最も気前のよい受け入れ国支援」とこの点は絶賛されている。

一九九六年四月、ビル・クリントン大統領と橋本龍太郎首相が「日米安全保障共同宣言」を発表した。「日米安全保障条約に基づくアメリカの抑止力は引き続き日本の安全保障の拠り所」との位置づけは当然としても、「二一世紀にむけての同盟」のあり方をうたったこの宣言の焦点は「アジア太平洋」であった。日米安保体制の意義は、アジア太平洋地域の安定に寄与することだというのである。日米安保条約には「極東における国際の平和と安全」とある。条約の極東は、「フィリピン以北、台湾と韓国を含む日本周辺」というのが政府の統一見解であった。条約にいう極東と共同宣言のアジア太平洋は、同じものではありえない。適用範囲や目的を拡大するという実質的な修正を条約改正によらずにおこなったことになる。

この共同宣言は、新しい「防衛計画の大綱」と共同歩調をとるものになっていた。新防衛大綱は冷戦時代の七六年に策定された旧大綱にかわって、「わが国の防衛力の在り方についての指針を示すもの」である。ここでも日米安保は重要視されており、「日米安全保障体制」が頻繁に登場する。日本にとってはソ連の脅威から守ってもらうのが日米安保の出発点であった。冷戦が終結してその脅威が消滅した後に、日米安保がこれほど強調されるのはどういうことだろうか。

日米を固くむすびつけてきたソ連という共通の脅威にかわって両国をむすびつけるのは何か。互いをむすびつけるものが不確かになってしまったからこそ、相手がどこかへ行ってしまうかもしれないという不安が、両国をむすびつけた。信頼の裏側には不信感がぴったり張りついているようにもみえないでもない。日米安保体制は強固なものになったようでいて、実はそんなあやうい基盤の上に立っているようにも思えてくる。それは基地問題、とくに沖縄のそれを思うとき、一層強く感じられる。

政治や外交の場で話し合う日米安保体制とは異なる安保の現実がある。基地周辺住民にとってそれは生活そのものである。神奈川県の厚木基地のように、住民が裁判をおこし、夜間飛行の差し止めは認められなかったものの、戦闘機の騒音は耐え難い水準にあるとして過去の被害について損害賠償を認める判決が出た例などもある。また、日本列島全体にいくつもの低空飛行訓練ルートがあり、この低空飛行が事故にもつながっている。主な事故としては、一九八七年八月の奈良県山岳地帯での林業用ワイヤーの切断、九四年十月の高知県早明浦ダムへの墜落、九九年一月の岩手県山中での墜落事故などがある。日米地位協定でアメリカ軍は日本の法律の適用が除外されているケースが多いが、航空法もそのひとつである。そのため、アメリカ軍機は超低空で自由に飛び回ることができる。いつ、どこを飛ぶかもまったく自由であり、許可はおろか、事前の届け出さえしない。

日本国の主権は自国の空にはおよんでいない。いうまでもないが、自衛隊機にはこのような飛行は一切許されない。

日米安保の再定義作業がすすんでいたまさにその最中に沖縄で少女暴行事件がおこった。一九九五年九月、三人の海兵隊員が十二歳の少女に集団で性的暴行をくわえるというおぞましい事件が、日米両国に大きな衝撃をもたらした。こうした事件はこれが初めてではない。アメリカ軍は兵士のおこす事件や事故の統計をとっており、数は公表していないものの、そのなかには殺人や強盗とならんで強姦の項目もある。これまでも事件をおこした軍人が基地に逃げ込み、逮捕できないまま本国に帰ってしまったといったケースは少なくない。アメリカ軍関係者が事件や事故をおこした場合の扱いについて定めている地位協定の見直しを求める声が高まった。協定があまりにもアメリカに有利になっているという不満は以前から強かったからである。しかし、この時も日本の外務省は見直しに強く反対し、結局、協定の見直しには至らなかった。住民感情の悪化を防ぐためにアメリカは「良き隣人」というスローガンを打ち出し、九八年秋の第四次東アジア戦略報告にも反映された。

この事件を機に「沖縄における施設および区域に関する特別行動委員会」（ＳＡＣＯ）ができ、基地の整理・統合など沖縄の負担の軽減が話し合われ、普天間飛行場の返還も盛り込まれた。もっとも、普天間の返還は、大田昌秀知事の要請を受けて、橋本首相がクリントン大統領との会談で直接訴えたことからはじまった。アメリカ側がこれを受け入れることが明らかになったとき、日本の外務省は完全にかやの外にあった。アメリカが返すはずがないと思い込んでいたためである。

少女事件をきっかけに噴き出したのが海兵隊駐留の是非論議である。在日米軍のなかで兵士の数がもっとも多いのが海兵隊であり、沖縄での事件・事故も海兵隊員がおこすものが大半を占めている。そのうえ、軍事的な観点からも海兵隊の存在意義に疑問の声があがった。冷戦後の東アジア地域でおきたふたつの事件、朝鮮半島危機と台湾海峡危機のいずれにおいても沖縄の海兵隊は出動する気配をみせなかった。沖縄の海兵隊は常に即応態勢にあり、地域の安全に不可欠という触れ込みは、実態とはかけ離れているのである。

㈣　新・日米防衛協力の指針

一九九六年四月の日米安保共同宣言では、七八年の「日米防衛協力のための指針」の見直しがうたわれた。これはベトナム戦争の終結後、アメリカが東アジアから引き揚げていくなかで生まれたものであった。日本が侵略された場合のアメリカ軍の来援に主眼をおいていた日本は、この地域へのアメリカの関わりが低下することを心配していた。見直しは、日本が直接攻撃を受けた場合ではなく、日本の領域外で紛争がおこり、アメリカがそれに関与して武力行使をする場合に日本がどう協力するかが焦点となった。たとえば、第二次朝鮮戦争が勃発した場合、日本は何もせず手をこまぬいてみているのか、それで同盟国といえるのか、ということである。一年半におよぶ検討の結果、九七年九月、新しい指針（新ガイドライン）が発表された。旧指針と異なり、日本への攻撃ではなく、周辺で生じた事態への対処に力点をおいている。ふだんからの情報交換や政策協議などに加えて、民間の協力をあおぐことなど、さまざまなことが盛り込まれており、安保体制の次の段階への扉を開くものである。

この指針を実施に移すために国内法の整備もすすめられ、関連する法律が九九年五月に成立した。

これで日本の周辺でおこる武力紛争などで日本がアメリカ軍を支援する枠組みが整い、再定義の作業を開始して以来の目標であるアジア太平洋地域の安定に寄与する用意ができた。「周辺事態」という聞きなれない文言が鍵をにぎっている。これは「そのまま放置すればわが国に対する直接の武力攻撃に至る恐れのある事態」ということになっている。周辺といいながら地理的概念ではなく、事態の性質だという。防衛庁・自衛隊はすでにその用意はできているようだった。一九九五年の「防衛計画の大綱」には「わが国周辺地域において我が国の平和と安全に重要な影響を与えるような事態」が生じた場合には、日米安保によって対処するとうたっている。「そのまま放置すれば……」は、法案審議の過程で修正を受けて出てきたものであるが、もともとは大綱のように、もっとぼやけた表現だった。それにしても、「重大な影響を与える」ではあまりにも漠然としている。何がそういう事態なのかは、実際にはアメリカが判断し、日本はそれに従うことになるのだろう。

新ガイドライン関連法の前に、一九九八年八月には新たな問題が生じていた。北朝鮮から日本列島を越え、太平洋に落ちたテポドン一号というミサイルである。これによって、日本はただちに弾道ミサイル防衛計画（ＭＤ）への参加を決めた。また、偵察衛星の導入にも踏みきった。弾道ミサイル防衛とは、宇宙空間を飛んでくるミサイルをミサイルで撃ち落とそうというアメリカの計画への参加である。偵察衛星のほうは、日本が自前で打ち上げる。前者はアメリカにとって、後者は防衛庁にとって、願ってもない話であった。理由はそれぞれ異なるが、いずれもなかなか踏みきれなかったものである。いずれも議論らしい議論はなかった。それほどの威力がテポドン一号にはあった。「金正日〔北朝鮮の最高指導者〕からの贈り物」とアメリカ政府高官が呼んだのもうなずける。

第2節　アメリカ海兵隊の沖縄駐留

(一)　沖縄駐留の必要性

一九九五年の少女暴行事件を契機に、アメリカ海兵隊の駐留の是非についての議論がわきあがった。しかし、その議論も九七年ごろを境として下火となり、普天間基地の移転先として早くから青写真のできていた名護市のキャンプ・シュワブ沖への代替施設建設へと焦点が移っていった。しかし、それで基地問題、とくに海兵隊の問題がかたづくわけではない。一九七二年の沖縄返還後も、アメリカ兵がらみの犯罪は、検挙者数でみても毎年二百件以上もおきており、その大半は海兵隊員によるものである。海兵隊の沖縄駐留をめぐる議論のいくつかをここでみておこう。日米安保再定義とそれにともなう一連の作業を実質的に担った両国の中堅官僚のあいだで海兵隊の撤退ないし削減が論議されたことはない。日本政府はこの問題を議題として持ちだす意思すらなかった。

それでもこの当時は、海兵隊駐留の是非が、その後に比べればはるかに真剣に論議された。まず、海兵隊の沖縄からの撤退を主張する議論から、のちに民主党政権で防衛大臣をつとめる森本敏（野村総合研究所主任研究員）とアメリカ人の国際政治学者、マイク・モチヅキ（ブルッキングス研究所主任研究員）を取り上げてみよう。両者はいずれも日米安保体制を強化すべしとの前提に立ち、日本が集団的自衛権の行使に踏み込むことを強化することを主張している。

森本は、朝鮮半島での紛争の再発にそなえ、「海兵隊と普天間飛行場は、朝鮮半島有事まではぜひとも必要」だとするものの、その後は、「沖縄に常駐する必要」はないという。つまり、当面の駐留は肯定し、朝鮮半島の統一後に撤退するというシナリオである。そして、そのためには「日本の西部地域、特に九州一円にある防衛庁、運輸省などが管理する飛行場・港湾などの諸施設」を、他の地域から「展開してくる海兵隊や空軍部隊が自由に使用できるよう、共同使用を拡大する必要がある」としている。新ガイドラインに基づく防衛協力の拡大が海兵隊撤退の条件だという。

モチヅキは、日米安保の強化という点では森本と同じだが、そもそも沖縄の海兵隊は朝鮮半島有事への備えができておらず、ハワイあるいはアメリカ本土に引き揚げても問題はないとしている点で森本とは異なっていた。「日米同盟を維持、また強化しつつ、沖縄県民の負担をある程度軽くする方法」をさぐった結果、「海兵隊は日米同盟を再構築すれば、削減または撤退できる」という結論に達し、「海兵隊撤退論と日米同盟の強化を一つのバーゲン（取引）」とする論陣を張った。森本との違いは「朝鮮半島問題が解決しなくても海兵隊は削減できる」とする点にある。

ただし、森本も「海兵隊が常時沖縄に駐留しなければならない軍事的必要性はない」として、「海兵隊が沖縄を中心として日本に駐留しているのは、そもそも米国の海兵隊が硫黄島上陸に成功したことによって、陸、海、空軍と並んで四軍の一つを構成するようになったという歴史的経緯によるものである。つまり、在沖縄海兵隊の駐留はシンボリックなものである」と述べている。また、モチヅキはこうもいう。佐世保に配備されている揚陸艦はわずか四隻であり、そのため沖縄海兵隊の兵員輸送能力は三千人程度でしかなく、朝鮮半島などへの緊急出動には適していない。アメリカの韓国防衛は、すでに韓国に駐留している三万七千人の陸・空軍と日本に駐留している海・空軍、および本土からの増援がこれにあたる。つまり、朝鮮半島で本格的な戦争が勃発した場合、海兵隊の出番はきわめて限られたものになるとみていた。こうした見方に立ってモチヅキは、沖縄から海兵隊を引き揚げて、「これをハワイあるいはアメリカ本土の基地に配備する」ことを提案した。

沖縄の海兵隊の実態をみれば、それが朝鮮有事などへの即応態勢にないことは、田岡俊次、福好昌治ら軍事ジャーナリストも再三にわたって指摘していた。田岡は、「沖縄の第三海兵師団はすでに名のみの存在で、師団長以下、司令部要員のポストや沖縄での既得権を確保し、『三個海兵師団』の建て前を維持する以外の何ものでもない」と第三海兵師団の存在意義そのものに疑問を呈している。福好も田岡と同様に「第三海兵師団の兵員数は、定数を大幅に下回っている」こと、また第三師団のみならず、これと対になって作戦行動をとる第一海兵航空団や第三役務支援群もともに「大幅な欠編制」になっていることをつきとめ、「沖縄の海兵隊は、師団、航空団、役務支援群を名乗ってはいても、それは名ばかりの存在でしかない」と結論づけた。さらに福好は海兵隊の展開状況を追い、一九九六年から翌年にかけて、カリフォルニアを拠点とする第一一、一三、一五海兵遠征隊のいずれかがペルシャ湾に派遣されていたのに対し、湾岸戦争後の九二年から沖縄に配備されるようになった第三一遠征隊は「太平洋地域の演習に参加している時を除いて、常に沖縄にいる。中東にも展開してはいない」という実態に注目する。つまり、沖縄に駐留しているこの部隊は、事実上「予備戦力として控えているだけ」なのである。また、朝鮮半島有事の場合でも、沖縄の部隊に出番はないと推論している。そうなれば、海兵隊を沖縄に常駐させておく必要はなく、「岩国の戦闘攻撃機部隊は無用の長物になる」

とも考えられる。

少し込みいっていてわかりにくいが、ここで海兵隊の構成について簡単に整理しておこう。師団や航空団といった編制上の単位とは別に、海兵隊が海外での紛争に対応する場合には、状況に応じて任務部隊（タスクフォース）を編成する。それには大中小と大きさの異なる三つの種類の部隊があり、そのいずれかを編成して作戦行動をとる。大規模な紛争に対応して大規模な部隊を送るときは、海外遠征軍（ＭＥＦ）を編成する。師団規模の陸上兵力を主力とする部隊で、航空部隊や兵站《へいたん》（補給等）などの支援部隊もあわせて総勢は四万人ほどになる。次の規模は、中心となる歩兵部隊が連隊規模になり、全体では一万六千人から一万八千人になるもので、海外遠征旅団（ＭＥＢ）と呼ばれる。最小規模の部隊が先に述べた海外遠征隊（ＭＥＵ）で、二千人ないし三千人からなる。沖縄には一九九二年に新設・配備された第三一遠征隊（31ＭＥＵ）が駐留している。

海兵隊の中心となるのは歩兵や戦車、大砲などの部隊であり、陸軍さながらである。これを空から支援する航空部隊などとセットで行動するが、戦地におもむくには海軍の艦船に乗っていく。佐世保を拠点とする四隻の揚陸艦がそれであるが、これも九二年以降、佐世保に配備された。この四隻で運べるのは、もっとも規模の小さいＭＥＵである。戦車は沖縄には配備されていないので、必要なときは本土から持ってこなければならないし、そのほかにも必要な装備や物資はグアム周辺にあるなど、いつでも沖縄からすぐに出動できる態勢（即応態勢）にあるわけではない。田岡や福好はこうした海兵隊の実情から議論を組み立てているのであって、いつでも紛争地に駆けつけるといった海兵隊の宣伝文句や「抑止力」といった抽象的な概念にもとづいて論じているのではない。

さて、海兵隊の沖縄駐留の是非をめぐる最大の焦点は、朝鮮半島での大規模な紛争に備えて沖縄に駐留しているのか、それは本当に不可欠なのかという点である。こうなると当のアメリカ自身に問いかけてみたくもなるが、それを提案したのが元海上自衛官の左近允尚敏である。「沖縄県から韓国南部へ海兵隊の移駐」をアメリカに申し入れたらどうかというのである。「米国は海兵隊が主として韓国防衛のための兵力であることを十分に承知しているから、日本の申し入れがあればおそらく韓国に打診するであろう」、「もし韓国が自国の防衛に海兵隊の必要性は薄いということであれば、日本はアメリカに大幅な削減を申し入れる具体的な名分ができる」。この意見が元海将で統合幕僚会議事務局長もつとめた左近允から出たところが興味深い。「米国が日本の申し入れを拒否した場合と、韓国が海兵隊は必要だが移駐には応じないという場合には、政府はアメリカか韓国に、十分納得がいく説明を求めるべきである」。

アメリカ政府にかわって、事実上この問いかけに答えたのが陸上自衛官の山口昇である。一般的な安保効用論や抑止論ではなく、現職の自衛官が軍事的観点から沖縄に駐留すべきだと論じた。少女暴行事件後に噴き出した海兵隊撤退論に危機感をおぼえた防衛庁は、幹部が橋本首相に海兵隊の問題点について説明をし、納得させた。防衛庁の海兵隊擁護論を山口はさらにくわしく述べた。山口は軍事的観点から撤退論を批判し、駐留継続を主張したのである。山口によれば、米海兵隊は公式ドクトリンどおり、有事の際には十分な兵力を素早く展開できるという。しかし、その根拠をみてみると、わたしには納得のいかないものであった。グアム海域に展開している事前集積船団は遠征旅団（ＭＥＢ）一個分に相当する装備および三十日分の補給品を搭載しているにすぎず、大規模部隊である遠征軍

（MEF）を展開するには不十分である。山口は、朝鮮半島有事の際に、「すでに洋上展開している31MEUは、一両日中に戦域に到着」し、ハワイやカリフォルニアから増援に駆けつけた兵力と合わせ、「ほぼ完全な一個師団相当のMEFが二、三週間以内にできあがる」というシナリオを描いてみせた。この計算はそもそも根拠の乏しいものだが、山口はこれには、「前方展開部隊の地理的位置が決定的な要因となり得る」として、沖縄に駐留する必要性を強調する。ところが、海兵隊の大規模な海外展開は、つねにカリフォルニアなど本土の部隊が担当している。沖縄の役割はその中継地であったり、兵員の補充などにかぎられており、当時も今も、沖縄の部隊を中心にMEFを編成することなどということは、ありえない。おそらく防衛庁としての政治的判断が結論として先にあり、山口はそれに向けて材料をならべたのだとわたしは考えている（詳しくは巻末の拙稿参照）。

(二) 海兵隊からの撤退論

海兵隊の沖縄駐留は必要なのだろうか。海兵隊の実情を踏まえて検討してみると、いくつもの疑問が浮上する。沖縄の海兵隊は部隊の定員を大きく下回っており、兵力バランスも著しく欠いている。第三海兵師団は定員の半分も満たしておらず、基幹部隊となる海兵連隊（歩兵）は本来三個編制のところ一個連隊のみであり、しかも連隊を構成する三つの大隊はすべてカリフォルニア州キャンプ・ペンドルトンからのローテーション配備に頼っている。つまり、沖縄には常駐していないのである。その上、航空戦力の柱となる第一海兵航空団も定数を大幅に下回っており、日本に駐留している海兵隊は、単独で大ないし中規模以上の部隊を編成して作戦行動をおこなえる態勢にはない。ただし、全体で二千人程度の部隊であるＭＥＵだけは別だ。この部隊は災害派遣や人道援助などで実際に活動している。しかし、それでも、沖縄に駐留することが必要不可欠というわけではないだろう。日本の本土でも韓国でも、グアムやオーストラリア、あるいはフィリピンでもかまわないはずだ。情報収集手段の発達と運搬手段の高速化を考えれば、海兵隊はハワイやあるいは本土の西海岸にまで引きあげても、ほとんど不都合は生じない。実際に、冷戦終結直後には、アメリカから撤退論が出たこともある。当時の防衛庁は、一九九〇年に海兵隊の沖縄からの全面撤退は確実との情報を得ており、三個ある師団を本土の東西両海岸の二個にして、九六年には沖縄からの撤退がはじまるとみていた。実現にいたらなかった事情は今のところ不明である（前泊博盛『沖縄と米軍基地』）。

一九九六年十二月に東京に立ち寄った当時のウィリアム・ペリー国防長官は、「万が一、朝鮮で戦争が起きた場合、海兵隊は、初期において重要な役割を果たすであろうが、戦争に注ぎ込まれる兵力全体に占める割合は非常に小さなものとなろう」と述べた。海兵隊のアメリカ軍全体に占める割合が小さいという一般論を述べたのではなく、また、この「初期の重要な役割」は、上陸作戦などではなく、遠征隊（ＭＥＵ）による「非戦闘員救出作戦」（ＮＥＯ）を指すものと思われる。これはＭＥＵがもっとも得意とする作戦であり、朝鮮有事の際に海兵隊に与えられる任務として、もっとも可能性が高い。最近の海兵隊はもっぱらこうした「都市の戦士」を志向している。

沖縄に配備されている31ＭＥＵの主力部隊は半年ごとにカリフォルニアから派遣されてくるが、新たに編成されるごとに「特殊作戦能力証明演習」（ＳＯＣＥＸ）と呼ばれる演習をおこなう。そのため、実際に沖縄にとどまっている時間はそう長くはない。いつでも朝鮮半島や台湾海峡に出動できるように備えているなどというのは幻想にすぎない。

海兵隊が沖縄に駐留しているのは、軍事的に必要だからなのではない。理由が何であれ、すでに駐留しているという現実から考えてみるべきだろう。組織（三個遠征軍体制）と既得権（基地や演習場）の維持は、予算の獲得と並んで官僚機構がもっとも重視することである。沖縄駐留は海兵隊にとって最大の既得権益である。わたしは海兵隊を非難しているのではない。軍は官僚組織なのだから、海兵隊は当然のことをしているにすぎない。そのような組織をどう扱うかは、政治の仕事である。

海兵隊自身はどのように沖縄駐留を正当化しているのかを海兵隊自身に語ってもらおう。沖縄返還から二十五周年を迎えた一九九七年五月、沖縄海兵隊機関紙『オキナワ・マリーン』は、沖縄駐留の意義を強調したうえで、撤退論に反論した。①朝鮮半島における大規模紛争への対処、②小規模地域紛争、非戦闘員の救出作戦、戦争以外の軍事作戦に対する迅速な対処と危機管理への貢献、③太平洋地域における人道的援助や災害救助活動に対する貢献、④共同演習などを通じた太平洋諸国との平時における関与――の四点を沖縄駐留の意義としてあげた。陸上自衛隊の山口とほとんど同じ趣旨である。グアム、ハワイ、あるいはカリフォルニアへの移転に対する反論としては、グアムには海兵隊の訓練場がほとんどないこと、カリフォルニアに移転したら前進配備の利点が失われ、その結果、抑止力を低下させることをその理由としている。注目すべきは、「グアムやハワイには沖縄のように住宅も十分になく、兵器の整備に必要なインフラストラクチュアも十分でない」ことをあげている点である。日本に駐留している現在、これらの費用の多くを日本が負担している。安全保障の問題であることを超えて、アメリカ軍が日本に駐留をつづける大きな理由のひとつになっている。

このような公式見解と財政的な都合から駐留を正当化する一方で、実は、海兵隊内部からもしばしば撤退論が出ている。沖縄に配属された経験をもつある下士官は、米本土の部隊と比べた場合、揚陸艦と歩兵大隊が分散しており、統合訓練にはなはだ不都合であるうえ、訓練のピークは沖縄配備の前にくる。政治的理由による制約に加えて、訓練区域が狭いことが主な理由だという。そして、本土からのローテーション部隊が新たに配備されると、ＭＥＵはそのたびごとに特殊作戦演習をおこなうが、それをはじめるのに到着後二カ月もかかる。そのため、カリフォルニアで得た技能を沖縄で徐々に低下させているという。これでは何のための前進配備なのか疑いたくなる。

こうなると、主要な訓練をカリフォルニアで済ませてから沖縄に配備されることが、むしろ兵士の規律のゆるみにつながる可能性もあるだろう。海兵隊が駐屯する地域のなかでも、沖縄が犯罪や事故の発生率が格段に高いこととも関係があるのではないか。そのような疑問も頭をもたげてくる話である。

ふたりの海兵隊大尉は、「海兵隊は役割を見直すべきだ」として、航空機の訓練には沖縄は狭過ぎること、しかも飛行部隊が沖縄と岩国に分散してしまっていること、部隊が沖縄のホワイトビーチから展開するために、揚陸艦が三日かけて佐世保から回航しなければならないことなどを指摘し、「海兵隊のこの島への執着は、主として一九四五年の激戦の末の勝利からくるセンチメンタルなものである」と断言している。そして海兵隊にはもはや沖縄に大規模な部隊を維持するだけの予算や人員の余裕がないことを率直に認めている。このふたりも沖縄に勤務した経験を持っている。しかも、これらはいずれもその直後の発言である。沖縄が海兵隊の駐留に適していないこと、海兵隊は日本からの多額の財政支援があってもなお、かなり無理をして駐留を維持していることを、自身の実体験を通じて語っていた。

現役の将兵だけではない。一九九五年から九九年まで海兵隊総司令官をつとめたチャールズ・クルーラクの実父でもあるビクター・クルーラク元太平洋海兵隊司令官は「沖縄は停泊地が貧弱な上、部隊の移動や訓練が制限されていることで、駐留地としての魅力を失った。また地理的にもオーストラリア北部やベトナムのカムラン湾のほうが戦略上好位置にある」といっている。ほかにも普天間基地返還の代替施設の建設が住民に大きな負担をかけるとして建設に反対する意見なども、しばしば海兵隊関係の雑誌などに登場している。

撤退論が内部からも幾度となく出ているものの、沖縄を手放さないという海兵隊の姿勢に変化はなかった。「戦利品」に対するセンチメンタリズムと財政的理由を背景とする駐留論が、政治的な勝利をおさめたのである。こうして海兵隊は、アメリカ国内政治において勝利したのみならず、その立場を日本の外務省や防衛庁に代弁させることで、日本国内の撤退論を封じることにも成功した。

海兵隊の沖縄駐留は、安全保障上の必要からではなく、アメリカの国内政治によって説明しなければならない問題である。海兵隊の沖縄駐留を決めたのは、軍事ではなく政治であった。海兵隊は普天間飛行場の返還に強硬に反対していたが、それをひっくり返したのは、大統領の決断である。政治指導者がその気になれば、軍は動かせるのである。また、そうでなければならない。それが民主国家における政軍関係というものである。

第３節　９・11と安保体制の再々定義

(一)　安全保障の新段階へ

二十一世紀の幕開けの年に世界を揺るがす大事件が発生した。二〇〇一年九月十一日の航空機を使ったアメリカへのテロである。この「９・11テロ」では、四機の旅客機が「アルカイダ」という組織に属するテロリストに乗っ取られ、そのうち一機は墜落したものの、二機はニューヨークの超高層ビルに、一機はワシントンの国防省ビルに激突した。犠牲者は三千人ちかくにのぼる大惨事となった。

ジョージ・W・ブッシュ（子）政権はこれを「戦争」ととらえ、即座に報復にむけて動きだした。ブッシュは「自由が攻撃された。文明への挑戦だ」と叫んだが、テロの標的は自由でも文明でもなく、アメリカであった。しかし、アメリカの対外政策がテロを呼び込んだという認識はまったくなかった、あるいは、そこから目をそらしたかった。

「テロとの戦い」がこのあと合言葉になるが、テロリズムも戦争と同じく政治の産物である。そもそもここが出発点のはずであるが、ブッシュ政権は思考力を失っていたようにわたしにはみえた。

十月はじめには、アルカイダの拠点となっていたアフガニスタンへの空爆を開始し、アフガニスタンの政権はまたたく間に崩壊したが、テロの首謀者とされたオサマ・ビン・ラディンの行方はわからなかった。テロへの報復として、テロ・グループをかくまう国を武力攻撃するということが、はたしてどれだけの有効性を持つというのだろうか。その後、アフガニスタンは十年以上も混迷をつづけている。テロと何の関係もない多くの人びとがアメリカの「誤爆」によって命を落としている。なかには結婚式のパレードにミサイルを撃ち込んだこともあった。「正しい」行為に付随する小さな「事故」とされている。こうした行為がどれだけ人びとの恨みを買ったことだろう。それがまた、新たな敵意を生み、テロにつながるかもしれないのだ。目的と手段がまったくかみあっていない。

テロ直後には、ブッシュ政権内で「これで今後十年間、好きなことができる」との声もあがった。テロへの怒りとアメリカへの同情があれば、何をしても許されるという意味だ。たしかに、アフガニスタンへの報復攻撃には国際的な支持が集まった。そして、テロの直後から、イラク攻撃案は浮上していた。

二〇〇二年一月の演説でブッシュはイラクを北朝鮮、イランと並べて「悪の枢軸」と呼んだ。この三つの国がどのようにつながっているのか明らかにしたわけではなく、ただ単にアメリカに敵対している国をひとつにくくっただけであった。とくにイランとイラクは敵対的な関係にあるのだから、この表現は納得のいくものではなかった。ブッシュ政権は、9・11テロの背後にフセイン大統領がいると主張した。しかし、その証拠は何もなかった。当然だろう、イスラム原理主義のビン・ラディンと宗教とのむすびつきの弱い世俗的なフセイン政権では、価値観が異なっていた。むしろビン・ラディンはフセインを嫌っているといわれていた。これがうまくいかないとわかると、次にブッシュ政権があげたのが、イラクは大量破壊兵器を隠し持っているというものだった。核兵器や化学兵器を開発しているという疑惑は以前からあり、国際機関による査察がおこなわれた。しかし、これもたしかな証拠はなく、そのためイラク攻撃への国際的な支持はなかなか広がらなかった。国連はさらに査察をつづけようとしていたが、アメリカの選択肢ははじめから戦争であり、最後まで戦争だった。

アメリカのイラク攻撃を認める決議を国連安全保障理事会で取りつけようとしたが、フランスをはじめ理事国のあいだでも反対が多く、最後はアメリカもこれを断念せざるをえなかった。そもそも大規模な軍隊を投入するには、かなりの準備期間が必要である。アメリカの戦争準備が整ったのは二〇〇三年三月に入ってからだった。ブッシュ政権にとって国連の舞台は、それまでの時間稼ぎの芝居ではなかったかとわたしは思っている。「国連決議があればいいが、なくてもイラクを攻撃する」という姿勢は一貫していたし、ブッシュ政権にしたがいながらも、一時弱気になりかけたイギリスのトニー・ブレア首相に対して、「ついてこないのならそれでもいい、アメリカだけでやる」という態度に出たところにそれがあらわれている。

世界中で戦争反対のデモがまきおこり、イギリスでも戦争反対が世論の大勢を占め、高校生までがデモに加わるという事態になったほどだった。オーストラリアでも、二十世紀はじめの独立以来、つねにイギリスやアメリカの戦争に真っ先に協力してきたこの国の歴史ではめずらしいほどにはげしい議論がおこり、国民世論は割れ、やはり高校生までがデモの列に加わった。

イギリスのブレア政権とオーストラリアのジョン・ハワード政権はアメリカにしたがうことを決め、ブッシュはそうした国々とともに、二〇〇三年三月二十日、イラク攻撃を開始した。イラク戦争のはじまりである。

(二) イラク戦争

イラク戦争がはじまる直前に『沖縄タイムス』紙から寄稿をもとめられ、わたしは次のようなことを書いた。

湾岸戦争後の制裁と米英の度重なる空爆によって、イラク側に反撃する能力はほとんどなく、アメリカの軍事作戦は短時日のうちに成功する可能性が高い。ただし、それは地図の上での話であり、地上では民間人を含む多くの人命が失われ、難民などを合わせれば犠牲者は十万人規模にのぼることも考えられる。その上、米英軍が湾岸戦争に続いて今回も劣化ウラン弾を用いれば、将来にわたる大きな悲劇をもたらすことになるが、ブッシュ政権は人道的な側面には関心はないようだ。

イラク攻撃とその後の占領は、中東地域の人々の米国への不信や憎しみをつのらせる。それが新たなテロや紛争の火種となって、いずれは米国だけでなく同調した国々にも災いをもたらすことになりかねない。

そもそもブッシュ政権にイラク占領改革の確かなプランがあるかは疑問である。条件がまったく異なるのに、日本占領がモデルになるなどと言っているようでは、成功させるのは簡単ではあるまい。

米国の侵攻には正義も道理もないだけでなく、政治的な計算から見ても適当な方法ではない。今回の事態に対して日本政府は、残念ながら無為無策であったと言わざるをえない。だから小泉首相や川口外相の口からは他人事のような発言しか出なかった。北朝鮮問題で米国の世話になるからイラク攻撃を支持するというのは、人道に反するだけでなく、はじめから北朝鮮問題解決の能力も意志もないと宣言するようなものだ。

戦争後は何らかのかたちで自衛隊にも協力が求められ、米国主導のもとで自衛隊と米軍の一体化がますます進むだろう。主体的な意思決定のできない政府のもとで、自衛隊は誰のために存在するのかが問われることになろう。

（二〇〇三年三月二十三日掲載、抜粋）

文中に出てくる劣化ウラン弾とは、ウラニウムの濃縮過程で出る「核のゴミ」ともいえる物質を利用した弾丸や砲弾のことで、鉛などのような重金属としての毒性のほかに、放射性物質であるため、たとえ微量でも体内に入り込むと内部被ばくによって深刻な健康被害をひきおこす。湾岸戦争でもアメリカはこの劣化ウラン弾をつかったが、その後、白血病などにかかる子どもが増えている。

ここに書いたことは（残念なことに）おおむね当たったことがわかるだろう。いささか悲観的な予測を並べたが、書いているときから、この通りになるだろうというほとんど確信に近いものがあった。もちろん、わたしに特別な情報などあろうはずがない。新聞や雑誌、テレビの報道に注意深く接していれば、このぐらいのことはわかる。

問題はインフォメーションではなく、インテリジェンスである。日本語ではどちらも「情報」と呼ぶことが多いが、軍事用語では、インフォメーションは分析前の資料としての情報であり、インテリジェンスとはそれらを集めて分析したうえでの評価（判断）のことをいう。だいじなのは総合的な判断力なのである。日々ながれてくる情報を冷静に読み、判断する力さえあれば、誰にでもわかるはずだとわたしは思った。

「戦争がおこった時、最初に犠牲になるのは真実である」とは、アメリカのある上院議員のことばだが、まさに戦争がはじまると間もなく、B級ハリウッド映画のようなニュースが飛び込んできた。ある若い女性兵士が、銃弾がつきるまで勇敢に戦って傷つき倒れ、仲間の部隊によって救出されたというのである。「戦場のヒロイン」というあまりにもみえすいた作り話は、さすがにすぐにボロが出た。攻撃を受けて乗っていた車両が転倒してけがを負ったこの女性兵士は、病院でイラクの医師と看護師による手厚い治療を受けていた。決死の救出作戦を演出し、空砲を打ち鳴らして病院に突入する場面が撮影された。湾岸戦争のときは、石油まみれの水鳥がイラクの環境テロとされ、イラク兵は保育器から赤ん坊を放り出していると宣伝された。どちらも真っ赤な嘘だった。

この次の戦争でも、このような嘘にまみれたプロパガンダが横行することはまちがいない。違うのは、もう少しだけ巧妙な作り話がメディアを踊らせることである。

イラク戦争でわたしの予想を超えていたのは、イラクのその後の泥沼ぶりであり、それによる犠牲者もはるかに多くなってしまったことである。これはひとえにブッシュ政権の信じがたいほどの無策による。圧倒的な軍事力への過信からか、おそろしく貧困な政治が、悲劇を拡大してしまった。

ブッシュ政権がイラクに対する戦争をはじめると、小泉純一郎首相は即座に支持を表明した。閣僚のあいだでは何の議論もなかった。日本国内でもこの戦争は大きな議論を呼んだ。アメリカの戦争を支持する論調は、大別すればふたつの理由によっていた。ひとつはブッシュ政権の言い分をほとんどそのままに受け取って、この戦争に大義があるとするものであり、他のひとつは、同盟国としての義務ないし義理から、そして「北朝鮮の問題などで世話になる」という理由から、国益にかなうとして支持するものである。前者は、ずいぶんナイーブだといわざるをえないし、後者が、「友だちのすることだから、悪事でも応援する」というのでは、あからさまな不正義である。

利害や思惑が複雑に入り乱れる国際政治において、つねに道理が通るわけではない。それどころか、むしろ通らないことのほうが多いが、それでも踏みとどまるべき地点、越えてはならない一線というものがあるだろう。北朝鮮を理由にあげるのは、まったく別の問題にすりかえており、政策論議として筋違いというものだ。「国益」のひと言で何でも正当化できるわけではない。日本政府はその後、大量破壊兵器がまったくなかったことが明らかになってからも、何の検証もしていない。

戦争に嘘とプロパガンダはつきものだが、イラク戦争ほどあからさまな例もめずらしいのではないだろうか。ベルギーの歴史学者アンヌ・モレリの著書に『戦争プロパガンダ10の法則』がある。この「法則」は、「われわれは戦争をしたくはない」「しかし敵側が一方的に戦争を望んだ」にはじまって、「われわれの大義は神聖なものである」「この正義に疑問を投げかける者は裏切り者である」まで、イラク戦争に突入したブッシュ政権のせりふをそのまま並べているかと思えるほどだ。要するに、これらは、戦争をはじめたい政治家がもちいるプロパガンダの常套《じょうとう》手段ということである。こんなみえすいたレトリックにいとも簡単に乗せられてしまった人のなんと多かったことか。イラクが大量破壊兵器を持っているという情報は、ほとんどが根拠のないものであり、その多くはでっち上げに近いものだった。アメリカやイギリスでは、情報がまちがっていたとして、情報機関に責任をなすりつけた。

しかし、そもそも確かと思われる情報はほとんどなかった。ブッシュ政権とその追随者たちは、あると信じたかっただけのことである。ＣＩＡ（アメリカ中央情報局）の元分析官はテレビのインタビューで、「ホワイトハウスは、望んでいる情報以外には受け取ろうとしなかった。ＣＩＡの上層部は、ホワイトハウスが望む情報だけを報告せざるをえなかった。みんな官僚なんだから」といっていた。イラク戦争を支持した日本のある国際政治学者は、一年後のインタビューで、自分の目は節穴だったと率直に認めた。この戦争に関するかぎり、日本ではめずらしいぐらい誠実な対応だったと思う。

自衛隊はしだいにアメリカ軍との関係を深めてきたが、9・11テロを機に日米安保は新たな段階に入った。つまり、日米安保の再々定義がおこなわれたと考えるべきだろう。再定義によってアジア太平洋へと拡張された日米安保は、再々定義によって、今や世界大に拡大された。

インド洋に派遣された海上自衛隊、イラクに派遣された陸上および航空自衛隊の姿がそれを物語っている。いずれもアメリカの要請にこたえるための派遣である。「米軍が喜ぶ場所と役割でなければ意味がない」（政府関係者）という発想ですすめられてきた以上、たとえイラク復興支援という名目があるからといっても、その核心がどこにあるかは明白である。

㈢　同盟の再編

9・11テロをきっかけとして、アフガニスタン、イラクというふたつの戦争につきすすんだアメリカに、日本はどう対応したのか。アフガニスタンには「テロ対策特別措置法」を講じて海上自衛隊の給油艦をインド洋に派遣した。戦闘とは一線を画する後方支援なので憲法違反にはならないという理屈づけによるものだった。また、「イラク特別措置法」によって陸上・航空自衛隊をイラクに派遣した。こちらは復興支援活動のためということだったが、自衛隊のはじめての戦地への派遣であった（半田滋『戦地派遣』）。アメリカ海軍とのつながりの深い海上自衛隊ははじめから積極的で、制服組と呼ばれる自衛官が手分けして政治家を訪問して説得にあたった。アフガニスタンへの派遣を拒否した陸上自衛隊は、今度はもう断れないと腹を決めてイラクに行った。イラクでは道路など公共施設の整備や給水、医療支援などをおこなったが、最大の使命は、無事に帰ってくることであり、それをやりとげた。イラク派遣の責任者だった内閣官房副長官補の柳澤協二は、派遣部隊の長に「君の最大の使命は全員を無事に連れ帰ることだ」と訓示した。他方、インド洋で給油にあたった海上自衛隊の幕僚長は「日米同盟の絆を守るため」と隊員に説明していた（柳澤『検証・官邸のイラク戦争』）。要するに、いずれも自衛隊派遣という政策の目的はアメリカであった。

こうした対応と並行するようにすすめられたのが、同盟の再編である。二〇〇二年十二月、日米両国政府は兵力構成の見直しを開始することで合意した。ここからはじまった在日アメリカ軍の見直しは、一般に「米軍再編」と呼ばれている。しかし、その内容をみてくると、単に日本駐留の見直しにとどまるものではなく、日本との同盟のあり方を変えようというものとなっている。そこで、ここでは同盟再編と呼んでおきたい。

さっそく二〇〇三年五月の日米首脳会談では「世界の中の日米同盟」がうたわれた。これで再々定義に向けての方向性が定められ、この方針に沿っての再編がはじまった。アメリカは安全保障戦略の見直しと財政上の事情から、韓国に駐留をつづけている在韓米軍を削減したいと考えていたこともあって、東アジアを中心としてアジア太平洋地域全体をにらんだ再編を検討していた。

9・11テロを契機にすすめられた日米安保の再々定義を決定づける文書として、二〇〇五年二月の「共通の戦略目標」、そして十月の「日米同盟：未来のための変革と再編」がある。ここで二年前の「世界の中の日米同盟」を受けて「世界における課題に効果的に対処する」ことを宣言した。日米安保協議委員会による文書だから、両国の外務・防衛閣僚の署名である。サンフランシスコでの晴れやかな講和会議のあとでひっそりと調印された（旧）日米安保条約は、九年後に大混乱のなかで現行の安保条約に改定された。それが日米首脳によって再定義され、今度は四人の閣僚によって再々定義されたのである。半年後の二〇〇六年には、それを実行にうつすための具体的な行程表（ロードマップ）が定められた。

二〇〇七年一月、防衛庁は長年の念願がかない、防衛省へと昇格した。同時に自衛隊法の改正によって、海外への派遣も本務のひとつとなった。しかし、そうしたことは関係なく、あるいは、それまで以上にアメリカ主導で同盟再編はすすめられ、日本は受け身の姿勢に終始している。そのなかでも、もっとも日本の国民を翻弄してきたのが普天間問題である。いや、正しくは、翻弄されたのは沖縄の人たちであって、本土の国民の関心ははなはだ低いままである。

少しもどって、二〇〇三年十一月のことであるが、沖縄を訪問したドナルド・ラムズフェルド国防長官は、稲嶺恵一知事にうながされて普天間飛行場を上空から視察した。長官は「こんな所で事故が起きないほうが不思議だ」と感想を口にした。翌二〇〇四年八月、普天間基地所属のヘリコプターが、隣接する沖縄国際大学に墜落した。ラムズフェルドの懸念は現実のものとなった。ラムズフェルドは普天間視察後すぐに沖縄海兵隊の一万人削減を指示していた。アメリカの国防長官だから「軍事的合理性」にもとづいて判断した、などということはない。地元への負担を軽減するために削減したとはっきりわかる数字として一万人をあげたのであった。つまり、政治的な数字である。軍事とはこうして政治にしたがうものだ。軍事問題というのは、要するに、政治的意思の問題なのである。

では、どのような政治のもとで日米同盟の再編はすすめられてきたのか。ブッシュ政権は、９・11テロの後、一気に強硬な路線をつきすすんだ。二〇〇二年九月の「国家安全保障戦略」では先制攻撃も辞さないことを宣言した。また、核兵器も「日常的に使用可能な兵器」と位置づけ、イラクもアフガニスタンも泥沼化した二〇〇六年に発表した新たな「国家安全保障戦略」でも先制攻撃戦略を維持した。八年間つづいたブッシュ政権にかわってバラク・オバマ政権が登場し、先制攻撃は影をひそめたが、同盟国により大きな軍事的役割を期待する姿勢ははっきりしている。早い話が、この次の戦争では戦闘部隊を出せ、ということになるだろう。

日米安保の再々定義によって、日本の役割はそれまでよりもはるかに大きくなる。それが「現日米安保条約の枠をはるかに超えることを、われわれは承知しなければならない」というのは元陸上幕僚長の冨澤暉である。三島とも親交があり、クーデタの誘いを断った冨澤は、「諸君は永久にだねぇ、ただのアメリカの軍隊になってしまうんだぞ」という三島の最後のことばを覚えているだろうか。

終　章　日本の平和と安全――終わらない「戦後」へ

第1節　日米安保の六十年

(一)　有用と必要の間

戦後日本の平和と安全について、主要ないくつかの出来事をみてきた。講和条約の発効による主権回復からの六十年は、そのまま日米安保体制の六十年であった。安保は日本の安全をささえる柱のひとつだっただけでなく、主権のあり方にも大きく影響をおよぼしてきた。講和の代償としてむすばれた安保条約は、今日までその性格を保持したままである。最後に、その帰結としての現在が直面している問題を整理したうえで、これからの国のあり方について考えてみたい。

序章で述べたように、二〇一二年に日本政府は、安保条約の改定から五十年と沖縄返還から四十年を祝った。さらに翌一三年になって、一九五二年四月二十八日に講和条約が発効して日本が主権を回復したことを記念する式典を開いた。この日は沖縄にとっては、奄美や小笠原とともに、日本から切り離された「屈辱の日」である。政府はすべての都道府県知事に式典への出席を求めたが、知事本人が出席したのは半数あまりの二十六の自治体にとどまり、国をあげて祝うというにはほど遠いものとなった。式典の最後に「天皇陛下万歳」の声がかかり、安倍晋三首相ら閣僚もこれに唱和し万歳をした。天皇・皇后両陛下は少し迷惑そうな表情を浮かべたようにわたしにはみえた。同じ日、沖縄ではこれに反発する集会が開かれ、一万人を集めた。政府の式典は「再び沖縄切り捨てを行うもの」であり、「沖縄は捨て石のままで、主権は回復していない」と、沖縄は政府をきびしく批判した。安倍首相は式辞で「沖縄が経てきた辛苦に思いを寄せる」と付け足していたが、沖縄の現状をみれば、安倍のことばはむなしく響く。

主権の回復と同じぐらい大きな意味を持つのが日米安保条約の発効である。この国の平和と安全を考えるとき、一九六〇年の新安保条約からではなく、旧条約の誕生から六十年が過ぎたとみるほうが、わたしたちが今日かかえている問題をよくとらえることができる。条約が改定されても、沖縄が返還されても、安保には、旧条約の影が色濃く残っている。改定はその一部を見えにくくしたにすぎない。ただし、それでも、日米安全保障体制そのものについては、今では国民の多くが認めている。では、アメリカ軍の基地のありかたや駐留する兵士たちの行状までも、今のままでいいというのだろうか。これは別の問題として考えるべきことだ。アメリカ兵による犯罪は一向に減る気配がなく、事件がおきると夜間外出禁止などの措置を一時的にとるものの、しばらくたつと解除され、また、同じことがくりかえされる。それでも日本政府はいつもアメリカ側に立つばかりである。

政府の公式見解では、自衛隊は「自衛のための必要最小限度の実力を保持」することが認められているとされている。それが憲法にかなうという解釈である。そうであるならば、日米安保体制も同じであるべきだろう。自衛隊は必要最小限だが、アメリカ軍は好きなように駐留し、勝手に行動していいということにはならない。それでは、主権を回復したとはいえない。

日米安保体制が必要だとするならば、そのあり方について、よく考えてみなければならない。さしあたってすべきことは、アメリカ軍の駐留を必要性という観点から具体的に検討してみることである。軍と基地は、いったいどれぐらい必要なのか。役に立つことと必要不可欠であることとは同じではない。日米安保が日本の安全にとって必要だとしても、在日アメリカ軍は、いったいどこまで必要なのか。今の基地と駐留の規模は、これまでみてきたことから明らかなように、もっぱらアメリカ軍の都合を優先してきた結果である。アメリカの都合でアメリカが決めたことを日本はただ受け入れてきた。それが日米安保六十年の歴史である。

(二)「抑止力」という呪文

二〇一〇年五月、鳩山由紀夫首相は普天間飛行場の県外への移転をあきらめる口実に、抑止力としての海兵隊の意義を強調したが、そのあとになって、「辺野古しか残らなくなった時に理屈付けしなければならず、『抑止力』という言葉を使った。方便と言われれば方便だった」と発言してひんしゅくを買った。ここまでことばの軽い人を首相にしてしまった国民の不幸はひとまずおいておくとして、腰をすえて在日アメリカ軍がはたしている役割と基地の機能を検討すべきである。

海兵隊の沖縄駐留について調べてみてわかったことは、日本の安全保障にとって沖縄駐留が不可欠というわけではないということである。これは海兵隊が日本および周辺地域にとって役に立たないという意味ではない。海兵隊が沖縄にいることで好都合なこともある。あるいは、沖縄でなくとも日本のどこかに駐留していれば、役に立つこともある。だが、必要にして不可欠かというと、そうではないということだ。便利であることと必要であることは違う。これはきちんと区別しておかなければならない。人がものを買うとき、どうしても必要であれば高くても買うだろうが、便利だが必要というわけではないものは、値段をみて考えるだろう。あるいは大きすぎて収納に困るのであれば、二の足を踏むだろう。

はたしてアメリカ軍は、日本にとってどういう存在なのか。安保条約とアメリカ軍がこの地域に必要だとしても、いま日本に駐留している部隊と基地がすべて必要なのだろうか。便利だが必要というわけではないものや、もしかしたら、むしろ、ないほうがいいものが今なお居座っているなどということはないだろうか。

沖縄駐留はアメリカ海兵隊にとって都合がいい。この「都合がいい」は、日本が払っている巨額の「思いやり予算」もその大きな要因である。同じくアメリカ軍が駐留している韓国やドイツなどに比べると、「受入国支援」と呼ばれる予算規模は、兵士ひとりあたりでみると他国の数倍ないし十倍ほどにもなる。これほどまでに気前のいい国、つまり、都合のいい国は世界じゅう探してもないのだから、居座りたくなるのも当然だ。それでも軍事的には沖縄でなければならない必然性はなく、むしろ不都合なことも多いため、いく度となく、海兵隊のなかからも撤退論が出てきたことはすでに述べたとおりである。しかも、沖縄の人びとにとっては海兵隊の駐留は「都合がいい」わけではない。基地を相手に商売している人たちにとっては（少なくとも当面のあいだ）必要だが、そのような人たちはそれほど多いわけでもない。基地が生んでいる雇用は全体で九千人ほどにまで減っており、基地が沖縄経済に占める割合は五パーセント程度である。基地が返還されても、跡地を利用すれば埋め合わせることは十分に可能だ。

民主党が政権を取る前のことであるが、党代表の小沢一郎が興味深い発言をしたことがある。在日アメリカ軍の再編に関連して、軍事戦略的には極東には第七艦隊がいれば十分だと述べた。発言の趣旨は、ただアメリカに従うのではなく「（日本も）きちんとした世界戦略を持ち、どういう役割を果たしていくか」を考えるというものであった。そうなると、日本の役割は増すであろうが、駐留軍は減らすことができる。小沢は、「軍事戦略的には第七艦隊が今いるから、それで米国の極東におけるプレゼンスは十分」だという。つまり、海軍以外は検討の余地あり、ということになる。

「この時代に前線に部隊を置いておく意味はあまりない」という認識は正しいだろう。実際、アメリカは陸軍、空軍を前線から引き揚げる方向にあり、いわゆる有事駐留方式に近づいている。しかし、小沢に対して自民党からは「日米同盟にひびが入る」、「暴論以外の何ものでもない」とはげしい批判がおこり、その後、この話は消えてしまった。民主党からの援護射撃もなく、小沢も二の矢を放つことができなかった。実際のところ、アメリカ空軍は沖縄の嘉手納や青森の三沢などに戦闘機を配備しているが、沖縄の空もふくめ、日本の防空にはかかわっていない。三沢のF－16戦闘機はイラクへの攻撃に派遣されるなど、日本や極東と直接には関係のない任務が与えられている。こうしたことをみると、海兵隊もふくめ、いわゆる有事駐留などの方法で対応できることは多いだろう。これまでもしばしば、「常時駐留なき安保」などが検討にのぼったことがあったが、アメリカの反発とそれに同調する日本国内の声でかき消されてきた。

二〇一一年五月、アメリカ連邦議会の三人の有力な上院議員が、軍の東アジア駐留の見直しを提案した。二〇〇六年の日米合意は非現実的で、財政的にも実現が困難であるとして、普天間飛行場の辺野古への移転に反対し、空軍嘉手納基地へ統合することなどの提言をふくんでいる。嘉手納に駐留する空軍の一部を日本国内の他の基地（三沢など）やグアムのアンダーセン空軍基地に移すことで、嘉手納の騒音問題を悪化させることなく、普天間の返還ができるという。日米両政府ともこの提案には関心を示さないが、わたしは検討に値するものと考えている。

二〇一一年六月にワシントンで開かれた日米安全保障協議委員会で合意された文書「在日米軍の再編の進展」は、沖縄の負担軽減よりも、基地の機能強化に力点をおいている。普天間飛行場のかわりの施設には千八百メートルの滑走路が建設されるが、これは一九九六年のSACO合意をはるかに超えるものである。「普天間飛行場のヘリコプター運用」のための「海上基地」のはずであったが、それが今ではオスプレイの運用を基本とするものに強化された。少女暴行事件をきっかけにはじまった沖縄基地の見直しは、十五年の時を経て、ますます海兵隊にとって都合のいいものになった。海兵隊はいわば「焼け太り」した。

普天間の移設やオスプレイの配備や訓練などについての議論は混乱している。本来は、ほんとうに日本に必要なのかを議論すべきなのだが、そういう本質的な議論を飛ばして、飛行場をどこに移すか、オスプレイをどこに配備し、訓練をするかという話になってしまっている。

㈢　オスプレイ配備の意味

二〇一二年十月に普天間飛行場に配備されたオスプレイは、現地ではかつてないほどの大きな反発をよんでいる。このオスプレイの配備にいたる経緯は、まさしく日米安保体制がいかなるものかをよく示している。要点をかいつまんでいうと、次のようなものだ。

旧式化しつつあった中型輸送ヘリコプター（CH－46）のかわりになる輸送機が必要になり、軍は固定翼機と呼ばれるふつうの航空機とヘリコプターの機能をあわせもつ新しいタイプの航空機（ティルト・ローター機）の開発に乗り出した。ところが思うように開発がすすまず、事故も多かったため、八〇年代半ばには国防長官は開発中止を求めるまでにいたった。軍がこれに反発して開発はつづけられたものの、開発が遅れたうえに費用がかさんだために、陸軍は計画から降りてしまった。さらに海軍と空軍も調達（購入）する数を大幅に減らした。そのためにますます一機あたりの値段は高くなってしまったが、海兵隊は最初から最後までオスプレイの開発を強力に推進しつづけた。ちなみに陸軍はUH－60「ブラックホーク」という輸送ヘリを使っており、これを海兵隊にもすすめる専門家もいたが、海兵隊はオスプレイの開発に固執した。その後も開発の途中で飛行データのごまかしが発覚するなどの問題もあったが、それらをのりこえてようやく配備にこぎつけた。

海兵隊は退役する中型輸送ヘリをすべてオスプレイに替えるのだから、いずれは沖縄にも配備されることはわかりきったことだった。アメリカは早くも一九九六年にはそのことを日本に伝えていた。

それにもかかわらず、日本政府はここでも嘘を重ね、配備の直前になって、ようやく沖縄に伝えた。こうして、政府に対する不信感はますます高まった。

オスプレイは「欠陥機」とまではいえないだろうが、扱いのむずかしい航空機であることは技術者やテストパイロットら専門家の証言もあり、まちがいないところだろう。ローター（プロペラ）の向きを変えるときに不安定になりやすいことはよく知られている。アメリカ本土でも地元から不安の声があがって、訓練が延期されるなどの事態がおきた。また、ローターがヘリコプターにしては小さい（固定翼機にしては大きい）ために、ヘリ・モードのときにおこるダウン・ウォッシュという下向きの風がかなり強いことも欠点のひとつである。これはとくに海などでの救難活動をむずかしくするだろう。安全のためにヘリコプターには必ずつけてあるオートローテーション機能もオスプレイにはつけなくていいことにした。ローターが小さく機体が重いため、この機能は働かないからだ。ヘリコプターとプロペラ飛行機のいいところをあわせ持っているが、同時に、そのために生じる欠点もあわせ持っている。市街地の真ん中にある普天間をはじめ、地元のひとたちが不安を感じるのも当然のことといえる。安全性を確保するためとして、配備直前に日米両政府で決めた飛行に関する合意事項も（いつものことだが）守られていない。

その一方で、オスプレイに過度なまでに期待する声もある。開発と配備の経緯からわかるように、配備はずいぶん前から決まっていたことであり、しかも、なんといっても、最大で二十四人の兵士を運べるだけの輸送機にすぎない。それが二十四機配備されるということは、整備と訓練にまわっている機体を除けば、運用態勢にあるのは常時八機程度ということだろう。たとえば、尖閣諸島をめぐって不測の事態が生じたとして、すぐさま二百人足らずの兵士を投入するなどというシナリオはありえない。万が一、アメリカ軍が出動するとしても、海軍が先だろう。政治的配慮から、海兵隊にも出番を用意するだろうが、それでもオスプレイでなければならない理由は何もない。

オスプレイにはそれなりの〝利点〟もあるが、〝必要〟とは別のものである。たとえば、東南アジアで大規模な自然災害がおきたとしよう。海兵隊も救援にかけつけるだろうが、それでもオスプレイでなければできないことではなく、ほかの輸送機やヘリコプターでもできる。オスプレイに〝利点〟があるとしても、そのコストは日本が払わなければならないだろうか。ましてや沖縄にそれを押しつけるべきではないだろう。

日米合同訓練で、海自護衛艦から離艦するオスプレイ（後方右）
（写真提供：共同通信社）

くりかえしになるが、私の考えるところでは、海兵隊は日本に駐留する必要はなく、まして沖縄でなければならない合理的理由はない。おなじアメリカ軍でも、海軍や空軍とは事情が異なる。日本と極東の安全のための優先順位をつけるなら、海軍、空軍、そして海兵隊である（陸軍はほとんど日本には駐留していない）。

再定義につづいて再々定義がおこなわれた日米安保体制が、それまでにも増してアメリカの世界戦略とアメリカ軍の都合に沿ったものとなっている姿は、オスプレイ配備にもよくあらわれている。

㈣　神話のなかの日米同盟

鳩山由紀夫は「抑止力」という説明に納得したのか、政治的な失敗をごまかすためのまさに「方便」として使っただけなのか、本当のところはわからない。一方、官僚でありながら、「抑止力」について考え、その問題点に気づいた人もいる。安全保障・危機管理担当の内閣官房副長官補をつとめた柳澤協二は、おそまきながら退職後ではあるが、「抑止力」について検討を試みた。

そもそも抑止力とは何か。柳澤は、「基地の存在と政治的な従属」を長期的には解決しなければならないと考えるが、安全保障政策の関係者や専門家らから、「そういうことを議論すること自体がけしからんという雰囲気を感じ」、「もしかしたら一種の宗教なんじゃないかと思うぐらい、つまり抑止力という『ご本尊さま』に疑いを差し挟むことがけしからん」という印象を受けたという（柳澤他『抑止力を問う』）。

ここに日本の安全保障関係者をおおっている「神話」がある。はたして日米安保はどこまでが「必要」の範囲なのだろうか。服（安保）にあわせて自分の体（日本）をつくることはない。自分が健康でいられる体にあわせて服をつくればいい。日本の平和と安全にあった安全保障を考えるべきである。

森本敏は防衛相時代に、普天間飛行場の移設先について「沖縄でなければならないかというと、地政学的、軍事的には当てはまらない。軍事的には沖縄でなくてもいい」と述べた。ではなぜ政府は沖縄県内の辺野古への移設にこだわるのかというと、「政治的には沖縄が最適な地域」なのだという（二〇一二年十二月二十五日の記者会見)。これはなんとも正直な話だ。沖縄の人たちはこれを「差別」だというだろう。たしかに差別にみえるが、しかし、沖縄に対する差別というよりも、辺境の軽視というほうが正確だろう。政府は、国家の独立と安全を最優先する。そのために中央から遠い地域、政治的影響力の小さい地域やそこに住む人びとを軽視する。そうしても政府は困らないからだ。原子力発電やその関連施設がどこにあるかをみれば一目瞭然である。今さら普天間を受け入れる自治体は全国どこをさがしても見当たらない。ならば、もう一息で押し切れる(と政府が考える)沖縄にこのまま押しつけるのが政治的には「正解」となる。沖縄では、二〇一二年十二月の総選挙が終わったとたんに、騒音がまたひどくなったという。

国家(政府)の論理は、このように、ときに社会(国民)と対立する。国家にとっての安全保障政策が、そのまま国民の命と暮らしの安全に直結するとはかぎらない。そのため国民からすれば、ときとして平和な暮らしと国家の安全の相克が生まれるのである。

柳澤は安全保障関係者のコミュニティが抑止力を「ご本尊さま」としていると述べたが、むしろ本尊はその先にある日米同盟だろう。日米同盟に対する態度こそ信仰に近い。この同盟信仰が生んだ呪文が抑止力である。

二〇〇八年の五月ごろ、アメリカはアフガニスタンに自衛隊を派遣するよう求めてきた。このときは外務省ばかりか防衛省までが「日米同盟の証」として派遣すべきだと主張した。ここで派遣を断れば「同盟が持たない」というのである。政策判断の基準が自国の利益でもなければ、派遣先への貢献でさえなく、同盟であった。しかしそれは、同盟国アメリカというより、時の政権の政治的計算からくる要請であった。ブッシュ政権はその年の大統領選挙の前に成果をあげたくて、自衛隊もそれに利用しようとしたにすぎない。十一月の選挙で大統領が代わると、自衛隊派遣の要請の声は消えた。幸いにも当時の福田康夫首相が派遣に慎重だったため、自衛隊を送らずにすますことができた（柳澤協二『検証・官邸のイラク戦争』）。

日本はしばしば「トゥーリトル、トゥーレイト」（少なすぎる、遅すぎる）と批判されるが、それが幸いすることもある。問題は自国の目的にあった政策の方針がきちんと定まっているか、それを明確に説明できるかどうかであって、アメリカの要請に応じるという物差しで測ることはない。同盟はあくまでも手段であって、目的ではない。

第2節　憲法と自衛隊

憲法学者が自衛隊を違憲とみなそうが合憲と考えようが、それはさして重要なこととは思わない。憲法が国民のものである以上、国の根幹にかかわる問題は、国民が判断すればいいと思う。二〇〇三年七月、参議院の憲法調査会に参考人として招かれたわたしは、そこで「今日では、自衛隊は憲法違反ではないという声が多数派であることに議論の余地はないと思います。国家には自衛権があり、それを実行する手段として軍事的手段を完全に封じているわけではなく、それを実行する部隊として自衛隊を認めるという考え方です」と述べた。そのうえで、「自国を防衛する組織を持つことは憲法に合致する、これはいいとしても、しかし、自衛権があり、それを実行する部隊を持つことが許されるからといって何でも許されるかというと、そうではないと思います。限りなく侵略戦争に近い武力行使が自衛の名で行われることもあります」と述べたのは、アフガニスタンやイラクでアメリカがおこなっていることに納得できなかったからである。「日本国憲法は、少なくともぎりぎりまで非軍事的な努力をし、自衛権を行使する場合にも武力は最後の手段であり、それを行使する場合も最小限の行使に抑えるということを要求している」というのがわたしの憲法解釈であり、自衛隊について考える際のわたしなりの基本線であることを表明した。この考えは今も変わっていない。

実際の自衛隊は、どのような存在だろうか。年を追うごとに自衛隊に対する支持は高まってきていたが、それを決定づけたのが、二〇一一年三月十一日の東日本大震災後の災害派遣である。総勢二十三万人のうち、最大で十万人強が動員され、岩手、宮城、福島を中心に救援活動にあたった。わたしはテレビの取材に同行させてもらい、同年六月に岩手県をおとずれた。県庁舎のあちらこちらに自衛隊の写真をはりめぐらせるやり方には、県が自衛隊に乗っ取られたかのようで、いささか疑問を感じたが、最大の被災地のひとつである陸前高田市での活動ぶりは、まさに目を見張るものがあった。市総務部長へのインタビューにも同席させてもらったが、自衛隊に対して全幅の信頼をおいていることがわかった。そのあとわたしは宮城県をおとずれ、多賀城市と塩釜市の被災地をまわり、ある新聞社で東北全体の震災報道の責任者をしていた記者に話を聞いてみた。自衛隊の活動は称賛に値するもので、自衛隊への批判はほとんどないということだった。

こうした活躍は、一朝一夕にできるものではない。長年にわたって積み上げてきた災害救援活動の実績があってのことである。自衛隊への国民の支持が高まってきているといったが、その最大の理由はこうした災害救助である。陸前高田でもそうであったが、自衛隊は被災した人たちへの配慮の行き届いた、きめの細かい活動が得意である。基地や駐屯地のあるところでは、周辺自治体や住民との関係に気を配ってきたからでもある。軍が国の中心であるかのごとき態度をとり、軍以外を「地方」と呼んで、一般の国民を見下すようにふるまっていた旧軍とはまさに正反対である。地元の理解あっての自衛隊であり、地元住民と良好な関係をきずくことは、自衛隊にとってもっとも重要な課題である。この点では、アメリカ軍ともずいぶん違う。憲法との関係で存在が疑問視されてきたことが、逆説的であるが、自衛隊を健全に育てるのにひと役買ったといってもいいだろう。歴史の皮肉のようでもあるが、この意図せざる結果は歓迎すべきものだ。

国内だけではない。この二十年ほど、自衛隊は国連ＰＫＯなどで海外に派遣されることも多くなっているが、外国での活動においても、そうした自衛隊らしさは存分に発揮されている。最初のＰＫＯ派遣のカンボジアから、はじめての戦地派遣となったイラクまで、武器使用がきびしく制限されていることもあるが、一発の実弾も発射していない。欧米の軍であれば銃に手をかけるような場面でも、自衛官は慎重だったと聞いている。とにかく、自衛隊はどこへ行っても地元との関係を最重要視して活動している。アジアやアフリカの人びとを下にみるようなことはしない。そういう姿勢が信頼につながっている。乱暴なふるまいや横柄な態度によって、かえって地元の人びとの敵意を生んでいる軍もあるが、自衛隊はそうした軍とは行動原理、行動様式が異なる。自衛隊の海外での活動は、日本の評判を高めることはあっても、評判を落としたり、日本の印象を悪くしたりすることはほとんどなかっただろう。それほど多くの事例を知っているわけではないが、わたしはそう思っている。日本人の美徳でもあるが、やはり、この点も、平和憲法のもとで育ってきたことと無関係ではないだろう。

軍事力に頼って、力で安全を確保するというやり方を戦後の日本はできるだけ取らないようにしてきた。日本国憲法のめざす方向と自衛隊のあり方について、ここであらためて一九六〇年代はじめの陸上自衛隊幹部学校を思い出したい。新宮陽太は、「防衛出動、治安出動、民生協力と、多角的な使命を有し、戦力なき軍隊と評されるわが自衛隊こそ、もっとも新しい時代に即応した軍隊」と評価し、「今の、あるいは進みつつある自衛隊の行き方、将来の自衛隊の姿と言うものは、全世界においてもまれにみる、あるいは唯一の立派な組織、国民と一緒に歩くという立派な組織」とみなしていた。新宮は、自衛隊が国民にとって「生活の必需品」となり、「新時代に先駆する新たな軍隊」となるという方向性を示したのである。それは、旧軍と異なるだけでなく、アメリカ軍とも異なるものだろう。

わたしは自衛隊を手放しで礼賛しているのではない。防衛省・自衛隊に歓迎すべからざる点が少なからずあることもよく承知しているつもりであるし、防衛政策に対しては、はなはだ批判的な意見の持ち主であると自負している。しかし、そのことと自衛隊に評価すべき点をみいだすこととは別の話である。古い憲法学者のように、戦争体験や憲法典の文理解釈だけで頭から存在を否定するような態度をわたしは取らないということである。

現実の自衛隊の活動をみて、それが国民にとっての「生活の必需品」にふさわしいかどうか、そうでない部分がないかどうかをチェックしよう。存在自体が憲法違反であるかどうかという解釈論ではなく、わたしたちが憲法に込めた精神に反する行動をとっているかどうかを、主権者の目で判断しようではないか。こういう重要な問題は、まちがっても専門家と称する人たちにまかせてしまってはいけない。主権者としての務めをはたすことが、わたしたち国民の平和と安全への道である。

第3節　終わらない「戦後」——平和の第二楽章

戦後日本の平和と安全をめぐる問題について、日米安保体制を軸に今日にいたる歴史とその帰結としての現在の問題をみてきた。今後のことを論じるのはこの本の目的ではないが、最後に少しだけ、これからのことを考えてみよう。

吉永小百合は、はじめに紹介した朗読CDに『第二楽章』という題名をつけた理由について、「終戦から半世紀が過ぎ、平和運動も第二楽章に来た、という思いを込めました」といっている。また、「いつまでも世の中が〝戦後〟であり続けてほしい」という吉永の言葉は、第六章で紹介した、「五十年たっても、百年たっても戦後でありたい」という主婦の投書を受け継いでいるかのようだ。「戦後」でありつづけるために平和運動の「第二楽章」が必要なのだとしたら、それはどのような旋律を奏でるのだろうか。

これまで日本で「戦後」が長くつづいたのは、本来なら短い期間であるはずなのにたまたま長引いたというのではないと思う。戦後を単に定冠詞のついたあの戦争（アジア太平洋戦争）の後というだけの意味ではなく、文字どおり時代を画するものとして、敗戦を契機に、新しい時代に入ったのだという意味を「戦後」に込めてきたのではないか。つまり、「これからは二度と戦争をしない」という決意を込めて使ってきたのだろう。「戦後」とは、そういう意志に裏付けられた体制を指すものという意味合いがある。だから、「いつまでも戦後で」という発言が時おり出てくる。

憲法第九条は、そういう意識を象徴する役割を持っていた。それが日本に「長い戦後」をもたらしたのは憲法第九条であったとする見方にもつながる。それは日本人に戦争というものを考えさせる機会となるとともに、現実から目をそむけさせる契機ともなった。護憲派だけではない。「こんな憲法があっては、何もできない」という嘆きを幹部自衛官から聞いたことがある。これとても、憲法に責任を押しつけるという意味で、現実からの逃避にほかならない。護憲・改憲いずれの立場も、かたや憲法にすがり、かたや憲法に責任を押しつけることで、現実から逃避してきた。放棄されたのは戦争だけではなかった。何より政策としての平和がないがしろにされてきた。それが護憲か改憲かという二者択一の議論の内実であったように思う。護憲・改憲のいずれの立場にも豊かに潜在する可能性について、掘り下げてみるべきだろう。

冷戦の終結と経済のグローバル化は、安全保障問題のグローバル化にも拍車をかけた。各地の武力紛争やテロリズムは、日本にとっても決してひとごとではない。そうしたなかで自衛隊は、国連の平和維持活動や国際緊急援助活動に参加するとともに、「日米同盟の証」として、戦争状態のつづくなかでインド洋やイラクにまで派遣されるようになっている。元陸上幕僚長の冨澤暉も認めるように、日米安保体制はいまや条約を超えており、政府間の合意の積み重ねの上に成り立っている。

冷戦終結後のこうした動きは、それまでのこの国のあり方を大きく変え、国民にとっての安全や平和に影響を与えるにもかかわらず、平和論や平和運動はそれにうまく対処できていないようにわたしにはみえる。それは、平和をめぐるこれまでの議論が、戦争体験に寄りかかり、また理念を語ることにエネルギーを費やしてきたからではないだろうか。

たとえば、同盟再編が固まったあとの二〇〇六年十一月から『東京新聞』で始まった「試される憲法」と題する連続インタビューに登場する「護憲派」の多くが、なおもその根拠を戦争体験に求めていた。東京大空襲の記録運動の中心的存在である作家の早乙女勝元は「平和憲法は無数の戦争犠牲者の上に得られた唯一の宝」だといい、ジャーナリストの萩原遼も「私は憲法九条の改正に反対です。米軍の空襲の火の中をくぐり、小学三年生のとき敗戦を迎えた。戦争の悲惨さを体験したからです」と、憲法改正に反対する理由をやはり自らの戦争体験に求めている。映画「戦争をしない国　日本」を撮った映画監督の片桐直樹も、憲法改正論が勢いを得ていることに対して、「私たち戦争体験者が歴史を知らせてこなかったからだと反省しました」という。この三人はいずれも一九三〇年代の生まれであり、「軍隊は決して国民を守らない。それは歴史が証明しています」という医師の毛利子来は一九二九年生まれである。戦後の平和運動を支えてきたのは戦争体験世代であったし、後藤田正晴のように、戦争体験から防衛問題には慎重に取り組んだ保守政治家も多かった。このシリーズのなかでインタビューを受けたわたしは、次のように述べた。

世界と日米安保体制が変容するなかで、戦争体験によりかかってきた戦後の平和運動は基盤を失い、いわゆる護憲勢力は衰退しました。

そもそも護憲とは何かが問われなければなりません。九条がありさえすれば、それでいいのか。護憲か改憲かという二分法的発想のために、平和をめぐる議論は深まらなかったのではないか。非武装中立に象徴される戦後の平和主義は、その実現への具体的な道筋を示すことができませんでした。平和の美学ばかりで、平和への実学がなかったのだから衰退は必然といえるでしょう。

（二〇〇七年三月七日付、抜粋）

第一楽章では、主に戦争の体験を語り、平和主義を掲げた憲法の理念をうたっていた。ただそれを引き継ぐだけでは第二楽章にならないだろう。あの戦争を体験してない世代が中心となる第二楽章に必要なのは、体験を語り理念をうたう平和の「美学」ではなく、戦争を体験していない世代を納得させるための政策を論じる「実学」だとわたしは考えている。国民の暮らしの安全を確保しつつ平和のための政策を一歩一歩積み重ねていけば、「戦後」は、日本が政策手段としての武力行使をしなくなった時代を意味するものとして、これからも長くつづくことだろう。

世界全体の軍事費の四五パーセントを一国で使い、圧倒的な軍事力を誇るアメリカは、国家安全保障をほぼ全面的にその強力な軍事力に頼っている。つまり「強い国」である。日本もこのような「強い国」をめざすべきだろうか。その方向に踏み出せば、遠くない将来に「戦後」は終わりを告げる。この次にアメリカが戦争をするときには、後ろについていかなければならなくなるからだ。

だが、考えてみよう。アフガニスタン戦争を始めて数年もすると、国民の支持は急速に低下し、二〇〇九年には半数以上が「意味がない」と答えるようになった。イラク戦争については、ブッシュ政権の報道官が「戦争は大統領による政治的プロパガンダ（宣伝）」を国民に売り込んだ結果として、必要のない戦争だったと回顧し話題になった。当時のCIA長官ジョージ・テネットも「イラクの脅威がさし迫ったものなのか、政権内で真剣に討議されたことはなかった」と回顧録で告白している。この両戦争で亡くなったアメリカ兵だけでも9・11テロの犠牲者数の二倍を超えている。その上、心身に深く傷を負い、自殺をしたり、社会復帰がむずかしいばかりか、家庭生活にも支障をきたしている元兵士が十万人を超えている。アフガニスタンとイラクでは、テロとも大量破壊兵器ともまったく無関係の犠牲者が十万人を超え、難民は百万人をはるかに超えている。これらの戦争がアメリカに対する恨みをどれだけ生んだことか。また、イラク戦争の戦費だけで三兆ドルと試算されている（J・スティグリッツ、L・ビルムズ『世界を不幸にするアメリカの戦争経済』）。軍人への補償費用などもふくめれば最終的にはこの二倍になるという試算もあるそうだ。

それでアメリカはどれだけ安全になったのか。9・11以後のアメリカは、自由やプライバシーさえ制約を受けるようになっているのに、それでも国民はテロにおびえながら暮らしている。はたしてこれが賢明なことだといえるだろうか。

安全保障における軍事力の有効性は、明らかに低下している。安全をおびやかすものが、かつてのような国家対国家の戦争の時代とは様相が違うからだ。わたしには「強い国」をめざすのは賢明とは思えない。文字どおり「賢い国」をめざすべきではないか。では、「賢い国」とはどのような国か。具体的なイメージを描くために、直近の例をもとに考えてみよう。

東日本大震災の救援活動では、自衛隊が消防その他の組織とともに大活躍した。その自衛隊の姿から、自衛隊を災害救援隊とみなすような声や、さらには自衛隊をそうした救助・救援専門の組織に改編したらどうかという声もあがった。しかし、自衛隊はあくまで国の防衛のための部隊である。わたしもそれでいいと思う。

自衛隊を海外に出すときは、あくまでも国連ＰＫＯや国際緊急援助隊の活動にとどめ、しかも治安維持などの武力行使をともなうものには参加しないことを原則とするのがいいだろう。自衛隊の海外派遣には、さまざまな性格のものがあることに注意することが必要である。そもそも武力行使には、異なる性格やさまざまな形態がある。歴史をふりかえれば、すべきでなかった戦争は数知れず、そのうちの多くは、おそらく避けることができただろう。

これからは、自国の戦争体験から教訓を得るだけでは十分ではない。他国の戦争にも学ばなければならない。最近の例でいえば、なんといってもイラク戦争だろう。もっともらしい理由をつけて参加を呼びかけられたとき、「とにかく戦争に反対する」といっているだけでは、説得力を持たない。新たにやってくる「戦前」や「戦中」は、七十年前とは違う。過去の体験はそこではあまり役には立たないこともあるかもしれない。むしろ、想像力の邪魔をしてしまう可能性さえあると思う。第二楽章では、この点にも注意したい。

わたしたちが防がなければならないのは、過去の戦争ではなく、未来の戦争なのである。将軍たちがしばしば過去の戦争に備えるように、平和運動もしばしば過去の戦争を防ごうとしているようにわたしにはみえる。

プロパガンダに簡単に乗せられてイラク戦争を支持した人びとをみてもわかるように、安全保障の専門家と称する人にも気をつけなければならない。福島の原発事故を経験したわたしたちは、専門家がいかにあてにならないかを思い知ったはずである。

ところで第六章で紹介した「不射の射」を描いた中島敦の「名人伝」の結末はこうである。真の名人となったために、弓を引くことなく目的を達することができるようになり、その後長らく弓を引くことがなかった。そして、最後には、弓の存在そのものを忘れてしまう。これぞ究極の名人というものである。

これを自衛隊にあてはめれば、国の防衛への備えをおこたることはないが、国内はおろか国外でも武力行使をしないために、国民はいつしかそれを災害救助隊だと思い込んでしまう、そんな日が来てもいいではないか。これこそ日本型「名人」の姿であり、現代版の「鼓腹撃壌」だろう。そのときまで日米安保体制を存続させるならば、このような方向をめざすわたしたちの自衛隊と連携するにふさわしいものにしなければならない。

「いつまでも戦後」であるためには、「賢い国」にならなければならない。そのために、わたしたちはどれだけ知恵をしぼれるのか。

あとがき

この本は、日本経済評論社が新たに刊行を開始する「同時代史叢書」の一冊として刊行される。そもそもは同時代史学会として叢書の刊行を検討したのだが、最終的に、出版社の企画に協力することに落ち着いた。叢書刊行を検討した同学会理事のひとりとして、最初の一冊を書くことになった、というのが本書誕生の経緯である。このような機会を与えられ、出版社と学会に感謝したい。

とはいうものの、本を一冊書き上げるのは、わたしのような怠け者にはなかなか大変な仕事である。これまでに発表した原稿を基にしてはいるものの、ほぼ全面的に手を入れ、書き下ろしにも等しい作業は、思った以上に時間と労力を要するものだった。今さらながらに自分の勉強不足を思い知らされもしたのだが、まさにあとの祭りだ。

なんとか書き終えることができたのは、ささやかな楽しみが待っているからだ。それが「あとがき」である。本は書いているあいだは著者のものだが、出版されてしまえば読者のものとなる。それでも「あとがき」だけは、著者のものだ。だから、遠慮なく、いや、少しは遠慮しつつも、勝手なことを書くことをお許しいただきたい。

沖縄で「反復帰」論を唱えた詩人の川満信一が「キリンの視線、ウサギの視線」という表現をもちいている。これを知ってなおさら、キリンの視線でものを見て、そこから下に向かってことばを発するようなものは書いてはならないと思った。東日本大震災の影響もある。とくに東京電力の原子力発電所がおこした未曾有の事故は、大きな衝撃だった。事故とその影響の大きさだけでなく、「専門家」と称する人たちのあまりの無力・無責任ぶりには、本当にあきれかえった。「原子炉は安全だ。水素爆発などありえない。素人が何をいっているか」とばかりにふんぞりかえっていた東京大学教授の態度は、それを象徴するものだった。何の責任も感じず、他人事のように話す「専門家」がなんと多いことか（こうした人たちが生まれる土壌については安富歩『原発危機と「東大話法」』を参照）。

閑話休題。9・11テロよりも前のことであるが、アメリカの国立公文書館に資料調査に行ったわたしは、ある日、調査を終えてホテルに戻るバスを待つあいだ、かばんを置いて、しばし散歩をした。といってもわずか十分ほどのことである。散歩から戻りバス停に立っていると、警備員が血相を変えて飛んできた。「これはお前のものか。あそこに置いていただろ」とただならぬ様子でまくし立てた。かばんの中にはその日の調査で複写をとった公文書の写しがぎっしり詰まっており、重かったのでかばんを置いて散歩していたのだと説明すると、すぐに無線を取り出してなにごとか連絡したあと、「そんなことは今後二度とするな、わかったか」と、わたしをどなりつけた。あまりのことにあっけにとられたが、爆弾を仕掛けたかばんが置いてあるのではないかと疑ったのだ。わたしにとっては笑い話だが、警備員は真剣そのものだった。世界全体の四割強もの軍事費をつかいながら、小さな爆弾に怯えて暮らす国民とは、いったい何なのか。その後におきたテロ事件を契機にアメリカは、アフガニスタンやイラクであらん限りの武力行使をした。

イラク戦争がはじまった翌年、オーストラリアでたまたま出会った自称・元ヒッピーは、わたしにこんなことをいった。「政府はいつもウソをつく。イラク戦争だって、どうせウソのかたまりだ。そのうちにわかるさ」。それでも彼はアメリカを支持するという。「オーストラリアは、アメリカなしには生きていけない。だから、まただまされるとわかっていても、ついて行くしかない」というのだ。そして、こうつけ加えた。「お前の国も同じだろ」。返す言葉がなかった。

やはりオーストラリアでのことだが、タクシーの運転手に何気なく話しかけたところ、アイルランドから来たということだった。オーストラリアとアイルランドの二重国籍（日本では許されない）を持ち、両国を行き来しているというその運転手は、いささか自慢げにこういった。「アイルランドはいい国だぞ。アイルランドのパスポートなら、中東だって歩けるんだ」。

その意味するところは、こうである。オーストラリアは、イギリスとともにイラク戦争に参加したために、アルカイダ系のテロ・グループに狙われる対象となった。実際にインドネシアでは、オーストラリア人観光客を狙ったとみられる爆弾テロ事件がおきていた。しかし、アイルランドはイラクには派兵しておらず、イスラム教徒や中東の人びとから恨まれるようなことはしていない、ということだ。対米関係を重視した当時のハワード首相は、アメリカと歩調を合わせることが自国の安全保障に役立つと考えて参戦したが、自国民の安全を脅かす結果を招いてしまった。国家安全保障のための政策が、国民の安全を高めるとはかぎらないという例のひとつである。

イギリス系の国際研究機関「経済・平和研究所」が発表する「平和度」指数ランキングをみると、日本は五位、アイルランドは六位、オーストラリアは二二位である。アメリカはこの数年少し上がって中国のひとつ上の八八位である（二〇一二年）。

日本の平和と安全はどうすれば保てるのか。そして、どのように保つべきか。終章で述べたように、「強い国」でなく「賢い国」をめざすことが「平和度」を下げないためにも必要であり、そのための具体的な知恵が求められている、とわたしは思っている。

ある時、六〇年安保世代の護憲派憲法学者がわたしにこういった。「われわれは戦ったんだ」と。つづいて出てきたことばは、お決まりの「しかるに、近ごろの若いモンは……」であった。そこで、わたしはいった。「あなたがたは負けたのです」。アンポ・ハンタイは負け、自衛隊違憲論も負けた。それでもなお、憲法学者はあくまで自分たちが「戦った」ことに固執した。これでは「お国のために戦った」といいつづける旧帝国軍人と同じではないか。大日本帝国の大東亜戦争は負けたのだ。アメリカの物量にではなく、間違った戦争に愚かな戦い方でのぞんだから、負けたのだ。その過ちと誤りを認めようとしないのが「お国のために戦った」というせりふである。自衛隊も日米安保条約も基本的には国民に支持されている。そして、自衛隊はついに、戦争状態のつづくイラクに派遣されるまでになった。どうみても、戦後護憲派は負けた、いや、正確には負けつつある、というべきだろう。この次、アメリカが戦争をするときには、自衛隊は戦闘に参加することになるかもしれない。

なぜ、このようになったのかを省みるべきなのに、「戦った」ことを強調するのでは、旧軍人と変わらない。お国のためであれ、平和のためであれ、「戦った」などという自慢話なら聞きたくない。戦争体験にせよ憲法にせよ、大切にすることは、それにしがみつくことではない。それらを踏まえて、次にすすむことだ。だから「第二楽章」が必要なのだと思う。

名曲「上を向いて歩こう」で知られる作曲家の中村八大には、一曲だけ作詞も手がけた歌がある。人は「力があれば幸せがつかまえられる」と思い、「やってみた」ものの「力は消え失せた」。次に「お金があれば」と考え、蓄えてみたものの、それも幸せをもたらすものではなく、やはり消え失せた。そして、最後に「知恵があれば幸せをつかまえられる」ことにたどりついた。では、知恵とは何か。知恵は、ただひとつ。「太陽と土と水をこの手にもとう」。

「太陽と土と水を」わたしたちが手にするには、つまり、多くの過ちをおかしたのちに、ようやくたどりついたこの知恵を現実のものとするには、どうしたらいいのか。それを考えるために、過去をふりかえりつつ、現在のこの国のありようをみつめようと思って、この本を書いた。

読んでくださった方、何か少しでも、ヒントになるようなものはあったでしょうか。

結局のところ、わたしたちが手にすることのできる平和や安全は、わたしたち自身がしぼった知恵と同じだけのものなのだろう。

二〇一三年七月　五十五回目の誕生日に

植村秀樹

主要参考文献・引用文献

＊本書は、筆者がこれまでに発表した論文等を基にしている。特に断らないかぎり、引用は以下の文献からの再引用である。

「安保改定と日本の防衛政策」『国際政治』第一一五号（一九九七年五月）
「米国の対日軍事援助と防衛力整備——ヘリ空母計画を事例として——」『軍事史学』第三六巻第二号（二〇〇〇年九月）
「冷戦後の日米安保体制」岩崎正洋・植村秀樹・宮脇昇編『グローバリゼーションの現在』（一藝社、二〇〇〇年）
「海兵隊沖縄駐留論の再検討」『流通経済大学論集』第三四巻第四号（二〇〇〇年三月）
「安保改定の軍事的意義——日米同盟の起源をめぐって」流通経済大学『法学部開校記念論文集』（流通経済大学出版会、二〇〇二年）
「戦後思想史の中の平和論——再軍備問題を中心に——」『思想』第九八〇号（二〇〇五年十二月）
「憲法第九条と終わらない『戦後』」同時代史学会編『日本国憲法の同時代史』（日本経済評論社、二〇〇七年）
「国家安全保障とグローバル・ガバナンス」村田彰・大塚祚保編『現代とガバナンス』（酒井書店、二〇〇八年）
「自衛隊における〝戦前〟と〝戦後〟」『年報・日本現代史』第一四号（二〇〇九年）
「日米安保体制の運用と構造」村田彰・植村秀樹編『現代日本のガバナンス』（流通経済大学出版会、二〇一一年）
「『丸山眞男座談』に戦争と平和を「聞く」」上・下『流経法学』第一一巻第二号、第一二巻第一号（二〇一二年一月、九月）
「内閣憲法調査会と戦後平和主義」『流経法学』第一三巻第一号（二〇一三年九月）

＊本書に引用または執筆に際して参照した主な邦語文献

秋山昌廣『日米の戦略対話が始まった——安保再定義の舞台裏』（亜紀書房、二〇〇二年）

明田川融『日米行政協定の政治史——日米地位協定研究序説』（法政大学出版会、一九九九年）

雨宮昭一『占領と改革』（岩波書店、二〇〇八年）

有倉遼吉他編『憲法調査会総批判（鈴木安蔵教授還暦祝賀論文集）』（日本評論社、一九六四年）

五百旗頭真編『戦後日本外交史（第三版）』（有斐閣、二〇一〇年）

池田清『海軍と日本』（中央公論社、一九八一年）

石川真澄『人物戦後政治——私の出会った政治家たち』（岩波書店、一九九七年）

石田雄『平和の政治学』（岩波書店、一九六八年）

伊勢崎賢治『自衛隊の国際貢献は憲法九条で——国連平和維持軍を統括した男の結論』（かもがわ出版、二〇〇八年）

上山春平『大東亜戦争の遺産』（中央公論社、一九七二年）

NHKスペシャル取材班『日本海軍400時間の証言——軍令部・参謀たちが語った敗戦』（新潮社、二〇一一年）

エルドリッヂ、ロバート『沖縄問題の起源——戦後日米関係における沖縄　1945-1952』（名古屋大学出版会、二〇〇三年）

大井浩一『六〇年安保——メディアにあらわれたイメージ闘争』（勁草書房、二〇一〇年）

太田昌克『日米「核密約」の全貌』（筑摩書房、二〇一一年）

大田昌秀『沖縄、基地なき島への道標』（集英社、二〇〇〇年）

桶谷秀昭『昭和精神史戦後篇』（文藝春秋、二〇〇三年）

我部政明『戦後日米関係と安全保障』（吉川弘文館、二〇〇七年）

川満信一『沖縄発——復帰運動から40年』（世界書院、二〇一〇年）

楠綾子『吉田茂と安全保障政策の形成——日米の構想とその相互作用　1943～1952年』（ミネルヴァ書房、二〇〇九年）

栗田尚哉編『米軍基地と神奈川』（有隣堂、二〇一一年）

黒崎輝『核兵器と日米関係——アメリカの核不拡散外交と日本の選択　1960-1976』（有志舎、二〇〇六年）

憲法調査会編『憲法調査会報告書』（大蔵省印刷局、一九六四年）
憲法問題調査会編『憲法を生かすもの』（岩波書店、一九六一年）
高坂正堯『高坂正堯外交評論集――日本の進路と歴史の教訓』（中央公論社、一九九六年）
後藤乾一『「沖縄核密約」を背負って――若泉敬の生涯』（岩波書店、二〇一〇年）
後藤田正晴『情と理――後藤田正晴回顧録』上・下（講談社、一九九八年）
小林直樹『憲法第九条』（岩波書店、一九八二年）
坂元一哉『日米同盟の絆――安保条約と相互性の模索』（有斐閣、二〇〇〇年）
佐々木高雄『戦争放棄条項の成立経緯』（成文堂、一九九七年）
坂田道太『小さくても大きな役割』（朝雲新聞社、一九七七年）
佐藤栄作『佐藤栄作日記』第四巻（朝日新聞社、一九九七年）
柴山太『日本再軍備への道――1945～1954年』（ミネルヴァ書房、二〇一〇年）
進藤栄一・下河辺元春編『芦田均日記』第二巻（岩波書店、一九八六年）
進藤栄一『分割された領土――もうひとつの戦後史』（岩波書店、二〇〇二年）
スティグリッツ、ジョセフ・ビルムズ、リンダ『世界を不幸にするアメリカの戦争経済――イラク戦費3兆ドルの衝撃』（徳間書店、二〇〇八年）
袖井林二郎『拝啓マッカーサー元帥様――占領下の日本人の手紙』（大月書店、一九八五年）
平良好利『戦後沖縄と米軍基地――「受容」と「拒絶」のはざまで　1945－1972年』（法政大学出版局、二〇一二年）
竹内洋『学歴貴族の栄光と挫折』（中央公論新社、一九九九年）
竹内洋『革新幻想の戦後史』（中央公論新社、二〇一一年）
豊下楢彦『安保条約の成立――吉田外交と天皇外交』（岩波書店、一九九六年）
豊下楢彦『昭和天皇・マッカーサー会見』（岩波書店、二〇〇八年）
豊田祐基子『「共犯」の同盟史――日米密約と自民党政権』（岩波書店、二〇〇九年）
永井陽之助『現代と戦略』（文藝春秋、一九八五年）
中川右介『昭和45年11月25日――三島由紀夫自決、日本が受けた衝撃』（幻冬舎、二〇一〇年）

中北浩爾『一九五五年体制の成立』（東京大学出版会、二〇〇二年）
中島琢磨『沖縄返還と日米安保体制』（有斐閣、二〇一二年）
中村悌次『生涯海軍士官――戦後日本と海上自衛隊』（中央公論新社、二〇〇九年）
西村熊雄『安全保障条約論〔改定新版〕』（時事通信社、一九六〇年）
根津朝彦『戦後「中央公論」と「風流夢譚事件」――「論壇」・編集者の思想史』（日本経済評論社、二〇一三年）
橋川文三『橋川文三著作集』4（筑摩書房、一九八五年）
長谷川宏『丸山眞男をどう読むか』（講談社、二〇〇一年）
波多野澄雄『歴史としての日米安保条約――機密外交記録が明かす「密約」の虚実』（岩波書店、二〇一〇年）
林博史『米軍基地の歴史――世界ネットワークの形成と展開』（吉川弘文館、二〇一二年）
原彬久『日米関係の構図――安保改定を検証する』（日本放送出版協会、一九九一年）
原彬久『戦後史のなかの日本社会党――その理想主義とは何であったのか』（中央公論新社、二〇〇〇年）
半田滋『「戦地」派遣――変わる自衛隊』（岩波書店、二〇〇九年）
久江雅彦『米軍再編――日米「秘密交渉」で何があったか』（講談社、二〇〇五年）
福永文夫『大平正芳――「戦後保守」とは何か』（中央公論新社、二〇〇八年）
福間良明『「戦争体験」の戦後史――世代・教養・イデオロギー』（中央公論新社、二〇〇九年）
防衛を考える会事務局編『わが国の防衛を考える』（朝雲新聞社、一九七五年）
保阪正康『三島由紀夫と楯の会事件』（角川書店、二〇〇一年）
本間浩『在日米軍地位協定』（日本評論社、一九九六年）
前泊博盛『沖縄と米軍基地』（角川書店、二〇一一年）
松尾高志『同盟変革――日米軍事体制の近未来』（日本評論社、二〇〇八年）
松沢弘陽・植手通有編『丸山眞男集』第八、九巻（岩波書店、一九九六年）
丸山眞男『丸山眞男座談』第四、七巻（岩波書店、一九九八年）
三浦陽一『吉田茂とサンフランシスコ講和』上・下（大月書店、一九九六年）
森有正『遥かなノートル・ダム』（筑摩書房、一九六七年）
森本正崇『武器輸出三原則』（信山社、二〇一一年）

モレリ、アンヌ『戦争プロパガンダ10の法則』（草思社、二〇〇二年）
柳澤協二『検証・官邸のイラク戦争――元防衛官僚による批判と自省』（岩波書店、二〇一三年）
柳澤協二他『抑止力を問う――元政府高官と防衛スペシャリスト達の対話』（かもがわ出版、二〇一〇年）
山崎正勝『日本の核開発――1939〜1955――原爆から原子力へ』（績文堂、二〇一一年）
山本舜勝『三島由紀夫・憂悶の祖国防衛賦――市ヶ月谷決起への道程と真相』（日本文芸社、一九八〇年）
屋良朝博『誤解だらけの沖縄・米軍基地』（旬報社、二〇一二年）
吉次公介『日米同盟はいかに作られたか――「安保体制」の転換点　1951‐1964』（講談社、二〇一一年）
琉球新報社編『日米地位協定の考え方・増補版――外務省機密文書』（高文研、二〇〇四年）
若泉敬『他策ナカリシヲ信ゼムト欲ス』（文藝春秋、一九九四年）

【著者紹介】

植村 秀樹（うえむら・ひでき）

流通経済大学法学部教授、博士（国際政治学）。
1958年生まれ。早稲田大学法学部卒業。青山学院大学大学院国際政治経済学研究科博士課程修了。文部省教科書調査官等を経て、2001年から現職。
専攻は、日本政治外交史、安全保障論。
著書に『再軍備と55年体制』（木鐸社、1995年）、『自衛隊は誰のものか』（講談社現代新書、2002年）、共編著に『現代日本のガバナンス』（流通経済大学出版会、2011年）など。

〈同時代史叢書〉

「戦後」と安保の六十年

2013年9月17日　第1刷発行　定価（本体2600円＋税）

著者　植村秀樹
発行者　栗原哲也

発行所　株式会社　日本経済評論社
〒101-0051　東京都千代田区神田神保町3-2
電話 03-3230-1661　FAX 03-3265-2993
info8188@nikkeihyo.co.jp
URL: http://www.nikkeihyo.co.jp

装幀＊渡辺美知子　印刷＊文昇堂・製本＊誠製本

乱丁落丁はお取替えいたします。　Printed in Japan

ISBN978-4-8188-2289-4

同時代史叢書刊行のことば

世界にはそれぞれの特徴をもつ地域があり、そして多様な生の営みが行われてきた。グローバリゼーションという妖怪があまねく世界を覆い尽くし、個の生活のすみずみにまで浸透しつつある現代において、われわれは何を拠り所として生きていけばいいのだろうか。

個の尊厳を踏みにじり、歴史の教訓を反故にするかのような理不尽な言動が大手を振ってまかり通る。今日、われわれは何を頼りに生きていけばいいのだろうか。

歴史を学ぶことは過去を評価することであった。いっぽう、過去を振り返ることにより二度と同じあやまちを繰り返さないためでもあった。ひとは歴史とともに生きてきたのである。ところがひとが支えあった時代は過去のものとなった。いまや自己責任の名のもと弱者はさらに弱者へと追いやられている。歴史は果たして役に立つのか。そもそも役立てようとしてきたのか。

歴史は研究者やインテリだけのものではない。歴史はいま生きているひと、これから生を享けるすべてのひとにとって何よりも重要な宝である。ひとはひとりでは生きられない。かといってもたれあって生きても何ものをも生みださない。確固たる個を獲得するにはどうすればよいか。

宇宙において地球はどのようなものだろうか。未来から今世紀はどのように見えるだろうか。あのときの選択があやまっていたからこうなってしまったと後悔しないためにも、虐げられているひとがこの世からいなくなるまで、そしてあらゆる差別が根絶されるまで闘うこと、その幻想にも似た闘かいが現代に生きる者のささやかな存在証明となろう。

神を信ずるものも信じないものも、たとえ最後のひとりとなってもこの闘かいは避けられない。

歴史を学ぶことは今を問うことだ。ともに語り合おう。同時代史叢書は問いつづけてゆく。

二〇一三年八月一五日

日本経済評論社